绝响——

永远的邓丽君

姜捷 —— 著

邓丽君文教基金会 —— 策划

中国出版集团

现代出版社

推荐序——
他们心目中的邓丽君

邓丽君虽然离我远去了，但她一生的点点滴滴从来没有离开过我。从她十五岁开始一直到她离开，当时每天的生活都纠葛在一起，如今回味起来仍然辛酸。很高兴一本怀念邓丽君的书终于出版，这也是我看过写得最好的一本邓丽君传记，因此特别在这里推荐！希望读者借由这本书，更深入了解邓丽君的成长以及她的内心世界。身为她的老师，我更希望年轻人能看到：一个人的成功绝对是在于她自己的努力与执着！

——左宏元

那一年，邓丽君小姐指定我当她的主持人，十天的演出期间，她总会在谢幕时叫我拉着她的手，伴随她唱《海韵》的歌声一起谢幕。然而最后一场，我竟然难过得跑了，只留她一个人谢幕。想到不知此生何时才能再有这样的机会，和我心目中台上、台下都如此伟大、敬业而亲切的巨星合作，那种莫名的伤感真是无法面对呀！没想到演出结束后，她还四处找我、想安慰我，可见邓小姐是多么体贴与善解人意啊！

任何人跟邓丽君聊天、相处，都会很快对她燃起仰慕、崇拜和敬爱之心，这是她令人难忘的特质；甚至很多人在她离开人间以后，仍然成为她的歌迷。她的奋斗过程也给我们艺界儿女树立了一个典范，我们永远想念她！

—— 张　菲

一九九二年春节，我到"华视"担任总经理不久，从报纸上看到邓丽君将要回台湾的消息，灵机一动，就和邓丽君的哥哥邓长富联络，看是否有机会和邓丽君见个面。那次见面，决定了之后的演出，已经很长一段时间没露面的邓丽君，分别于清泉岗及凤山，各演出一场晚会。邓丽君的歌声风靡两地，就在第三场左营晚会准备之际，突然传来邓丽君逝世的恶耗。她的骤逝，也让这美妙歌声从此成为绝唱。

—— 张家骧

推荐序——
印象邓丽君

一九九四年我结婚当天，多想把手上捧着的香槟色花球抛给她，因为我认为她是最适合的人选，我想把这份喜气交到她手上，可是我不知道她在哪里。

婚后不久和朋友在君悦酒店茶聚，接到她打来的电话，"你在哪儿？我想把花球抛给你的，你……"我一连串说了一大堆，她只在电话那头轻轻地笑："我在清迈，有一套红宝石首饰送给你。"那是我和她最后的对白。

一九八〇年她在洛杉矶，我在三藩市，她开车来看我，我们到 Union Square 逛百货公司，其实两人也并不真想买东西。临出店门，她要我等一下，原来她跑去买一瓶香水送给我。我们喝了杯饮料，她晚饭都不吃就赶着开车回去。那是我们第一次相约见面，大家都不太熟悉，也不知道该说些什么，但是我却被她交我这个朋友所付出的诚意深深打动。

和她的交往不算深。她很神秘，如果她不想被打扰，你是联络不到她的。我们互相欣赏。对她欣赏的程度是——男朋友移情别恋如果对象是她，我绝不介意。

跟她见面的次数并不多，一九九〇年到巴黎旅游，当时她住在巴黎，这段时间是我跟她相处较长的时段。因为身在巴黎，没有名气的包袱，我们都很自在地显出自己的真性情。我会约她到香榭丽舍大道喝路边咖啡，看往来的路人，享受夜巴黎的浪漫情怀。她也请我去法国餐厅 La Tour D'argent 吃那里的招牌鸭子餐。

记得那晚她和我都精心打扮，大家穿上白天 shopping 回来的新衣裳，我穿的是一件闪着亮光的黑色直身 Emporio Armani 吊带短裙，颈上戴着一串串 Chanel 珠链；她穿的那件及膝小礼服，虽然是一身黑，但服装款式和布料层次分明。下摆是蕾丝打褶裙，腰系黑缎带，特点是上身黑雪纺点缀着许多同色绣花小圆点，若隐若现的。最让我惊讶的是，她信心十足地里面什么都不穿，我则整晚都没敢朝她胸前正面直望。

我们走进餐厅，还没坐定，就听到背后盘子刀叉哐啷哐啷跌落一地的声音，我想，这 waiter 一定为他的不小心感到懊恼万分。她却忍不住窃笑："你看，那小男生看到我们，惊艳得碗盘都拿不稳了。"

有几次在餐厅吃饭，听到钢琴师弹奏美妙的音乐，她会亲自送上一杯香槟，赞美几句。她对所有服务她的人都彬彬有礼，口袋里总是装满一两百法郎纸钞，随时作小费用，我看她给的次数太多，换一些五十的给她，她坚持不收。

有次在车上，她拿出一盒卡带（那时候还没有盘片）放给我听，里面有她重新录唱的三首成名曲，原来那段时间她在英国学声乐。她很认真地跟我解释如何运用舌头和喉咙的唱法令歌声更圆润。对于没有音乐细胞的我，虽然听不懂也分辨不出和之前的歌有什么不同，但对她追求完美和精益求精的精神深感敬佩。

有一天到她家吃午饭，车子停在大厦的地下停车场，那里空无一人，经过几个回廊，也冷冷清清。走出电梯进入她那坐落于巴黎高尚住宅区的公寓，一进门，大厅中间一张圆木桌，地上彩色拼花大理石，天花板上好像有盏水晶灯。那天吃的是清淡的白色炒米粉，照顾她的是一名中国女佣。我一直以来的梦想就是在巴黎有个小公寓，她在巴黎这所公寓比我的梦更加完美。可是我感受到的却是孤寂。

那些日子，我们说了些什么不太记得，只记得在巴黎消磨的快乐时光。

结束了愉快的巴黎之旅，我们一同回港，在机上我问她自己孤身在外，不感到寂寞吗？她说算命的说她命中注定要离乡别井，这样对她较好。

飞机缓缓地降落香港，我们的神经线也渐渐开始绷紧，她提议我们分开来下机，我让她先走。第二天，全香港都以大篇幅的头条，报道她回港的消息。

二〇一三年来临的前夕，我在南非度假，因为睡不着，打开窗帘，窗外星斗满天，拱照着蒙上一层薄雾的橙色月亮，诗意盎然，我想起了她，嘴里轻哼着《月亮代表我的心》。

她突然地离去，我怅然若失，总觉得我们的友谊不该就这样结束了。

这些年她经常在我梦里出现，梦里的她和现实的她一样——谜一样的女人。

奇妙的是，在梦里，世人都以为她去了天国，唯独我知道她还在人间。

林青霞

二〇一三年一月七日

出版序——
爱的礼物　礼物里的爱

　　一九九五年五月八日，家妹猝逝泰国清迈，当时几乎全球的华文媒体都大肆报道，有哀悼、有怀念，当然也有八卦渲染及臆测死因。那时，全家都陷入哀戚的氛围，且忙于她的后事，无暇也无心情去澄清说明。看到那些众说纷纭、捕风捉影的事，我就想，未来一定要出一本家妹的传记，忠实叙述她的一生，给喜爱她的歌迷和关心她的朋友们一个交代，也为从不辩解的妹妹有个说明。

　　随着时间的逝去，对家妹的报道却未停止，坊间出版了好多她的传记和报道，究其内容，大多是互相抄袭的传言，或自言其是，与事实相悖，甚至有些恶意中伤，有辱逝者的声誉，也给家人造成不少困扰，更加强了我出书的想法！也有些媒体多次和我谈过出书的事，但都因找不到理想的执笔人而作罢。其后，我认识了很杰出的记者作家——姜捷，当时她刚退役，有时间可专注写作，遂一谈即成。

　　为了让姜捷能忠实报道，邓丽君文教基金会拟了访谈名单，也安排她赴邓小姐生前住过和工作过的地方，如香港、日本、泰国、新加坡、马来西亚、法国、美国等地，访问的人也一直增加，超过两百人，真是辛苦她了。

二〇〇〇年我因缘际会到了大陆，随着改革开放、经济起飞、社会繁荣、民众日渐富裕，这些年我也大江南北去了好多地方，接触很多的人，在了解他们对邓丽君的感情后，真让我大吃一惊。以往都是从媒体上得知大陆同胞对邓小姐的喜爱，现在却是我亲眼看到、亲耳听到、亲身感受到，其中有好多感人的事，令我相当激动。对一位从未踏上祖国土地，而又逝去多年的艺人，用情之深与真，令我感动万分。

有几件事也可以说明他们对丽君的喜爱与支持：

一、二〇〇八年，《南方都市报》纪念改革开放三十周年，遴选了三十位风云人物，邓丽君亦名列其中，是唯一的海外人士及演艺人员。

二、二〇〇九年，中华人民共和国成立六十周年，中国网发起一项"新中国最有影响力文化人物"的网络评选。邓丽君以八百五十余万张选票，获选为第一名。

三、据文化部一位台湾事务官员说，在二〇〇九年以邓丽君之名举办的演唱会超过一百场。

四、在全中国超过二十个地区有"邓丽君歌友会"。二〇一二年九月于上海的年会，远在齐齐哈尔、佳木斯、内蒙古和新疆的会长都专程赴会，令我非常感动。

从上面几件事可以看出，中国大陆是丽君演艺事业非常重要的一站，她生前未能踏上此地已是一生的遗憾，如本书又遗漏了篇章，岂不更添遗憾？所以，我又托姜捷跑了北京、上海、成都三地采访，虽不能代表整个大陆对她的爱，却也让这本书的内容更充实。

《绝响——永远的邓丽君》原本在十年前就已完稿，由于一些因素考虑而搁置，如今能出版，要感谢的人实在太多：感谢姜捷专程赴各地奔波采访、大量阅读、整理影音文字信息并埋头撰写；感谢林圣芬董事长热力协助；感谢时报出版社及李采洪总编辑的团队；更要感谢书中的两百多位受访者，提供了真实而宝贵的数据。

今年正逢丽君的六十冥诞，就用这本书为她"庆生"吧！

诺贝尔和平奖得主特蕾莎（Teresa）修女经常呼吁人们"心怀大爱做小事"，我们的 Teresa Teng（编按：邓丽君的英文名字）一生所奉行的爱也在书中处处流露。因着她的爱，"邓丽君文教基金会"决定将本书的版税收入全数捐赠给"单国玺弱势族群社福基金会"，为台湾的贫、病、孤、老、残等弱势朋友尽一份心，让丽君优美的歌声继续传唱，丽君慈善公益的精神继续发扬，这是给她最好的生日礼物！

邓丽君文教基金会董事长／邓长富

写于二〇一三年一月一日

目录

我张开一双翅膀

背驮着一个希望

飞过那陌生的城池

去到我向往的地方

为了播种花儿要开放

为了吐丝蚕儿要吃桑叶

从泥土里我摄取营养

在旷野中我嗅到芬芳

我走过丛林山岗

也走过白雪茫茫

看到了山川的风貌

也听到大地在成长

第一章

原乡人

　　一九八〇年邓丽君唱红了电影《原乡人》的主题曲，因着中国近代史上非常独特的一段大时代洗礼，说着同样语言、写着同样文字、流着相同血脉的两岸同胞，隔着一片海峡，海棠叶那头，淬炼着华夏文明五千年来从未尝试的政权管理，小番薯这头，绾系着斩不断的深根、舍不了的乡愁、忘不掉的亲情、回不去的家园……中国大陆，是一九四九年到台湾的游子的原乡，他们被称为"外省人"，之后，无以数计在台湾出生的第二代、第三代、第四代，生于斯，长于斯，台湾就是他们的原乡，《原乡人》是如此温柔地触动了海峡两岸的爱与痛，既单纯又复杂，既煎熬又充满希望。

　　父母把流离失所的悲剧故事告诉了儿女，让他们不忘原乡，而眺望着原乡的儿女就在丰沛而真挚的关怀里成长；这是邓丽君每每唱这首《原乡人》都泫然欲泣的原因。邓妈妈说："也不懂为什么她从小就关心大陆那边的事儿，老问咱们为什么会离开大陆，来到台湾？天性吧！她是很想回去看看的，不是去开演唱会、赚大钱，她没那心思，只是想回去看看。回去看看，我想，这是她永远也圆不了的终生遗憾……"

　　那是我和邓妈妈的第一次访谈，"一生璀璨精彩的邓丽君，可有什么遗憾？"我以为自己问了聪明的问题，可以套出她的辉煌情史，和为什么始终没有结婚之谜等等大家爱谈的话题，完全没有想到，竟是这么"大"的遗憾，邓妈妈蓄满泪水的双眼，全然放空地看着遥远的地方，不知是在思念她再没有回去过的原乡，还是再没有回来过的女儿？我赶忙安慰她："不遗憾的，邓丽君的歌声回去了，整个大陆都在唱她的歌，不遗憾的！"

邓妈妈的大颗泪水终于蓄不住地滚落下来，幽幽地说："就是因为大陆同胞这样喜欢她，你不觉得更遗憾吗？"

我的心口重重揪痛了一下！是啊！是啊！如果她能回去，如果她能踏上终生向往的原乡土地，如果她能抱抱她深爱的原乡人，如果她能开口亲自唱给他们听，如果她能握着手，顽皮地用乡音招呼："哎，老乡！"如果……如果……

我记得，第一次访谈之后，我在采访簿上写下了自己的决心，我要彻底丢开一个影剧记者爱挖情史、爱报八卦的坏毛病，我想写的邓丽君，不是她极力想藏起来不被窥探、不遭滥传的受伤恋情，而是她的心，她的性情，她的爱，她的理想；她的歌声是滋养原乡泥土的甘芳，而化作春泥更护花的这只蚕儿，终以紧系原乡、张望着赋归无期的憾，吐尽了最后的一根丝。

躲躲藏藏
历经烽火而重生的原乡人

想了解邓丽君无以名之的"原乡之爱"，那就让我们来谈谈她小时候从妈妈赵素桂口中听到的故事吧！

一九二六年，赵素桂出生于山东省东平县一个笃实家庭，父亲在哈尔滨担任邮政局局长，日本人一到哈尔滨就开出诱人的条件，愿意以加倍的月俸，要求他为日本人做事。但赵爸不愿做亡国奴，只好带着一家老小展开逃躲的日子。

赵素桂十三岁那年，一家人落脚于河南，认识了黄埔军校十五期毕业的邓枢；邓枢是河北省大名县邓台村人，逃亡多年已经逃怕了的赵家两老，眼见这位中尉军官英挺老实，应该是满可靠的，战乱中完全没有把握带得了初长成的少女平安逃难，就以一种"托孤"的心情，匆忙地让他们两人订了婚。那年，她才十四岁。

烽火赤焰逼着中国儿女迅速成长，邓枢随着部队的调动频繁居无定所，赵素桂则在当时蒋夫人蒋宋美龄所办的孤儿院里继续读书。日本人的侵华脚步日益迫近，几乎每天都有轰炸或枪声，读读停停的躲警报生涯，学子们心惊肉跳，乱世里也谈不到什么远景规划，基于重承诺的义气与责任感，邓枢在赵素桂十六岁那年娶了她，两人一无所有，结婚就是一种相依相守。婚后不久，他随部队调走，她在兵荒马乱中生下第一个孩子。

很快地，城里失守，几乎所有来不及走避的妇女都遭到日本兵的蹂躏，不分少女妇人或老妪阿嬷，种种亲眼看见的暴行，让中国女人力求自保。赵素桂躲到乡下，每天在脸上抹锅底的黑灰，妆成又丁又丑的老太婆，白天躲在地窖或防空洞，一步也不敢现身。

产妇营养不足，当然没有奶水，赵素桂想法子把生麦子包在毛巾里擦擦，放在石头中推磨出类似麦片的东西喂儿子，出生不久的婴儿得不到应有的营养，瘦得不成人形。在一次躲警报的防空洞里，由于她带着孩子，防空洞里挤得满满的，老百姓深怕孩子的哭声会引来日本兵，坚持不让她躲进来。为了防空洞里所有人的安全，她含泪爬出防空洞，躲在附近山头的大树下，警报过后许久才敢出来察看。没想到原先那个拒收她的防空洞整个被炸掉了，里面躲着的人无一幸免，她惊出一身冷汗来，命运作弄总是意外连迭，令人亦惊亦叹。

赵素桂从北方辗转到西南，翻山越岭全靠双腿，其中千辛万苦非笔墨能形容，两膝两足都因跪爬而破烂、肿胀，全身也因严重的痢疾和疟疾交相侵袭，在死亡边缘打转好几回，那曾救了她一命的可怜婴儿，最后还是敌不过病饿逼迫而夭亡了。

孑然一身的她，到处打听邓枢部队的动向，终于找到邓枢，夫妻相拥，恍如隔世。又黑又瘦又老的赵素桂，让邓枢久久不敢置信，不敢相认，其实那时候她还不到二十岁！长达八年的抗日战争，磨去她从来没有享受过一日一时的整个青春年华，没有少女梦想，只有无数惊恐不安的梦魇。

一九四五年日本无条件投降，过不了两年安定日子，内战爆发，邓枢依然转战各地，赵素桂带着老大长安、抱着老二长顺再度逃难，从河南到南京，转江西到广东汕头，一路走走停停，火车、卡车、大货车、军车，不断换交通工具，最后才得以搭船到了之前听都没听过的一个小岛——台湾。

人山人海的逃难人潮，挤在运输舰上，多少人被挤落海里，多少人被拉下来，挤不上去纵然失望，挤上去的人也有的受不了几天几夜的晕船而跳海，更有人在船上饥病而死，那是赵素桂所亲身承受的悲苦，她冷眼看着周遭，人的尊严与价值在那时都已荡然无存，人性的软弱与不可思议的劣根性都一一浮现。如果不是两个年幼的孩子一直支撑着她坚强的求生意志，也许她也会随着别人一样悄悄死去，没有人知道，也没有人会收葬。

船行的时间其实并不长，对一个病人却是终生难忘的漫长煎熬。十几个小时之后，终于在基隆下了船，因严重营养不良而奄奄一息的她，被送入北投眷属军营中，喝水吐水、吃药吐药，那一年的中秋节，没有月饼，没有团圆，只有在对前途的茫茫无望，以及对彼岸家人的万千牵绊之中惨淡度过，唯一支持她活下去的信念就是带好两个孩子，期待终有一天能再夫妻团圆。

差一点儿
世上就没有邓丽君这个人

从北投搬到内湖，再辗转到虎尾，终于和邓枢取得了联系，一家人能生活在一起，再苦的日子也撑得下去，职务上的调动使这个家不停东迁西搬。老三长富在宜兰出生不久后，邓枢就调到虎尾大埤乡受训，没多久再调到云林龙岩，流离搬迁的日子总算是暂时安定了下来。

为了替邓丽君寻根，大埤乡公所从户政事务所的存盘中，找出邓家的原始户口资料，证明邓家一九五二年一月从桃园县杨梅镇埔心里，迁入云林县大埤乡南和村一邻二十四户南和路六号，之后再迁往褒忠乡田洋村，因而，邓丽君实际上是在大埤乡出生三个月后，才迁往褒忠乡的。

一九五三年的一月二十九日清晨，也正是那一年的农历十二月十五日，家家户户正洋溢着准备过农历春节的忙碌氛围，邓丽君选择在这样欢欣的日子来到世间，成为邓家最受欢迎的新成员。即使是物质生活艰苦，对小生命的诞生，大家也都怀抱无限欣喜。

当时，拥挤窄小的农村民宅，只有勉强算是隔开的两房，一间是权充产房的卧室；另一间就是三个儿子同睡的一张木板床。当时的眷村风气的确是邻里之间同甘共苦、守望相助。分娩时刻一近，助产婆婆、房东太太和眷村

一家能够团圆，就是最大的幸福。（摄于一九五六年）

妈妈们都从四邻过来帮忙，大冬天里，点煤油炉子烧水，准备卫生用品和婴儿衣物。不久，特别嘹亮的啼声划破破晓的宁静，邻居们兴奋地欢呼着四处报喜："是个女儿！是个女儿！"三个当哥哥的从呆愣愣地看着大人忙进忙出，到直奔床前"观赏"他们的"新玩具"，知道多了一个妹妹而开心不已。

邓枢得到喜讯不久后，气喘吁吁地跑回家来，连声说："女儿好！女儿好！"抱在怀里端详半天，喜形于色。天没大亮，左邻右舍的妈妈们早已围过来看邓家的女儿，两位邻家妈妈在一旁压低了声音争执着，其中一位一直磨到过了中午还不肯回家。

原来，当时的台湾眷村生活相当清苦，邓妈妈怀孕时曾对邻人说，三个儿子都快养不起了，如果孩子生下来就送给这位结婚多年膝下犹虚的邻家妈妈，姊妹俩早就私下口头约定，这位妈妈想要抱走赵素桂这胎刚刚生下来的孩子，当做自己亲生的孩子，这一早又看到刚出生的女娃儿这么可爱，说什么也不愿走，抱持着一丝丝希望，巴望着邓家太太记得曾经允诺过的话，把婴儿送给她。但是，怎么可能呢？

怀胎十月的辛苦，抱在手中的满足，日子再穷、再苦也要咬牙撑下去，何况是盼了许久的女儿，无论如何也舍不得送人。邓妈妈一时为难，不禁放声大哭，哭得想要来抱小孩的邻家妈妈六神无主，口头承诺是相知好姊妹的悄悄话，眼见邓妈妈的又疼又喜，谁也不忍心"硬要"，只好奉上了本来是用来"换孩子"的老母鸡、鸡蛋、面线等礼物，黯然回去。

邓妈妈回想这段往事，不禁感谢苍天，冥冥中给她这个可爱的小天使，也感谢邻居姊妹的贴心体己，如果当时那位妈妈坚持要她履行诺言，将孩子抱走，整个中国近代流行歌坛的历史，可能就不会出现"国际巨星邓丽君"，而邓丽君如果没有走上唱歌这条路子，也许她的一生就会完完全全改观了。

满周岁时，骑木马拍照留念。

满一百天时的襁褓照。

人缘超好
取名丽筠期许如竹般高洁

邓妈妈还记得在坐月子期间，军营中的邓爸不能常回家，才不过十岁的大哥就得负责清洗尿布，每天晚上把功课做完，就得抱着一盆尿布到水井边，打起冰冷的井水，把泡过水的尿布一条条拖在洗衣板上，闭着眼睛猛搓一阵，也不管洗干净没有，就往竹竿上随便披一披，尿布上连便迹都还在，害得小丫头得了尿布疹。邓妈妈只好在月子里起身，指点大哥怎样才能把尿布洗干净，她欣慰地称赞大儿子真听话，教了一两次就懂了，从此以后，小娃儿才免去了红屁股的折磨。

这样的情景，在家家户户有洗衣机、烘干机等电气化生活的现代社会怎么能想象呢？在天天拿着游戏杆玩电动的九〇年代男孩，谁肯为妹妹打井水洗尿布呢？也许用惯了纸尿裤的这一代人连尿布长什么样子都不知道吧！

邓妈妈欣慰的是女儿涓滴不忘的孝心。日后，邓丽君才刚有了一点钱，第一件事就是想到实现家中电气化，特别是洗衣机，虽然家中的孩子都长大了，再也没有尿布要洗，但是她心疼妈妈在月子里碰冰冷的井水影响到日后造成的指关节酸痛，她不止一次向妈妈提过，很感谢妈妈和哥哥为她冬天打冰冷的井水洗换尿布的辛劳，这不过是她人生中最初的几个月，可是，这一辈子她都从没有忘记过家人对她的爱。

"丫头"是邓丽君满月前的诨名儿，在中国人的习俗里，诨名儿叫得越通俗、越平凡，孩子会越好养，而邓爸、邓妈却觉得老是叫"丫头"，对这个漂漂亮亮的小女儿实在不够雅，邓爸特地请来了部队里最有学问的一位杨姓长官，为她起个漂亮的学名，在他的一番用心斟酌之下，为她命名"丽筠"，丽有清丽、秀美的意涵，而筠则是竹的青皮，泛称为竹的代表，期望她长大之后志向高洁，虚怀若谷，节节高升，并且能出人头地。

可喜的是这位杨长官的眼光果然准确，日后在她成长的过程中真的都在她身上看到了这些特质，一点儿也不负这"筠"字的美意。也许是"有边读边，无边读中间"的惯性使然，当时，一般人都把筠字发"君"字音，丽君、丽君的就这么被叫惯了，就连邓妈妈都喊她"丽君"，人人叫得如此顺口，之后，邓丽筠开始唱歌需要一个艺名的时候，就直接把"邓丽君"当做艺名，仿佛是顺理成章，再自然不过的事。

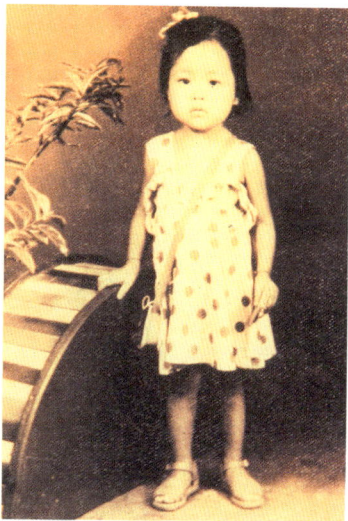

丫头很有人缘，谁看到她都喜欢。

邓丽君四个月大时，邓爸又调往台东县池上乡。天才蒙蒙亮，全家便坐上敞篷的大货车，经过一整天的摇晃车程，举家迁移。邓妈妈回忆这段往事感慨地联想，也许老天是注定邓丽君要一生奔波的，从在襁褓中睡在妈妈怀里就四处颠簸，而乖巧的婴儿仿佛知道体恤妈妈，一路上都不吵不闹，对一个毫不解事的新生儿而言，真的非常难得。

乡间的人情味浓厚，池上乡的纯朴与宁静似乎更适合她，涵养了她明朗舒坦而心胸开阔的个性。童年的邓丽君备受宠爱而且人缘奇佳，从襁褓中就显而易见，讨人喜爱的娃娃成了邓爸同事们的开心果，叔叔、伯伯们有事没事就往邓家跑，甚至有时候还为了抢着抱她而争得面红耳赤。邓妈妈在谈到这段往事时，还笑着感叹那些来到台湾就没有结婚，俗称的"老芋仔"，那时候多有人情味啊！他们这一辈结了婚的，家里的大门永远都为了单身汉的弟兄们敞开，弟兄们对他们的孩子就像自己的孩子一样，相处和乐融融。邓丽君不怕生的好性情也是在那样的大环境中养成，叔叔、伯伯、阿姨、婶婶的，叫得人心好甜，而她也特别懂得察言观色，贴心而不娇纵，"真的是个天使"。邓妈妈红着眼说："她小时候，就有很多人跟我说，这女儿是天女下凡来报恩的，我宁愿她不是什么天仙天使，也不要她来报了恩就匆匆回天上去了，我真的宁愿她不要这么好啊！"

有十分钟之久，我们两人都默对着冷掉的咖啡流泪。白先勇在《谪仙记》里所引用苏曼殊的《偶成》所题："人间花草太匆匆，春未残时花已空。自是神仙沦小谪，不须惆怅忆芳容。"再多安慰的话都说不出口，一个母亲要有多大的思念，多大的盼回，才会希望自己的女儿"不要太好"啊！

过人毅力
从小看大穷苦磨出好性子

另一件邓妈妈说来就得意的往事是邓丽君的"三日断奶记"！一年多之后，五弟邓长禧出生，"那时，丫头还没真正断奶，我喂五弟奶，丫头也抢着要吃，好在那时候我奶水多，总会先让她吃饱再喂弟弟，直到她两岁，满口已经发好了快长齐的牙，再不断奶就不像话了。"邓妈妈下定决心让她不再想奶，托了一位伯伯把她带到高雄去玩，第一个晚上吵奶哭了一下，第二天给她喝牛奶、豆浆，才第三天，就断成功了。

邓妈妈说，光从这件小事情上就可以看出邓丽君的过人毅力，在以后的岁月里，邓妈妈陪伴她走过的颠簸歌途，的确也证明了她过人的自持力，几乎很少把麻烦带给人家，总是自己承担忍受。别人需要什么，往往她察言观色就能了然于心，默默帮助别人也相当为人着想，心窍玲珑剔透。

池上乡住了一年，举家再搬到屏东市稍微像样的住处，小小的邓丽君成为三个哥哥想溜出去玩的最佳"护身符"，只要抱着她大大方方地出门，总是万无一失。出门后，左邻右舍总会有人叫唤"丫头，来这边玩"，他们就很放心地把她"塞"给邻居，一溜烟地跑去疯个够，天黑回家时，她总是已经安安稳稳的在家里了。

邓妈妈颇为自信地说："我们家丫头长得不是很漂亮，但从小到大都一直很有人缘。"这点从她小时候就看得出来。走访她的几位邻居，不论是爷爷奶奶级的、叔伯婶姨辈的，或者是同龄相仿的，几乎都是异口同声地说她："人缘好，有礼貌，嘴巴甜，心地好。"的确，俗话说"人缘就是饭缘"，她能够迅速走红，在天赋歌艺与后天努力之外，还有重要的人缘，不论任何不公平的待遇，或是遭受无预期的冷淡、排挤，她都一笑置之。不争，是穷人家孩子磨出来的性情，做人处世的圆融，也是她在穷日子里"训练"出来的成功要素之一。

日子清苦却也快乐，退伍的邓爸试着做点小生意，邓妈妈则发挥"理家"的才智，空心菜梗炒辣椒、酸菜炒辣椒、黄豆芽炒辣椒、苦瓜炒辣椒等都是家中餐桌上常见的"佳肴"，油水虽少，但色、香、味俱全，五个孩子抢得津津有味，常常吃得盘底朝天。一直到邓丽君过世，酸菜、苦瓜、黄豆芽等，这些最最平凡不过的穷苦人家菜肴，都是她每次回家最爱吃的，不少人很怀疑嗜辣如命、少一顿辣椒都不行的她，如何能保养一副水晶般清灵剔透的好嗓子，她都不置可否地笑笑，也许，真的是得天独厚吧！

肉香饭香
大胃王背后蕴藏亲情记忆

蕉风椰雨是屏东的特色，邓家的院中也有一丛香蕉树，是他们生活中不可或缺的"重要加菜来源"，个把月香蕉成熟时，邓妈妈请菜市场的水果商割走，换得一些些微薄零用钱，当天就会为大伙儿"加菜"。那是久久才吃得到红烧肉的珍贵时刻，小小一锅肉，惹来垂涎多少，当爸妈的说什么也不舍得吃，兄妹这五张口总是一餐就把它报销掉。香港天香楼的老板回忆邓丽君常去店里点"东坡肉"这道菜时，就会讲小时候的故事给同桌的人听，她吃的不只是红烧肉的美味，更是整个童年回忆的甘芳好滋味。

儿时的苦日子对邓丽君而言，是家人向心力最凝聚的时光，这情分她一直念念不忘，日后不管她多么走红，总是想尽办法在逢年过节的时候和家人团聚，就是因为想念家人在一起的这种欢乐与融洽。这段日子在她的记忆中并不算久，当她长成少女，特别是出道唱歌之后，几个兄弟工作的工作、求学的求学，自己又经常到世界各国演唱，一家人反而相聚无多，红烧肉香气里蕴涵的浓厚亲情，更让她格外难忘。

虽然是北方大妞，邓丽君却不爱吃馒头，小时候家境清苦，哪能容得孩子挑食，邓爸疼女儿的"偏心"，在这个时候就看出来了，做得一手面食好手艺的他，总是差遣孩子拿着自家做的馒头、包子或大饼，到邻家去换一碗白饭回来给她吃，真个是应了"一粥一饭当思来之不易"的格言。她珍惜着换来不易的白饭，对兄弟们常为她去四邻"要饭"的这份恩情也久久不忘。

一九六五年，过年时拍摄的全家福。家人就是邓丽君的生命力量！

邓丽君虽然小时候不太爱吃馒头，长大后却对妈妈包的"一口饺"情有独钟。三哥邓长富记得她在小时候就会自己和面、擀皮儿、调馅子、包水饺，样样都来，邓丽君去日本发展时，当时担任日本宝丽多社长的舟木稔也一直记得，"去邓家吃水饺"是一大享受，滋味真的很难忘，也记得邓丽君有一餐吃四十个小水饺的纪录，大家对她何以这么能吃，又能一直保持这么好的身材都惊讶不已！

水饺中有着对家乡的怀念，有着对童年的记忆。对念旧的她而言，在包水饺的过程中会有一家人浓浓的亲情记忆浮现，那是她最珍惜的往昔岁月。在香港独居的日子，她常教帮忙做饭的明姊包水饺，并且一边包，一边说小时候的故事，样样琐事都记得可清楚了，明姊回忆她们常在厨房一边洗菜做饭，一边唧唧喳喳说往事的日子，怎么也不肯相信这间小小的厨房里，再也听不到亲切又爱聊天的女主人的声音了……

很讲义气
六岁登台不怯场特爱拍照

话说回她的幼年时期，邓丽君备受父母兄弟及亲友邻里的爱护，特别是很会看脸色又乖巧懂事，很少挨骂挨打。那时眷村小孩普遍都在严格的"庭训"中过着"棒下出孝子"的日子，邓爸爸教育儿女也很严格，邓妈妈分享这有几分侠义心肠的女儿行径：每次只要是哥哥、弟弟们不乖，被邓爸罚跪了，她就会默不作声地自动自发跑去和兄弟们跪在一起，这种小小年纪就"患难相挺"的义气，让老爸看了也不忍心，不一会儿就会连带免去了对众儿子们的责罚。"你看，她才多小年纪啊，就懂得察言观色，还知道怎么摸准老

一九六四年，邓爸爸过生日，小邓丽君开心地依偎在爸爸身边。

爸的心去救兄弟，真的是很讲义气！"邓妈讲这段往事时，眼里尽是笑意。

　　至于唱歌跟谁学的，邓妈似乎觉得自己也有那么一点"功劳"，那就是"很有智慧"地买了一台收音机。邓丽君才两三岁大，就跟着收音机学唱歌，咿咿呀呀的逗人得很。邓妈妈当时从没有想过有朝一日她女儿会成了歌星，只觉得这个孩子只要有音乐听就乖乖的，实在好带；四五岁的她也特别喜欢跟着妈妈看电影，片长两个钟头，只消拿两块饼干给她啃，就能不吵不闹地看到电影终了。这个小影迷一直保持着爱看电影的嗜好，直到她去世前，都还在清迈的度假时光租片子来看。清迈的录像带出租店老板形容她很懂得选好片子，会挑水平很高的来看，而不是随便租了些杀时间的商业片而已，如果她不是这么早过世，她甚至于还想过要尝试退居幕后当导演哩！

掌上明珠总是漂漂亮亮得让人疼。

因为家中只有一个女生，邓妈妈对她特别用心照顾，亲朋好友或街坊邻居家有喜庆，总会把她打扮得漂漂亮亮的带去参加，有时客串唱歌带动气氛，赢得一片惊叹、赞美声：邓家的女儿好会表演，是大家一致的印象。邻居裴妈妈最爱听她唱《采槟榔》《晚霞》等老歌，每次一看见她就呼唤到家里来，要她唱几支曲儿，她也有求必应、字正腔圆地唱将起来；平时还喜欢模仿明星，逗得邻里妈妈都开心非常。

表演得好，是天赋也是努力，老旧的眷村三不五时听得到小小年纪的她唱作俱佳的表演。不只歌好、表演好，教人喜欢，她更为人所赞扬的是："特别懂礼貌"。那天我花了一整天在芦洲老家访问听过她小时候唱歌的邻居伯伯、妈妈，一提起邓丽君，几乎是异口同声地说：这孩子很懂事，嘴巴很甜，一碰面就会叫人！"叔叔、伯伯好""阿姨、妈妈好"常挂在口头，那是自然流露的家教好，有礼貌，而并非有所企图的讨好，因为这样的小孩并不多见，所以特别让邻居们印象深刻，歌唱得好不好已经不记得了，但只要唤她来唱，她总是有求必应，给他们带来一段相当愉悦的时光。

她第一次正式登台演唱，才不过是六岁，一点儿也不羞怯，也许是打从毛头孩子时就敢于在陌生人面前表演，把她的胆子练大了，应变能力也掌握得很灵活，邓妈说，她真的胆子很大，也该说是她够自信吧！后来的歌途发展上，无论在任何国家、任何阵仗上，她都没有怯场过。她也从不逃避任何挑战，语文不够好，该学语文，她就努力地去学通、学好，该入境随俗的也能很快就适应下来，这的确是一种相当难得的秉赋，也似乎注定了她该当国际级的明星。

她还有一个令妈妈吃惊的"聪明点子"就是爱照相！长得可爱又有点爱现的她，总是被邓妈妈打扮得漂漂亮亮的，衣服虽然不多，却总是干干净净，丝毫没有穷小孩的破旧脏乱感觉。大约她也知道自己的可爱，从很小就显得喜欢照相。最初，邓妈妈会带她到邻居初妈妈所开设的照相馆拍照；四岁多的时候，邓丽君居然敢一个人走到照相馆，告诉初妈妈说妈妈叫她来拍照，照相馆老板欣然为她拍了一张。傍晚，告诉邓妈妈说相片洗好可以取件，邓妈妈才知道女儿的鬼灵精。那张照片一直保存到现在，成为她幼年时代最有纪念意义的一张照片。

邓丽君的好歌喉乡里有名，
常在喜庆活动上高歌助兴！

小小年纪第一次公开演唱，毫不怯场。

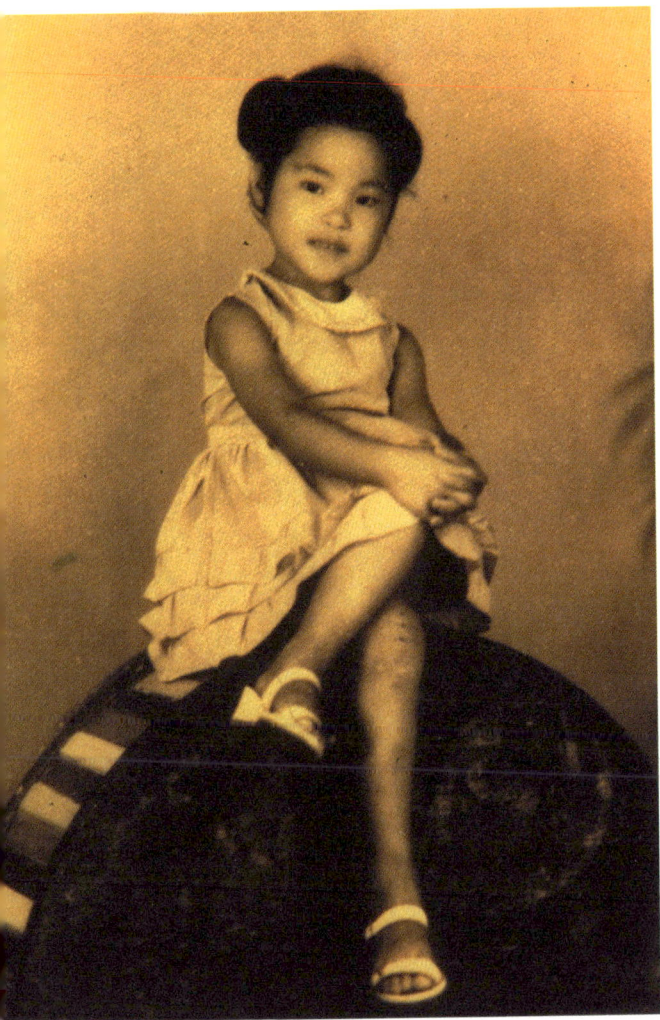

自己跑到照相馆去拍照。

三岁时与依依吴玉萍合照。

学了芭蕾舞的纪念。

邓爸、邓妈白天的日子都很忙碌，没有空暇照顾她，邓丽君在四岁多时在当地唯一的幼儿园上学，幼儿园唱唱跳跳的学习课程里，老师明显看出她有唱歌跳舞的天分，学唱学跳又快又好，放学后，就回家唱给爸妈和左邻右舍的妈妈、叔伯听。当然，没有物质鼓励的年代，只能赢得许多掌声，掌声，是她成长的养分，让她从小就自信满满。

邓妈妈那时突发奇想，也不管家中经济的窘困，决定咬紧牙关来培养她。她带着邓丽君到当时屏东唯一的"李彩娥舞蹈社"学芭蕾舞，聪明伶俐的她，同样的一下子就学会，连同班的大姐姐们都佩服这个不足龄的小芭蕾舞星。然而，学舞毕竟是有钱人家才玩得起的，在这个舞蹈班的短短学习历程，不久就因家中经济状况不佳而停止，但已经为她打下相当不错的基础，对她日后的演艺事业有相当的影响力。

崭露头角
歌唱演讲演话剧样样都行

祖籍河北的邓丽君，自然说得一口漂亮而清晰流利的标准国语，幼儿园中班时被推派为欢送大班毕业生而致词的学生，幼儿园的老师写好讲稿，她在妈妈念一句、背一句的状况下，只读了两三遍就能朗朗上口，不一会儿就都会背了。毕业典礼那天，小小的她站在台上够不着两节式的麦克风，把麦克风降到最低之后，还得在脚下放一张小凳子站上去，才能对得上麦克风致词，让台下的嘉宾都为这可爱的小女孩而笑开了。

当她从容大方、一字不差地致词完毕，观礼家长们报以热烈掌声。邓妈妈在台下哭了："那是我女儿哎！那是我们邓家的女儿哎！"就这两句话，反复在心头绕，那时候不知道，这就是一种骄傲，混合着一种疼惜，一种了解，了解到这一刻的荣耀，其实是她练习了多久、多久，被提醒、被纠正、在家试、在班上演练，重来又重来的努力，"好好的准备与准备得好好的"是两种不同的境界，邓妈唯一的欣慰，是在自己的 DNA 里，遗传给她的不认生、不怯场、落落大方。尽管有许多场合她还是会很紧张，都不是每次轻松过关，但熟悉邓丽君的人都知道，在她这一生的演艺生涯诸多演唱、活动、录音、录像等大大小小场面，她从来就没有匆匆忙忙赶时间、赶来赶去，以致于毫无准备地登台，这是她绝对不会做的，她爱惜羽毛，绝不砸自己的招牌，对自己的形象建立，以及高规格的自我要求维持最佳状况于声名不坠。

我还记得在日本访问时，她的经纪人追忆："有一回，红白对抗的前半个小时，我发现她去洗手间怎么这么久都没有回来，我担心是她身体不舒服，或是临时有了什么状况，很不放心地跑到女厕去查看。我站在女厕门外，却听到她在洗手间里一遍又一遍做声乐式的发声练习，我听过太多次她的演唱了，从来不知道那好听的声音是从这样单调的'啊～咿'所积累出来的，我一个傻傻的大男人，愣在女盥洗室外听到出神……"我忍不住问："她出来后有说什么吗？"他微笑了："她很不好意思让我担心了，只轻轻地说一句：'我想让稍后演出时，声音能更完美。'我真为她的敬业态度觉得好感动、好感动！你知道吗？她那时已经是红透半边天的大牌明星了，还这样鞭策自己，一定要拿出最好的一面来给观众，那是她年常独特的尊重，尊重每一个听她唱歌的人，这种尊重是教不会也勉强不来的，那一定要有心，不应付、不敷衍的心！"

我听不懂他说的话，但我感动于他带着崇敬的肢体语言，在翻译一句一句告诉我他所传达的这个小故事时，我才更了解，成功的因素千千百百，用心，绝对是这一切的底蕴。

痛的教训
歉意悔过从此再无差别心

回头再看她其他的性情形成吧！

一九五九年，邓丽君上了小学，邓爸爸从军中退下来，和朋友在台北合伙做点小生意，举家就一起搬到台北，先落脚在松山路做生意。合伙生意失败后，邓妈妈到工厂去做工贴补家用，他们搬到通化街，一家人生活非常困苦，军中袍泽是有感情的，那时有位也是退伍的弟兄帮忙出了点钱，才让邓家一家五口搬到芦洲乡安定下来。

邓爸爸天不亮就得起来，发面、和面，擀成一张张饼，烙成好吃的北方大饼，骑着脚踏车，后头载着简易的"保温箱"沿路叫卖。邓丽君上小学之后，邓爸爸得到机缘在她就读的芦洲小学福利社里头寄售，与她同时进芦洲小学的廖汉权老师常看到她帮忙邓爸的小小身影，她并不以家境贫寒为羞，总是默默在福利社里先帮爸爸弄好要贩卖的各式各样面食才去上课，当时就对这个乖巧的小女孩印象非常深刻。

廖老师还观察到她包容同学的另一面。他记得邓丽君的身高并不矮，座位就在倒数第二排，班上有位男同学很调皮，偷偷地把邓丽君的两条长辫子绑在椅背横杠上，让她下课起立的时候，一站起来，就把椅子也带起来了，大家哄堂大笑。她为同学的捉弄哭得很伤心，却默默忍受下来，不发脾气也不向老师告状；捉弄她的男同学没想到她是这样的反应，很羞愧的再也不敢捣蛋了。

与她小学同班的陈辉龙，因着功课很好而一直担任班长，他记得邓丽君小学的成绩并不怎么出色，就是国语还不错，数学成绩则常常挨打。以她这样的学历，日后却能有如此不凡的成就，是他深深叹服的，他以自己一路上一直非常有目标地按部就班努力读书、求取好学历、挣得好机会，才赢得目前成就的模式来思考，其间的努力与付出只有自己最知道，这更显得失学的邓丽君能如此成功，非常难得。陈辉龙很中肯地说："她背后所付出的努力和用功，绝非一般人所能想象，而在这'必须努力'的认知上，证明她的心态多么自重自爱，绝不会虚荣地以为自己十几岁就名利双收，人生夫复何求，而放弃去充实内在，辛苦进修，这是一般少年得志的人很少能想到或做得到的自省毅力。"

在他记忆中有件事让他感慨良多：有一次，学校的游艺会有表演节目，当时班上演话剧，邓丽君演女主角，并于课后聚集在大礼堂排演。有一回，邓

和弟弟一起就读芦洲小学期间，邓丽君常帮爸爸的忙。

爸爸拿着卖剩的大饼去看她，登时让她有些不好意思，一直推着爸爸出大礼堂，催促他回去。当时，负责他们排演的费则铭老师看在眼里，立即把她叫到一旁去，轻声责备她对爸爸的态度不对。邓丽君当下懊悔得哭起来，那泪水，有着对父亲的愧疚，有着对自己差别心的谴责。穷，并不可耻啊！如果不是为了孩子们，爸爸何必这么辛苦呢？陈辉龙认为这个机会教育对她的一生影响很大，从这件小小的事之后，再也没看过她对爸爸或对任何人有排斥或不敬的态度。

六岁的邓丽君跟着李成清外出演出。

　　费则铭老师则津津乐道于她的表演天分。有一回游艺会演出，剧本描述一个受迫害而家破人亡的时代悲剧，有几幕戏是需要流泪的感人情节。当时他绞尽脑汁地指导小演员们哭得自然一点，挤不出眼泪就沾点口水来代替，没想到演女主角的邓丽君一下子就进入状况，胡琴声一拉起来，几秒钟内，热泪就很自然地滚滚流下来，当时他就觉得这小女孩的确不简单，她的泪水不是"应剧本要求"而演出来的，而是内心深处受到触动而自然流露，这样敏锐的"情分"也不是轻易能教出来的啊！

尊师重道
走红之后还懂得知恩报爱

另一点让费老师十分嘉许的就是她的听力、悟力奇佳，当时没有所谓的歌唱班，在升学主义压力下，所有的音乐课也都没有好好地如期上课，想要唱歌也没地方学，都是听收音机或从留声机里放唱片来学歌。但只要她听过这首曲儿，不论搭配的人是用胡琴、用风琴、用口琴来配，她都能唱得来、配得好，她会自己融入歌曲中，感情的流泻从来不需要指导就能掌握得很好，这是另一种难得的天赋，或许也可以说是她生来的感情丰沛，敏感而细腻所带来的特质吧！

说邓丽君是天才型歌手并不公平，她的努力其实很少人看见。每天早上五点多，天还没有全亮，她就得摸黑起床，由邓爸骑着脚踏车载到淡水河边去吊嗓子，每天对着河水，向天引吭做发声练习，把嗓子拉开。邓爸如果没空，就由费老师载去，风雨无阻，不分假日，她声音的清亮干净，运气转音自如，这个发声练习的基本功绝对是一大主因。邓妈妈心疼地说："你想想，才十岁不到的孩子，哪个不贪睡呢？她就是有这个毅力，每天清晨挣扎着起来练唱，有的时候刮风啦、下雨啦，骑车也要穿雨衣很不方便，我就建议今天别去了，她还跟我说：'老师说做人要坚持，学习要有毅力！'她那么振振有词，我当然只好还是让她去练习啰！"

头发已斑白的费老师十分感慨地说："邓丽君这孩子真的很贴心，小学毕业很多年了，她一直都没有忘记逢年过节打个电话问候我，问问我的健康情形好不好？教学辛苦不辛苦？甚至在每次开演唱会的时候，还会寄几张演唱票来，请我带着太太一起去，她都还记得师母小时候照顾过她。我

与侨大先修班大哥哥一同唱歌。旋律只要听过几遍，邓丽君就能朗朗上口。

们俩一起去看她的表演，每一次都是在台下含着眼泪听的，我一生教过多少学生啊！却极少见这样懂得尊师重道的，尤其是她都已经这么走红，还如此知恩、报恩，把小学老师当一回事儿，我真的，真的……非常欣慰！"这样大男人的泪水，不是我在采访行程中第一次看到，邓丽君总有让我意外的小故事，在每个与她不同生命交会的故事里，拼凑出她的生命样貌。

另一位对她印象也很深刻的是李复扬老师，当她五、六年级时，代表班上参加很多次演讲比赛、朗诵比赛，她的演讲稿都由导师李复扬亲自撰写，交给她背诵。李老师当时有个弟弟正在读大学，也有一些参加演讲比赛的经验，就特地到学校来帮忙教她哪一句要加强语气，在演讲台上要注意台风，连上台、下台都要注意细节，演讲时要很自然地比出手势，最重要的是练胆识。他不但叫她在自己班上演练一遍，李老师还带着她到每个班上都去试讲，练习到毫不怯场，绝不失常。她果然不负众望地过关斩将，得到全校第一，又代表芦洲小学抱得全县第一的大奖回来。

创办芦洲文史工作室的杨莲福，个人搜集了多达六七十张邓丽君的各种版本唱片和照片，一直在做乡土文化教育的他认为，邓丽君不仅是芦洲小学的杰出校友，也是"芦洲之光"，她虽然很早就离开芦洲，却总是惦念着这片土地，津津乐道于自己清贫的童年生活，从不以家贫为羞，也不以勤学为苦，日后不论多红，生活始终非常检点，很值得给后代学子做榜样。因此在芦洲小学庆祝百年校庆的那一年，还特地辟出一间教室，展览她的奖座奖牌，唱片、海报和照片等文物，纪念这位可爱的"学姊校友"；也让芦洲小学成为一个歌迷溯源必访的参观景点，无形中还为芦洲带来"国际力量"呢！

她的另一位同学陈信义在我访问那年正是台北县议员，他有点小得意地宣称他们家是邓丽君"正港"的邻居。从仓库房分出一间来的邓家，隔音效果并不好，哥哥挨打、弟弟被骂都听得到，但是一天之中最享受的，就是听到她在唱歌，就知道邓丽君在洗澡了。这位邓丽君最早的歌迷幽默又感慨地说："邓丽君的歌声无论穿透竹篱笆、穿透铁幕都是那么有魅力啊！"

崭露头角
原乡人的梦在歌声中传唱

小学毕业，邓丽君并没有考上理想的公立学校，反而考上很不容易考进去的私立金陵女中。课业压力是她生活中较难应付的关卡，但是她所显露的歌唱天分和莫大兴趣却在这时候一直把她的人生推向不同的方向。

一九六四年，她参加广播电台举办的黄梅调歌曲比赛，以一曲《访英台》获得冠军，一鸣惊人早就引起星探的瞩目；一九六五年，她参加金马奖唱片

就读金陵女中时的学生照。

公司举办的歌唱比赛，也以一曲《采红菱》夺魁，她在小小年纪就让人惊艳地展现出大将之风。"我们那时也不懂什么叫做培养，"邓妈妈回忆这一路走来的水到渠成，"孩子很喜欢嘛，也就不要摁着她的兴趣，不让她发展。后来，我们知道正声广播公司有在办歌唱训练班招生，就让她报名接受正式的歌唱训练，琢磨一些歌唱技巧，那时候其实也还小嘛！也是要陪着她上课、接她回来啊！后来她以第一名的成绩结业，又得了奖，增加了不少

信心，从那时我就知道，这个女孩她很清楚自己想要走的路子了，我们大人是挡也挡不了、拉也拉不住啦！"

有些人认为，邓丽君是没有童年的，也有人认为她太早慧老成，她自己倒不会这么自怨自艾，童年生活有表演、有奖励、有行旅、有玩乐，其实比我们这一代只有读书、读书、考试、考试的生活来得多彩多姿，只不过比别人少一些玩耍的时光。她的儿时玩伴还记得邓妈妈管她非常严，每次找她出来玩，她都高兴得要命，只可惜不一会儿就被邓妈妈细细的嗓门叫回去写功课，真扫兴。问她们小时候都在玩什么，答案却让我大吃一惊。

小小的邓丽君开始登台演出。

原来，那个时代在社会上还存在着"二二八情结"，也还没有完全去除省籍观念，全班五十个学生里，只有一两个是从大陆过来的外省子弟。不解事的孩子往往会成群结队地骂眷村小孩是"外省仔猪"，外省人也会不甘示弱地回骂台湾孩子是"猴团仔"，同住眷村的胡小姐就记得那时外省孩子经常挨本省孩子的骂，男孩子多半捍卫领地以打架解决，邓丽君却喜欢"文斗"而非武斗。她会领着大伙儿唱歌谣、改编歌词去修理他们，歌词被改成什

获得黄梅调歌曲比赛冠军，小小年纪就展现歌唱才华。

与亲友们一起做功课。

邓丽君很受班上同学们的欢迎。

么样儿，事隔太多年，谁也记不得了，但是，她那时候的领袖魅力和对歌曲诠释的敏锐、灵活，却让大家印象深刻。

唱归唱，骂归骂，小孩子们的友谊总是天真无邪、吵过就忘的，邓丽君在班上的人缘格外好，对户外运动很拿手的她，跳房子、跳五关、跳橡皮筋、跳土风舞等总是很有细胞，她一下子就融入了本省族群，台语朗朗上口，客家话也会一点，这在小学"族群融和"所造成的影响，对她唱闽南语歌的咬字清楚、准确，可说获益多多。外省人、本省人的战争，常让她小小的心灵有所疑惑，大家都是中国人，为什么要分彼此？她问过家人，问过老师，在她心中始终相信同胞之爱应该无界限，在她心中从没有省籍情结。

这个存疑，从来没能在书本上得到答案，但老师们苦口婆心的劝说，却在她心中萌芽。是的，四海之内皆兄弟也，族群应该团结不分彼此，要破除不和的迷思，先要融入对方，打成一片，才能在这个族群中发展，语言的隔阂是不能交融的一大障碍，自此之后，她的语言天分便发挥无遗，闽南、客家、广东话总是一学就会，是聪明，也是有心。

邓丽君一直强调："中国人没有省籍的分别，只有政治制度的不同，大家都是一家人！"

　　大陆，是她的原乡；台湾，是她的故乡。回到大陆自由自在地亲自唱歌给爱她的同胞听，这始终是她的心头大愿，只是，这个梦，再也无法圆了。

我一见你就笑，
你那翩翩丰采太美妙；
和你在一起，
我永远没烦恼！

我一见你就笑，
究竟是为了什么，
我一见你就笑？
因为我已爱上你，
出乎你的意料！

第二章

一见你就笑

有这么一段时间，邓丽君真的是像她唱红的《一见你就笑》一般，歌唱生涯带给她的是快乐和鼓舞，甚至出乎她自己的意料，原来，许多心中的梦想是可以靠唱歌来圆满的。她似乎知道自己小小的肩头可以担负起爸妈办不到的赚钱本事，因而努力地想要帮助家人，改善整个家庭的困境。事实上，刚开始歌坛的路走得并不是那么顺利，但是不怕吃苦的她，非常认命。

家人情浓
买房成为最基本的理财观

邓妈妈记得当时美国的可口可乐刚刚进军台湾，一下子掀起热卖狂潮，几乎每个孩子都想喝上一瓶，解一解馋，也满足一下好奇心。有一回她们演唱完，坐着公交车回家的途中，邓丽君突然要求："妈妈，我好想喝一瓶可口可乐，一瓶就好。"也许是过惯节俭的日子，邓妈妈想也没想，很直觉地立刻说："不行，那是有钱人家才能喝的奢侈品。"邓丽君一句话也没有说，她认命，她知道省下一瓶七块钱的可口可乐，可以让家人吃得更好。

邓妈妈回到家，一夜辗转难眠。她觉得自己实在太小气了。邓家此时能过得比较宽裕些，全靠这小女孩唱歌、赶场才挣来这样的局面，做妈妈的却没有考虑满足一下她小小的渴望，还断然拒绝她，更可爱的是这孩子一点都不气恼，也不追讨，也不居功。这样的孩子还有什么话说，是该感谢她的呀！第二天一早，邓妈妈就去买了一打可口可乐放在冰箱里，搂着她说："你想喝就尽量喝吧！"邓丽君高兴得眼泪都掉下来了，立刻和哥哥、弟弟们分享。可见她的欲望多么低，人多么憨厚，这件小事她足足高兴了好几个月。

邓丽君对哥哥和小弟的感情是没话说的。从小，三个哥哥们就非常疼她、护着她，心头也隐隐知道，这个会唱歌

与三哥（上图）、五弟（下图）合照，哥哥和弟弟都很疼爱、钦佩她！

的妹妹有他们所远远不能企及的赚钱本事。家里很穷的时候，吃鸡蛋是多么奢侈的事啊！但是每天清早，妹妹从河边吊完嗓子回来，妈妈都会用温开水冲一个生鸡蛋，为她润喉保护嗓子。长久以来，她每天都有"特权"喝上一杯用一整个鸡蛋冲出来的蛋蜜汁，兄弟从来都没有馋嘴而抗议过，他们觉得对她好是应该的，因为，全家就数她最辛苦啰！

葛乐礼台风肆虐台湾时，芦洲淹水淹得非常厉害。邓家那时住在中路村中路一〇九号的眷村房舍，一下子水势就窜到门楣，全家都爬上离地比较高的小阁楼去。邓爸爸拼命顶着门，不让水冲进来，邓妈妈忙着收拾仅有的一点家当，三个哥哥就负责保护邓丽君，几个孩子一个都没有哭闹，全家人安安静静地紧紧依靠着，守在一起，度过危难。这让她小小的心灵

意识到：家，是最重要的，一家人守在一起比什么都好。日后，尽管她旅居国外各地，每年过年过节总是尽量赶回家和家人相聚相守，直到她过世前的那年春节，都是在家快乐度过的。

水患过后，家家户户在等待芦洲乡公所发给救济粮，邓爸爸还去帮忙发，几个兄妹就乖乖在家拖泥巴地、收拾残破、清理垃圾。邓妈妈看在眼里，安慰在心头。这个偶然的意外，触发她想为家人买间好一点的房子的心愿，而且要住得高一些，以免淹水。等到邓丽君的收入刚刚好有能力可以买房子的时候，邓家就在北投丹凤山附近，买下邓家生平第一栋房子，全家人搬离芦洲。

邓妈妈说，有自己的房子真好，那种有一个家的归属感是无比幸福的。她们不论跑歌厅作秀到多晚，母女俩一定赶回自己的家，鲜少在外投宿旅馆。邓妈妈回忆："好几次，我们一起从外地赶回家，看着她太累了，睡在摇摇晃晃的车里，我就会在心底悄悄地说：'谢谢你啊，乖女儿！'但是，那时候大人是不作兴和小孩子说谢谢的，有再多的感谢都是放在心里；这一辈子，丽君对家里真是没话说，而我这做妈的，却始终都没有当面好好谢过她，她走了以后，我只要一个人在家里，看到眼前所有的东西都是她的影子，她买的房子，我身上穿的衣服，晚上盖的被子，甚至家里用的杯子都是她买的，从这个国家、那个国家带回来的，我也不知道为什么，就特别想向她说谢谢，可是，她听不到了……"

我握住邓妈妈的手，说不出什么安慰她的话。这辈子，听到的都是"子欲养而亲不待"的故事，第一次听到"母欲谢而女不待"的遗憾，可见得人生真的不能等，有爱就要说出口。道谢、道爱、道歉、道别，这人生四道，真是每个人都要学习的功课啊！

靠着歌唱收入，
在北投买下让全家安心生活的第一栋房子。

在邓丽君心中，春节团聚非常重要。

待在自己家中，才能感受到真正的悠闲自在。

买房子，因着实用（邓丽君不喜欢住旅馆或酒店，她喜欢有家的感觉），成了邓丽君自然而然运用的入门理财观。她不玩股票、不投资生意，有了足够的钱就买房子，而且偏爱地势较高的，之后在香港赤柱（让属龙的她可以盘柱而上）、在新加坡、在法国巴黎、在美国比佛利以及台北，她买的房子都是高高在上，也许就是小时候那次台风阴影所造成的影响吧！

娃娃歌后
台前台后都一样备受欢迎

延续着六岁起就随李成清老师四处演出的机缘，邓丽君在金陵女中就读的时候，也常参加晚会的演出。那时的歌酬当然已超过她九岁登台第一次所领到的新台币五块钱了，但仍然算是很微薄。不过她并不在意，有舞台可以让自己练歌艺、练胆识，有场地可以唱唱跳跳、磨演技，充实自己的表演内涵，又能够帮忙家中改善环境，那就很够了！她并没有期许自己成为靠演艺过生活的大明星。

似乎苍天注定了这条路让她走，天赋的好嗓子是越磨越圆润、越清亮，在不知不觉中也养成她有个人独特品位的台风。在一次晚会演出里，她的歌艺被某歌厅老板看中，和邓妈妈沟通之后，问过她的意愿，就正式展开在歌厅驻唱的生涯，没有多久就一路青云直上，成为几个歌厅争相邀请的歌手，慢慢变成最受欢迎的"娃娃歌后"。

"娃娃歌后"也并不是一鸣惊人就一帆风顺地红起来，在她初试啼声之后，仍然有一段时间是不被重用的过渡期。当时，台湾歌坛正流行的多半属于成熟、娇媚，甚至有些沧桑味儿的路数，然而十五岁的她并不适合这样的演出，却又没有红到可以有人为她量身定做适合的歌曲来唱。除了朗朗上口的老歌之外，她在谨慎选曲中给自己走出一条明确的路子，定位在清纯、活泼、欢乐和健康的形象。

不满十六岁的她当时就有自己的想法，要以轻松活泼、有礼貌和甜美的姿态出现，亲切自然的可爱少女形象成为她的注册商标。上了台，她会和观众先说说话、开开玩笑，要求一些掌声，带动起听歌的气氛，观众喜欢她就是从这样的互动开始的。

她的脸上常带着甜笑，碰到熟人会问好，就算不太熟的也总会点一下头、笑一笑。邓妈妈认为这样子的招呼并不做作，也不肉麻，因为邓丽君总是微笑得亲切、自然，反而是成天紧紧跟着她的邓妈妈显得比较严肃。大家都知道邓丽君有个看得很紧的妈妈当"经纪人"，"吓"退了不少追求者，但也结交了许多圈内的好朋友，特别是《群星会》里的班底。当时已经算是很大牌的张琪、谢雷、吴静娴等歌星，对她的评价都不错，《群星会》

青春的活力，
是邓丽君刚出道给人的印象。

开始在歌厅驻唱，打扮也越来越讲究。

巧克力姊妹时期的邓丽君，
已经出落得亭亭玉立。

这个节目里的歌星大多有自己的歌可唱，属于邓丽君的招牌歌就是别人怎么学也学不来的《一见你就笑》。这首歌很适合她的型，不多久就奠定了她的玉女地位，尤其是她特殊的转滑式尾音，就有属于她的腔调与味道，辨识度非常强；另外，当时并不流行动感唱法，有一点儿舞蹈基础的她载歌载舞的演出，更为现场演唱加分，没多久，她就尝到了人红时间少、自由也少、隐私也少的相对付出。

邓丽君偶尔会忙里偷闲地去打保龄球，或陪着妈妈和家人看看电影（这是从小养成的老习惯了）。她喜欢男明星中的乔庄，也喜欢女明星中的李丽华、乐蒂。不过，她并不赞成女人结婚之后还要出来演戏，在她的少女心灵认为，歌唱或演戏是不能当永久职业的，她曾对邓妈妈说过一些不太像她的青春年龄所该有的感受——将来会因为声音坏了或结婚了而告别歌坛，谁也没有料到，日后她会以生命的终结来告别歌坛，让人们对她怀念深深、感慨万千……

两难选择
失学成了生平最大的遗憾

晚上的演唱活动接得多，相对的，做功课的时间就很少。每天晚上回家都已经累坏了，第二天又要早起，长期下来，谁都受不了，何况是一个十几岁的孩子？读书的时间太少导致邓丽君的课业并不理想，白天没什么精神上课，就算再聪明功课也不会好到哪里去。在一个以学业成绩品评学生好坏的六〇年代，邓丽君不是问题学生，却是个让师长很有意见的学生。即使她的导师很看好她、心疼她，却无法兼顾演唱和求学，为她的前途颇为忧心。

学校的师长对她的"走唱"并不谅解，甚至对家长也颇多微词。他们认为小小年纪放弃学业而去唱歌，让小孩子来为家里赚钱，是一种崇尚虚荣的想法。家长不以孩子成长期间的纯真、上进、用功读书为要务，反而鼓励她抛头露面，走入声色场所，更是莫名其妙！他们认为该让她做出一个决定，不能再两头奔忙，这不是学生该有的生活。

邓妈妈回忆起这段日子，大人心里的确是做过一番挣扎。邓爸爸原本一直不希望她这么小就走上演艺的路子，邓妈妈则是看她自己的意愿。邓丽君在深思过一段日子之后，告诉妈妈她的想法："要出人头地，用什么方法都可以，现在没有办法读书，将来总是可以弥补。"眼看着前面的路子已铺成了一个成功的雏形，现在放手，以后难保还有没有机会等着她；就算放弃目前一切，而选择继续读书，以她的成绩和兴趣，能不能读出什么名堂来也未可知。

邓丽君自己思考很久，终于下了痛苦的决定——"休学唱歌"。即使心中有着许多遗憾，她相信自己的选择不会错。台湾一直是升学主义至上、学历义凭挂帅，以她的午龄，能看清"行行出状元"的事实，毅然做出不流于俗的选择，应该是她对自己知之甚明。所谓"没有超俗的思想，不能尝试破俗的行为"，邓丽君给自己的前途打过算盘才下决心，这个抉择的当口，她早已期许自己的未来要有所作为。她并不是能被人左右意识，或被牵着鼻子走的泛泛之辈。

对于后来媒体上有诸多指责，认为她在初中就为生活被迫休学，要负担全家人的生计，是斯巴达教育下压迫的牺牲者，邓爸爸、邓妈妈只要钱，不顾孩子前途的说法，其实是无中生有的猜测！批评的人以世俗的眼光来看待社会生存法则，而一个非池中之物的少女，又岂是世俗的模式所能宥限的呢？邓妈妈说，邓丽君从小就很有主见，如果不是她自己愿意走这条

在东方歌厅驻唱，乔装巧扮梁山伯。

十六岁的邓丽君已经无法兼顾学业与事业，但仍勇敢决定自己未来的路！

路，光靠别人强迫、压榨，就算是再孝顺，也不可能高高兴兴走出成功的风光来，这是显而易见的。

邓丽君黯然离开学校，告别了制服与书包的日子，没有道别也没有欢送，只带走几个好友的祝福和老师的叮咛。步出金陵女中时，踽踽独行的单薄背影，让不少喜欢她的老师、同学为之鼻酸。但她的伤感是短暂的，因为一连串的演唱行程，满得让她来不及去咀嚼走出校门之后的失落感，她像往常一般带着笑容与自信，迎接属于她生命中的音符与旋律。一九六九年，邓丽君才十六岁，人们喜欢她清纯活泼的模样，在她快乐的说说唱唱、蹦蹦跳跳里，让人不自觉地打心底欢愉起来。

事实证明，日后她从未间断过高昂的学习情绪，除了自学之外，更到美国读大学、赴伦敦进修，成绩都不错，精通数种方言及多国语言的"才华"更为人所敬佩。在日本曾陪着她一起学日语的邓妈妈腼腆地微笑细数那段学习时光："我们是一起到日本的，给她请了日本老师做一对一的会话教学，其实我也有老师，两人学习语言的起跑线本来是一样的，哪知道才三四天，她就敢叽哩呱啦的和邻居讲起话来！我在旁边听了好惊讶，从那以后，有依赖心嘛，我就越学越慢，她越学越快，到了真正需要和日本人接触的时候，她都可以直接和人家对话了！"我好奇地问："那大约是多久呢？"邓妈妈笑着说："我哪能记得有多久？但快得就像是她原来就懂日本话似的。我最高兴的是，有一次在等她开会的时候，一位先生向我鞠躬，好像是夸我把女儿教得很好，她的言谈遣词用句都是有教养的、受高等教育的人家才会用的话语。我心想，这哪是我教的呀！是她自个儿用功学来的呢！但是，光是要解释这句话我都说不好，想想算了，就微笑接受他的赞美啰！"我们都笑了，这是在数十次采访中，难得看到邓妈妈笑得那么开心。

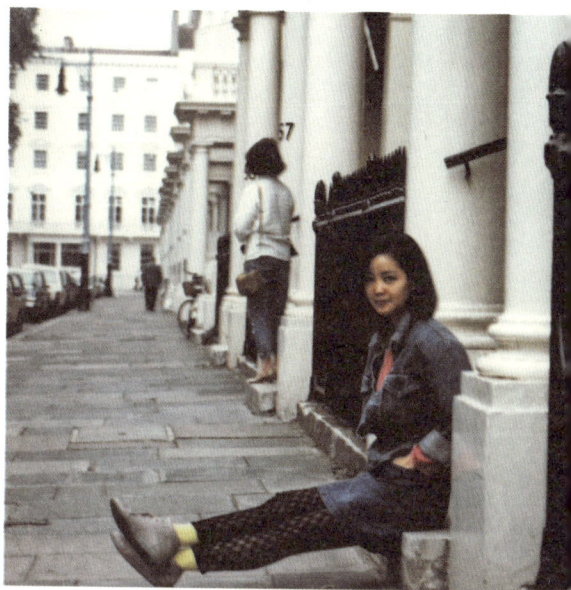

虽然学历不高，但邓丽君的自学能力和毅力都很惊人！曾于一九八四年前往英国求学。

学历低并不代表她的学力低，也不代表她的知识水平差，更令邓妈妈欣慰的是她的自爱自重、待人接物圆融自在，在国际礼仪上应对进退很得宜，这都不是学校教得了、学得到的。一个低学历的人在提早进入社会大学之后，用眼泪、毅力、时间、努力所换取来的成功，让我们庆幸她当时做出如此选择，如果她放弃了唱歌，一路在升学主义的压力下考高中、读大学，念了某个科系，去上了班，结了婚，也许她美好的歌声只能哄哄孩子、哼哼自娱，中华民族又哪来这样傲视国际的巨星呢？

忙碌行程
初尝走红滋味而自信成长

有一名记者总结邓丽君的成功关键是："敏锐、善感却不自怨自艾，能正面思考事情，并严格要求自我。"如果她的演唱生涯稍微爱慕名利，贪享虚荣浮华，可能就不会选择这样难走的路，对自己有这样高的要求，而她的成就也可能一下子就成为泡影。但是，她给自己的定位不是唱唱小歌厅、跑跑秀场而已，她要唱就唱出让所有人都爱听的歌；她希望她的唱片能像小时候家中常转的唱盘一样，为多少个只有生活压力、没有娱乐的家庭带来轻松、带来抒解，那些隽永而抚慰人心的老歌，那些慷慨激昂而振奋人心的歌曲，那些大街小巷响起的流行音乐；她盼望唱片的普及带给人们好的视听生活，而不是只有少数有钱人才听得起的歌厅秀。

不到一年的时间，邓丽君就以票房实力受到重视。不只在歌厅、夜总会唱歌，还有餐厅、大饭店开幕等喜事，邓丽君都是争相被邀的排行榜前几位。东南戏院附近的"夫人餐厅"邀她剪彩；台中远东百货公司开幕，在剪彩之

一九六八年，在夜巴黎七重天歌厅演唱。

后，还尽兴地逛了全新的百货公司，开心不已；全省走透透的她也南下高雄为"今日育乐公司"剪彩，顺便带着妈妈"血拼"一番。有段日子，她们母女俩还会买一式一样的母女装来穿，乐得不得了。她初尝受尊重、受宠爱的走红滋味，也体认忙碌与充实的双重感受，她喜欢把每一天都过得踏踏实实。

之后，她在台北"七重天大歌厅""台北大歌厅"驻唱，在中坜"环球饭店"客串，在"台中大酒店"献演，在高雄"香槟厅"登台，甚至在嘉义"豪华歌厅"客串演出，都打破这些歌厅原本的票房纪录。即使在狂风骤雨袭击的台风日，她的秀场都还维持七成以上的卖座，魅力可说是风雨无法挡，是当时秀场最红的一棵幼苗，可塑性极大。

邓丽君没有能力请经纪人，体贴的邓妈妈就是最好的经纪人。出道以来，她一直陪着邓丽君全省东奔西跑，虽然赚了一些钱，这样马不停蹄的奔波却也是苦事。可是自己的孩子出了名，邀请的人渐渐增多，有些还托人情、讲面子，不去也不行，邓妈妈深深了解她的体力、精力状况，许多广告之约或太耗损精神的演唱活动，能够不接的，邓妈妈只能扮黑脸出面回绝。光是应付这些就让本来就没有什么心眼的邓妈妈煞费心力，她说："星妈绝对是苦差事，我是老踩刹车，把钱往外推，和那些希望给自己赚大把钞票而拼命接案的经纪人完全不同，她不是摇钱树，她可是我的命根子啊！"

刚出道的时候，邓丽君也接一些电视广告来拍，一支广告一拍几乎要用掉一天，酬劳不过几千块，很不划算。名作家爱亚回忆她的先生周亚民在担任导演时，请邓丽君拍了一支广告，活泼、甜美的她当然表现称职，广告拍出来的效果大家也很满意。过了三年，想找她重拍第二支的时候，邓妈妈把她的价码一下子跳高了六七倍，她们只好忍痛放弃。非常重视家人的爱亚对这件事很不以为然，她认为一个小女孩并非摇钱树，为什么要

邓妈妈为了保护年轻的邓丽君，常受到许多误会。

定价码来物化她？同时，报纸上也曾暗讽："全家经济都要靠她小小的肩膀，哥哥、爸爸难道不能分担吗？"

关于这点，我请教了邓妈妈，她黯然地说："报上说我什么，我都知道，我也从来不去辩解什么，把价码调高不是爱钱，而是为了她好。因为三年的时间里，她走红的速度快得惊人，来接洽演出的多半是圈内当初提拔过她的熟人，谁也不好推托，以免造成'人红就忘本'的误会。她的时间挤不出来，根本没有接广告的空档，只能以价制量，用高价码让厂商知难而退，并非有意拿翘或物化她。那时候真的得罪不少人，也只能不断赔罪，但是丫头总要有自己休息的时间，做妈妈的不把关，广告案子和演唱通告会永远接不完。"

那时，邓丽君的大哥正好在报馆当记者，二哥去商船服务，三哥在军校读书，家中环境改善很多，家中有房子，两老过得也很简朴，完全不需要靠邓丽君养家，纯粹是因为歌迷喜欢她，愿意听她的歌，喜欢她的表演，而她的事业正起步，人正如日中天的走红，没有放弃演艺生涯的道理。舆论把她塑造成被全家欺压的摇钱树，对她家人攻击并不公平。她在当红的时候一直唱下去，只是单纯想服务视听大众，冲刺自己的事业往国际发展，家人只有支持，怎么可能逼迫？唯一可能造成这种臆测的，只能说邓丽君的确很孝顺，她的钱一直是交给爸妈，很少自己随便花用，但媒体把孝心解读成被欺凌、被压榨，母女俩都不多作辩解。邓丽君和媒体的关系一直不错，有一回，碰到那位写这样报道的记者，她也只是开玩笑地对他说："这位大哥，我是成年人诶！"幽默化解了尴尬，这是她面对八卦寻求生存之道所磨出来的另一种智慧！

但不管再忙再累，邓妈妈绝不会帮她挡掉的是义演，无论多忙，她都一定会参加，随成功岭访问团到台中晚会，她的《一见你就笑》《甜蜜蜜》《路边的野花不要采》等轻快小曲儿，都让观众为之倾倒；一九六九年的十月三十一日，更与两千多位侨胞齐聚中山堂，欢歌《一见你就笑》；一九七〇年，新加坡总统夫人游莎芙所邀请的慈善演唱会"群星之夜"，她也载歌载舞地唱《一见你就笑》。是的，《一见你就笑》几乎成了她的招牌形象，她的笑也随歌深深种在渴望欢笑的人们心中。

加盟"中视" 一曲晶晶是生涯转折点

一九六九年十月十日，"中国电视公司"开播了，她也迅速被"中国电视公司"网罗，主持《每日一星》节目，在晚间的黄金时段播出，虽然只有短短二十分钟，却崭露了她在主持节目方面的功力；不久之后，"中国广播公司"也邀请她主持"三洋歌厅"的现场节目，她的机智灵敏和过人的临场反应就是那时候磨出来的。

当时"中视"非常看好这位被誉为"天才女歌星"的女孩,不久之后,当"中视"制播第一档连续剧《晶晶》,主题曲自然而然就由邓丽君来主唱。连续剧制作人是"中视公司"节目部经理翁炳荣,策划人是文奎,主题曲由左宏元谱写、文奎作词。这一个流行市场的新发声,果然风靡全省,还红遍东南亚,为她的唱片奠下稳定的基础。也证明邓丽君除了轻快活泼的歌,也可以有如泣如诉的功力,唱到令人动容落泪。她的歌路打开了大视角,尝试更多的曲风,而不局限定位于某一种路数的歌手,的确是生涯重要的转折点!

邓丽君的唱片畅销不是从《晶晶》开始,这首歌却可以说是她歌唱生涯的转折点,有了专门属于她的歌,而不是早先她录的老歌翻唱或黄梅调。那个时期,这些老歌与小调歌曲已经有不错的销路,《晶晶》这张唱片更将她随着每天播出的高收视率,推到家喻户晓的高峰。当时她是宇宙唱片公司专属歌星,她的第一张专辑问世以后,出乎意料地畅销,宇宙唱片的负责人对她抱持极大的信心,同时也奠下邓丽君在歌唱界的良好基础,一张接续一张地出版,短短一年内,就已经录到了十四张,这几乎可以说是唱片界的创举!但因为中国人比较忌讳"四"与"十三"两个数字,所以在排序上这两张从缺,实际张数是十二张。但,这个数字,无论在当时或在今日,都已是台湾歌星录制唱片最多的纪录了。

她录制唱片有个原则:在选歌的时候不但要选出最流行的歌,更重要的是这首歌是不是适合她的声线来唱,唱得能不能感动人。因此常选一些听起来使人轻松愉快的歌曲,既适合她的歌路又能把欢乐带给别人,把气氛带出来。有语言天才的她,也不时喜欢在唱片集中选一两首英语歌或翻译歌曲来唱,适应不同听众的要求与兴趣。她录制的英文歌曲,在当时唱西洋歌曲不多的歌手中，可说是开创了一个新里程碑，为她的歌路打开新境界，谁会想到她初中都没有毕业的学历呢？

那时候，欧美流行音乐才刚刚在台湾萌芽，尤其是校园的中学生、大学生们，对一九六〇年代的英文歌曲风靡的程度，几乎到达人手一把吉他的地步，几乎都以能唱英文歌曲为时尚。邓丽君在金陵女中接触英文的时间只有短短一年，但对语文的浓厚兴趣促使她在唱翻译歌曲时，用心去了解英文的文法和发音。她的英文程度在那个时候就打下很好的基础，自修的收获并不比在课堂上学习来得差，失学对她实用课程的进修可说是完全没有影响，更可以说，反而是她力争上游的莫大动力。

跨行从影
量身打造却不是她的梦想

除了四处演唱，认真敬业的她仍继续参加歌唱讲习班，为自己的歌艺充电，还要为她所接拍的第一部电影《谢谢总经理》登台造势。歌而优则演，在那个年代并不算稀奇，但邓丽君该算是年纪最小的一个。她活泼可爱又懂事有礼，给大家非常深刻的印象，她的歌唱得好，也有表演天才，和小时候学过芭蕾舞的种种好条件，让她在歌唱时装喜剧片《谢谢总经理》一举跳过龙套

歌而优则演，拍摄了第一部电影《谢谢总经理》。

或配角的磨炼，直接担任女主角。

《谢谢总经理》可说是为她量身定做的一部戏，片中她一共主唱十首插曲《娃娃》《歌唱今天》《春风轻拂杨柳》《珍重的年华》《谢谢总经理》《我的心》《浪游曲》《相思只怕不能够》《娃娃对我笑》《春旅游》，都属于青春活泼的曲风，一如她的青春气息，更让她感到温暖的是，当时的老牌演员如金石、于英兰、孙越、柳青、李伟、铁梦秋等都把她当小女儿、小妹妹看待，监制林秀雄、导演谢君仪也对她呵护有加，她的从影第一役可说是收获颇丰，大幅度地向成长跨越。

在这部电影里，她饰演一位大学女生，会唱歌、会跳舞，出尽风头。拍戏对十六岁的女孩而言，是一项很有趣的另类经验，比在歌厅夜总会唱歌生动得多。虽然拍通宵戏很累，赶外景又很苦，可是在休息的时候，与老老少少的演员和工作人员像一家人似的谈谈笑笑，是她感觉最有意思的。这一段时光如家人一般温暖相处的片场感受，也是来去匆匆的秀场所缺乏的。

有一次在阿里山赶拍一场日出的外景，清晨四点她爬不起来，被连哄带骗地拽起来，惹得工作人员笑得要命，之后还常拿这件事来取笑她。还有一次是拍一大群人骑脚踏车往斜坡路冲的镜头，她因为很久没有骑车的经验，心里有点恐惧，却不好意思明说，硬着头皮跨上车子往下冲，一时间刹车控制不住，吓得她顾不得颜面，当场大喊救命，幸亏工作人员及时拉住了车子，否则后果不堪想象。日后每当谈到拍戏经验，她都会拿这件丢脸的事自嘲一番。

邓丽君除了拍片，就是在家中练唱。像一般少女一样，她也很爱吃零食，而且不分甜酸苦辣都喜欢，她幽默地说："零食就好像人生，应该样样都尝试。"对一个涉世未深、不太懂人生哲学的少女而言，这番早熟的言语已见出她自己的看法，她有自己的生活哲学，早已不再是懵懵懂懂了。

不可避免的，少女的她也会有绯闻传出，拍《谢谢总经理》时期，媒体很容易就将片中的男主角杨洋和她拉在一起，说他们很要好，像是一对小情人。其实，那只是一大群工作人员偷个空闲一同去看电影，碰巧被看到而大加渲染。在旁人的眼光里，杨洋的目标好像特别大，根本看不到其他工作人员，只看到"她"和"他"。十六岁的她，第一次感受到没有隐私权的压力，这是她快乐的拍戏时光中唯一的阴影，但这个阴影也是日后跟随她最久的梦魇，影响可说不小。

她结束在香港长达四十五天的演唱之后，接了第二部新戏约——七海影业公司制作的《歌迷小姐》。这部戏由王宁生导演、王大林担任指导顾问、插曲作曲是冼华，这也算是一部为邓丽君量身定做的新型歌唱片，跟她合演的有张冲、李昆、客串主演的柯俊雄，还有台港两地红歌星潘秀琼、蓓蕾、

在泰国宣传《歌迷小姐》。

《歌迷小姐》剧照。

甄秀仪、赵晓君、杨燕、青山、顾媚等，一共有十四首插曲是她主唱，由百代公司灌制成唱片。后来更被有线电视台"挖"去主持新节目《歌迷小姐》，一口气存了七个星期的档，每周播一次，在节目中是陆续介绍七首片中插曲，在当时可说是非常进步的宣传手法。

邓丽君脚踏影、视、歌三界，却没有一点儿红星的架子，她认为唱歌比较轻松，拍电影最使她不习惯的是一拍就是一个通宵，如果第二天睡不好，整天都会昏沉沉的，做什么都提不起劲儿来。而敬业的她认为做什么就得像什么，忠于自己，如果因为拍戏没有精神而影响唱歌，对听众是不公平的，这是她日后只专心唱歌，不再拍戏的主因。唱歌，是她最爱的，电影却让她分了太多心，她不愿意两者都想抓，却落得两头空，在她的生活哲学里，要做就做到最好，她的字典里可没有"得过且过"！能让她肯空出时间来做的，只有一项她非常在乎的事，那就是——行善！

慈善用心
当选最年轻的白花油皇后

一九六九年九月台风肆虐宝岛，造成南部各地相当严重的水患。当时高雄华王饭店、大新百货联合举办白花油义卖，和兴白花油药厂董事长颜玉莹特别邀请一向热心公益的邓丽君南下主持在华王饭店举行四天的义卖活动，邓丽君积极投入，自然也要每天都演唱几支歌。由于台北第一百货、今日百货、台中远百、台南亚洲百货、高雄大新百货等大企业的大力支持，她的成绩斐然，一共筹得善款达新台币二十五万之巨，由颜玉莹的夫人刘昆珠送交这笔为数不小的善款给侨务委员会高信委员长，作水患赈灾之用，邓丽君的善举也博得舆论赞许。

有了这次义卖经验，邓丽君的心灵对爱的活动埋下了善念的种子。当《华侨日报》为了响应救童助学，特别邀请她协助义卖时，她也欣然专程赴港，展开甜甜的笑容，登高一呼，善款便滚滚而来，当场就突破五千港币，成为历年来年龄最轻的慈善皇后。所义卖的善款送交台北警察电台《雪中送炭》节目中播放出来，让一切需要帮忙的人到电台登记申领，多半是被用作清寒学生的助学金，造福不少青年学子，间接也作育英才。失学的邓丽君从做好事里感同身受，觉得能帮助清寒学子一圆读书梦想，就像为自己抚平没有好好读完书的遗憾一般，日后，只要有慈善公益的事情找她，她都义不容辞地接下来，而且做得有声有色。

到高雄大新百货举行白花油义卖，
帮助艾尔西台风灾民。

一九七〇年的年初，在香港中环"月宫酒楼"举行"白花油慈善义卖皇后"的庆功宴暨加冕典礼上，工展厂商会宣传部长黄桂为邓丽君披上红色镶金边锦袍，《华侨日报》总编辑何建章为她挂上"一九七〇年慈善皇后"的彩带，保良局主席董梁戴珍珠皇冠，《华侨日报》总经理岑才生颁赠"为善最乐"锦旗，白花油董事长颜玉莹与何建章也颁给她"慈善皇后"锦旗，

在白花油之夜戴上后冠。

特地到香港参加"白花油慈善义卖皇后"的加冕。

参加白花油义唱活动。

年轻的小皇后将头发绾起，穿上超龄的旗袍，依然不减脸上十七岁少女的稚气，眼中的泪光盈盈流转，让人感受到她的热情与善良；在邓丽君的心中，这些皇冠、彩带与锦袍都不是她所要的，她只希望有更多的小朋友得到照顾。

邓妈妈说，邓丽君的爱心过人，与她小时候常进教堂有关。那时在眷村里家家户户都很穷，来到村子里传教的天主教神父与修女在教堂发送奶粉、玉米粉、好质料的旧衣服等美援物资。起初，当然也是为了那些物资可以改善一些家中的环境，她带着孩子们很自然地就都信了天主教，纵然很多人讥讽那是笼络人心的"面粉教"，但小小的邓丽君可不是只去拿取而已，她还有许多比别人更多的收获，她很喜欢在唱诗班练唱圣歌，甚至还在弥撒中独唱过，邓妈妈说："我不会教小孩为了某种目的才去信教，而是她自己很喜欢去教堂的感觉，神父也很喜欢这个懂事的女孩，她在圣诞节常领到珍贵的卡片或巧克力，她也会慷慨地分享给兄弟。那时候她听神父说一些要常常爱人，要帮助别人、爱人如己的道理，她都记在心上，也影响了她在日后一一实践在生活中。"而她受洗的圣名，就是特蕾莎 Teresa。

特蕾莎是天主教会中非常重要的一个名字，众所周知的加尔各答的特蕾莎修女（Mother Teresa）是诺贝尔和平奖得主，她在一九五〇年创建仁爱传教修女会，并于印度创办了"垂死之家""仁爱之家""未婚妈妈之家"与"婴儿之家"……收容并照顾最穷困、最孤独的无依老人、穷人、病人、伤员、残障、弃婴及垂死的人，让他们人生最后一段能备受照顾，死得有尊严。她的爱影响了全世界五千多名仁爱会修女，在一百二十七个国家建立七百多间收容所，受到感召而投入的义工则超过一百万人。在法国里修的 Teresa（天主教会译为小德兰）则是用一生短短二十五年的生命，热爱天主、潜心祈祷，成为重要的圣女典范；而西班牙籍的 Teresa（天主教会译为大德兰）不但创立加尔默罗圣衣会隐修会，专门为人祈祷，而且写作出许多有名的灵修书籍，被封为天主教会内的重要圣师。她们都有一颗热切而悲悯的爱心。邓丽君会拥有爱人、关怀人、帮助人的性情，和她的圣名极有关系，事实证明，她以 Teresa Teng 为艺名走红日本及国际各地，的确不负这些有特殊意义的圣女们的行谊懿德，并且在她过世之后多年，她爱人助人的义行仍旧以她的名字持续着，影响深远！

秀出风格
不随波逐流愿为文化服务

从香港回到台湾，就是马不停蹄地接秀及随片登台宣传《谢谢总经理》。尤其是在高雄首映的轰动更非寻常，因为这部片子的内景搭建及外景取镜大部分都是在高雄拍摄的，港都人备感亲切，"金都乐府"就是其中的背景之一。邓丽君在高雄拥有不少听众，使这部片了的首演，造成前所未有的轰动场面，气势直追《梁山伯与祝英台》的凌波来台湾献唱的盛况，南部歌迷对邓丽君十分关爱，她在南台湾任何场地登台，必然是场场客满，就连生意较清淡的香槟厅，只要邓丽君来了就卖个满座，老板感激得不得了。她的号召力如此之巨，老板的算盘当然打得精。

秀约接二连三，邓丽君却没有感染十里洋场的红尘气息，在台上的台风别具一格，在台下待人接物也成熟有礼；七重天秀场的老板直夸邓丽君能做到这一点，应该归功于谦和有礼的邓妈妈。然而，甚不善于向人吐露心声的邓妈妈却叹了一口气："歌唱生涯，其实并非外界所想象的多彩多姿，

邓丽君造型多变，多出于自己的巧思和喜好。

换上帅气造型，呈现不同气质。

邓丽君喜欢穿迷你裙，秀出美腿。

曳地长礼服，最能衬出她的气质。

丫头也很不愿单独去应付影歌圈子里复杂的世界，就躲在我的背后，有什么事都说'去问我妈'。她真的很听话、很孝顺也很懂事，从来不叫苦喊累，也不会跟家人们闹小脾气，对几位在家中帮忙的阿姊或阿姨也非常好，这就是她的风格。"

她的淡妆透露着她的质朴，她的服饰也显现少女特有的青春气息，她很少穿闪闪亮亮、袒胸露背的晚礼服，只作少女阿哥哥装扮，一张娃娃脸穿晚礼服并不适合，邓丽君对于"打扮"颇有一套自己的看法，也不随波逐流，她认为要装扮出自己的风格，就要找出自己的优点来秀。登台前她会花一番功夫，细心地修饰自己，除了发式装扮，更重视服装上的设计与搭配。

她爱穿迷你裙，并非顾名思义想要迷人，实在是因为方便至极，所以即使在严寒的冬日，仍然可见到她在舞台上穿迷你裙。邓妈妈说那时她最爱买玻璃丝袜，因为她知道自己有一双漂亮的腿，玻璃丝袜可以把美腿修饰得更好，观众也欣赏她修长的腿，搭配迷你裙载歌载舞显现出的青春气息。

敏感的她曾说，能穿迷你裙的时候就要赶快穿，免得以后年纪人了，再穿就不适合了，穿着得跟着年龄走才得体，不是一辈子都有这样的机会。说这话的时候，她才十七岁，听起来似乎是早熟了些，也顾忌太多了点，只是那时谁也没有料到她会那么早走，年纪太大之后该穿什么才得体？她是永远不必烦恼了……

人的一辈子也只有一回十七岁，她还没有挥别多彩多姿的十七岁时，就唱红了《再见！十七岁》。这是她很喜欢的歌，纵使当时十七岁的青春并未离她远去，然而在她的心境上，当她摇曳生姿地穿着长礼服，出现在人们的面前时，十七岁，就再也、再也不会回来了。

你问我爱你有多深？
我爱你有几分？
你去看一看
你去想一想
月亮代表我的心

第三章

月亮代表我的心

　　由翁清溪作曲、孙仪作词，发表在一九七三年的《月亮代表我的心》是后来被邓丽君唱红的一首歌，词意简单，感情真挚，曲调容易上口，几乎大街小巷人人都会哼唱。在二〇〇〇年，全球票选最佳华语歌曲，这首歌高居榜首，这个奖的意义不只是意味着这首歌好听、耐听、历久不衰，也说明邓丽君在人们心目中的不坠地位。不论她走了多少年，即使歌坛的香港天后、本土天后、平民歌后、大陆天后辈出，唱片销售量也惊人，但人们在慎重票选自己所喜欢的歌曲时，还是念念不忘一个最能敲动心灵的声音——邓丽君，以及她娓娓道来、柔柔倾诉的《月亮代表我的心》。

邓丽君年
被公认为响自天边的声音

　　在十二年内走访了两百多位受访者之后，我更了解，邓丽君为什么能如此贴切入髓地唱好这一首歌，很重要的原因就是她像月亮的那颗心，懂得"暖暖内含光"，不与太阳争辉；懂得"腹有诗书气自华"，不在外表竞妍；懂得温暖分享爱，照亮黑暗中需要的角落。中国大陆邓丽君歌友会江苏（无锡）分会的贾金怡会长说："邓丽君之所以能如此屹立不摇地站稳歌坛地位，正在于她知道自己的歌艺优点，了解自己的表达风格，也深深知道在走过战争恐惧、物质起飞、希望升起的年代，人们喜欢用什么样的歌曲抚慰灵魂。她不只是唱，而且是唱到人们的心灵深处。"南京分会的范敏（妙音）会长是江苏丽人职业培训学校的校长，更以每天必听邓丽君的歌来解压涤烦，应付庞大的生活压力；杭州分会金婷婷会长更在名片上就说明了她们组成歌友会完全是自动自发的要学习邓丽君真善美的高雅气质，以歌会友，传承大爱；大陆邓丽君歌友会的于佳琳（加林）会长也形容："听邓丽君的歌，是一种压力与情绪抒发的代言，也是柔软与舒宽的带引，陪伴着她们这一代走过最渴盼幸福的年代。"

十七岁到二十岁的邓丽君是忙碌的，充实的，没有闲暇去想太多的儿女心事，也没有心思去分心于事业冲刺之外的琐碎情事，她只是一心一意想振展毛羽，准备一飞冲天。

当时，有家报纸以头条大标题说："一九七〇年是邓丽君年"；也有一家晚报说："邓丽君之歌，老年人听了，笑口常开；中年人听了，解闷消愁；年轻人听了，甜甜蜜蜜；小朋友听了，蹦蹦跳跳。"

一九七〇年代，邓丽君加入宇宙唱片，逐渐走红。

081

是的，邓丽君的魅力的确征服了男女老幼，她够聪明，而且怀抱自己的理想，忠于自己的选择。最初，由唱片中学来的唱歌方法是善用天赋的美好嗓音，加上她对歌唱有着特殊的领悟力，使她的歌路定位在柔和圆润、抑扬有节的轻柔、甜美而不腻，更有抚慰的疗伤效果，被公认是"响自天边的声音"。

然而，邓妈妈却语出惊人地感叹：成功，有时候并不好。越是成功，越是让歌迷有期待，她就越担心自己的不足，那种自我要求的压力啊，是谁也帮不了的、抒解不了的，唯有她自己认为够好了，她才会放轻松，但是，她哪有自认已经够好的时候呢？她并不喜欢大家盛赞她是"无师自通"的溢美之辞，她认认真真地向老师求教唱歌的技巧。

慎芝与关华石是她生平非常重要的带路导师，作曲家左宏元更是另一股将她推向成功的背后动力。他们给予她中肯剀切的建议，她虚心接受、

邓丽君对音乐悟性极高，也得到许多老师指点。

努力改进。在她的老师眼中，邓丽君的谦虚受教在歌星中十分少见，因为她虚心，肯接受旁人的意见，肯当一回事儿地改进修正自己的缺点，所以，她会进步得比人家快。

老师们看到了她的进步，对她有了信心，给她的机会当然就比别人多，而她也不负众望地唱出他们所期望的声音和感情，她的歌就这么越来越红。人越红，找她唱的人越多，各种曲风需要不同的诠释，她又再去向不同的老师求教，能学到更多的东西，装备越来越强……这是个良性循环！成功从来没有扶摇直上的电梯，也没有轻松可循的快捷方式，更没有一丝一毫偶然。机会，永远留给准备好的人，古今中外皆然！

这样的例子大多出在电影配乐歌曲的竞争上，一般而言，在一九七〇年代是没有所谓"为歌手量身定做"的歌曲，而是视电影剧情需要而写的。写好的歌曲，电影公司会请不同的歌手试唱，可能同一首歌有两三个人用她们各自的唱法来诠释，唱得最适合电影原味的，就决定用这个歌手唱的版本。

左宏元（古月）是电影流行歌曲的大师，几乎早期颇为流行的电影主题曲都是他的杰作。在邓丽君唱红的歌曲里，有许多电影主题曲及插曲，最初其实不是找邓丽君唱，只是经过多次的"比唱"筛选之后，试唱者无法唱出左老师要的感觉和味道，只好再找人试试看，一试再试，最后出线的总是邓丽君，才显出她主唱的电影主题曲特别多。例如《在水一方》《千言万语》《海韵》《我怎能离开你》《再见，我的爱人》《云河》《小城故事》等，都是最佳证明。

邓丽君对左宏元老师的提携恩情念念不忘，对于没有真正谈恋爱经验的邓丽君，要如何诠释好一首情歌？左宏元给了她许多"私房"建议，例如她后来所唱红的《彩云飞》《千言万语》《我怎能离开你》，并且大力向当时觉得邓丽君太嫩、太没有"女人"经历的琼瑶推荐她，甚至拍胸脯表示找她来唱绝对加分！琼瑶在半信半疑下听了邓丽君的试唱，写过无数赚人热泪小说的名作家也不禁流下泪来，之后，这"主题曲必流行"铁三角组合便再无悬念了！

左宏元老师是用什么方法，让不到二十岁的邓丽君唱好情歌？他一派轻松地说："我不过是要她想象被爱的感觉，被疼的感觉，不能停止想念一个人的感觉，一个你注意很久、心仪很久的人靠近你、照顾你、呵护你的感觉。而邓丽君的诠释的确带着这种憧憬式的想象力，所以她的情歌不是那种很浓情蜜意、腻得化不开的熟女感情，而是干净、真挚，甚至有些淡定的纯爱情怀。对照于琼瑶笔下情痴爱切的女子，那感觉是对的，是恰到好处的！我们无法想象琼瑶式那种带着文艺气息的情歌由一个浓妆艳抹、历尽沧桑的人来演唱是什么感觉，而一心向往着甜蜜恋情的邓丽君唱出了那种质感，那种对幸福的期待！"

我读日本自由评论家有田芳生所写的《我的家在山的那一边》，提到邓丽君对左宏元老师的尊敬。当邓丽君在开演唱会彩排时，得知左老师不能来，只因票价太贵买不起，她立刻到后台拿了票送给左老师。那一段淡淡的描述让我十分感动，人生有多少千里马可以遇上伯乐呢？又有多少伯乐痛失千里马一去不返地消逝呢？古月老师应该也有着俞伯牙在悼念钟子期时"摔碎瑶琴凤尾寒，子期不在为谁弹"的知音之痛吧！

天才得靠九十九分的努力，对邓丽君背后努力的付出是非常贴切的写照，她除了不断在录音室里求取自己感到满意的声音，在录音室外也力求内在的充实，阅读和学习语文，是她一直让自己保持不断进修的两个好习惯。

爱看电影是小时候和邓妈妈一起养成的嗜好。在香港停留期间，只要有一点空闲就跑去看电影。当时的台湾风气还很闭塞，电检处的尺度非常严格，一点点的黄、灰、黑都会被剪掉，整部片子被"修理"得很多，但在香港就有完整的版本，可以充分感受导演的手法，技术人员的专业，和演员发乎感情的演技。她认为应该尊重第八艺术的创意表现，如同每个艺人都有自尊，都该被尊重一般。

她不仅能沉醉在剧情的发展和戏剧张力里，还能探讨导演的手法、运镜的技巧、气氛的营造和演员对感情的投入等。知名声乐家姜成涛就形容："邓丽君的演唱方式就像歌剧演员一样，懂得表演的艺术和精髓，所以不论在录音室还是面对群众，她的声音表情和内心是一致的，那种一致性使观众容易共鸣，进而接受她、喜欢她、欣赏她。"

她观察人、事、物很细腻，学习东西很投注，不愿意只学皮毛，更不喜欢半途而废，这些少女时代就看得出来的习性，日后对她影响非常深远。

应变力强
虚心诚心赤子心最动人心

邓丽君在正式踏入歌坛之后，一直都是妈妈跟在身边，没有交际应酬，也没有舞会宵夜，更没有私下约会，每天最高兴的事仅止于收到"迷友"的来信，捧读信中满满的关怀，感动非常。有些歌迷来信会让她不由自主地自觉"不足"，也渴望在忙碌的生活中不断充电，对一个正红透半边天的歌星而言，非常难得。

举例来说，参加慎芝与关华石两位老师所安排的台视《群星会》的演出，是她从歌厅和秀场跨足电视的重要转折点，多年的历练让她累积了丰

一九七一年的《七一群星会》合照。

与谢雷（左一）合照。

富的演唱经验，她不只要求声音好，也随时注意自己的台风和临场表现。还有一点特别的是，她也很注意其他歌星的演唱特色和曲风，她常向谢雷、张琪、吴静娴、王慧莲等歌星讨教表现技巧，由衷赞美他们的歌艺，并礼貌地向他们说谢谢，善于观察、吸收别人的优点，转为自己能运用的技巧，可说是她另一个成功潜质。

和她在秀场合作过多时的谢雷回忆，和邓丽君同台是件非常过瘾的事，虽然他被定位为与张琪搭配的歌唱情侣，但每逢张琪嗓子不舒服、人有事或抽不出档期时，他的经纪人就会安排邓丽君成为他的搭档。邓丽君的歌声没有张琪来得高而亮，以致于他必须降 key 来配合她，这反而使他不必那么费力地唱高音，所以每一档秀都轻松愉快。

张琪也称赞邓丽君的清纯与虚心："她年纪最小、善良、没心眼，也有礼貌，有一回我生病嗓子哑了，她就赶快拿出自己的药方来给我吃，还教我该怎么保养嗓子。在这个丫头身上，我们绝对看不到所谓的同行相妒。"另外，她的临场应变力也让谢雷印象深刻，每一次唱《傻瓜与野丫头》，她会临时加些趣味的口白，让观众捧腹大笑；唱《采红菱》她也会加上划船似的舞步，让对唱更有看头；更懂得互动的气氛，不时走下台让观众也唱几句过瘾。在 KTV 并不发达的当时，观众融入表演的情况并不多见，她很会带动现场，让观众快快乐乐地回家。当然，效应就是下次还会热烈地期待她的演出啰！

唱歌遇到忘词是歌星最难为情的时候，有一次邓丽君在唱《欢乐今宵》时，唱着唱着就忘词了。聪明的邓丽君灵机一动，马上把麦克风塞给观众，比手势请大伙儿一起唱，台上台下打成一片，造成很好的效果，任谁也不相信是她想不起歌词来哩！邓妈妈回忆这段秀场趣事，也笑出了泪水。

还有一次，在某家餐厅有位老板听邓丽君的歌，听到目不转睛看着她，完全忘记要用餐，连他带来的女儿都吃醋了，当场对老爸发飙；更有一位菲律宾华侨天天来捧场，红包一出手就给她五千元美金，邓丽君特地走到台下谢谢他，落落大方而有礼貌。但她从不接受观众的宵夜或跳舞等邀请，她认为吃歌星这行饭就要正派，只有正派，才会长久，绝对不要让人看不起。

此外，她也非常珍惜歌迷对她的感情，有人送红包、鲜花，也有人送手镯、手表、玉牌、卡片等，只要有纪念价值的，不管便宜还是贵重，她都非常宝贝。邓妈妈说有一只很普通的电子手表，她一戴就戴了二十一年，电池换了好几次还在戴，她当然有能力买更好的手表，但这只手表有特别纪念价值，在她心中，"情义"是最重要的。

勇气过人
背后辛勤努力别人看不到

她的勇气过人是非常重要的成功因素之一，从六岁上台表演就不曾怯

来到香港没多久，
邓丽君就学会一些粤语，能与台下听众互动。

香港女学生最爱邓丽君清丽、纯真的模样。

场过。她深信"一磅的勇气值一吨的运气"，而要有自信才会产生勇气，她从不相信"坐等运气，机会就会来临"，而是在平时努力，用丰厚的实力来产生勇气，用无所不在的勇气来制造运气，信心与毅力都是支持勇气的原动力，有了这些厚实的底蕴，才能接受机会来敲门，从一次又一次的机运中磨炼累积出经验来。

在香港，她觉得什么都好，就是言语不通，随时随地都碰上麻烦，于是她就拼命学粤语，一得空就大着胆子东问西问，虚心向人求教。实力派歌星吴静娴记得，当时他们十几个人一起来到香港，大家都不能适应语言问题，但是没多久，邓丽君就敢在台上用粤语和观众问好沟通，也唱了几首广东歌，那种勇气，她是很佩服的。事实上，她那一听就知道不纯正、不流利的粤语带来了意外的"笑"果，反而一下子拉近了台上、台下的距离，她也因此进步神速而解决了语言的障碍。

　　清丽、纯真是邓丽君给人的第一印象，香港女学生对她的歌声爱得不得了，经常可以在女学生的书包中发现她的唱片。她唱歌能唱出感情，是唱片发行能有优异成绩的最大主因。另一点是，邓丽君的歌路是多方面的，既博且工，对中英文歌曲都有极深的造诣，无论轻快、抒情、热门或黄梅调等各类歌曲，都让人激赏，这些都是她勇于多方面尝试，不画地自限，不贸然被歌路定位的优势。

　　邓丽君纵横歌坛三十年，从来不争排名，不争演唱顺位，也不计较海报上照片的大小，作秀、录像更很少迟到，是非常敬业的演艺人员，即使她经常唱压轴，也会提早到场，在后台静待自己的时间，做好充分的事前准备，而不是来了就匆匆忙忙上场，唱完了事。她把观众的心情放在自己的心上，她认为，如果自己花了钱来听歌，一定不希望歌手用应付的心态来唱，对她而言，唱歌不只是赚钱而已，还有和听歌人的情感交流，以及对自己的挑战，这是事业，也是理想！

　　歌坛的大姐大吴静娴对她的评价是："轻快、明亮，做人处世圆融、得体。"吴静娴那时告诉她唱歌的尾音转音法长期运用下来，可能会伤害声带，她非常高兴地接受，所以她的招牌特殊尾音小花腔转音唱法只维持了短短一段时间，之后就没有再那样唱了。吴静娴也看过她长跑练体力，练肺活量，形象很健康，完全没有料到她会被病魔击倒。

　　那时，台湾很流行六十四开本的电视周刊，各报章杂志的影视记者很喜欢追着访问她，曾经有一度香港的报纸写她为了"十大歌星"的选拔而与吴静娴传出不睦，邓丽君冷静地说："我怎么会和吴姐姐争呢？我是小孩，不会那么不懂事。"她还有条有理地分析："任何选拔都不可能是用'争'就争得到的，观众喜不喜欢，靠的是歌艺、人品，不是耍小手段就行，那样会让人看不起，何况吴姐姐的歌唱得那么好，台风那么稳，向她学习都来不及呢！"从此以后，邓丽君对媒体无中生有的传闻有了戒心，接受采访格外审慎。

趁着专访吴静娴，我向她求证这件事，她笑着说："完全没有那么回事！我们两人的感情虽然不是什么姊妹淘那种密友，但这种争什么、抢什么、算计人家的事是绝不会发生在邓丽君身上的，没有必要嘛！"

正在后台等待演出。

体贴妈妈
学开车企图心强技术高明

　　学东西就要学得好，开车是另一个实例。满十七岁之后，她立刻迫不及待地和朋友去学开车，这是她第一件自己觉得非常必要学习的大事。因为在交通上她吃过太多苦头，很心疼小时候妈妈带着她去各个夜总会表演，为了省一点车钱而搭公交车、转公交车的苦况。有时碰上刮风、淋雨、人挤人，有时赶不上时间，急得不得了。有一次，邓妈妈还因公交车紧急刹车而摔到前面的挡风玻璃上，半边脸都失去知觉麻掉了，邓丽君抱着妈妈直哭，内疚不已。

　　经济状况好一点后，她们开始改搭出租车。那时她已走红了，几乎每个出租车司机都认得出是她，她也亲切随和地与他们聊聊。虽然很高兴与人多结缘，但也越来越发觉个人隐私的重要，学开车不只是生活必须拥有的一技之长，同时也是希望能多保有一丝隐私权，不再因为缺乏交通工具而处处不方便。

　　邓丽君开车是高手，很多人都领教过，和她同住最久的歌迷明姊提起来格外感慨。当时，她们一票子喜欢邓丽君的香港歌迷会都和她处得非常好，由于她在香港购屋，需要一些人手，她们又正好在找工作，邓丽君就找她们来帮忙，给她们相当优厚的待遇。明姊成了她的厨娘，阿金则为她打点管理杂务，她处处照顾歌迷，把她们当朋友、当家人而不是当为她工作的人。

　　明姊回忆她上工的第一天，邓丽君就亲自开车到赤柱街上接她回家。当时她非常受宠若惊，想想看：这么遥不可及、红透半边天的大明星，此刻就坐得这么近，专程为她开车上山！她心中的感动真难以形容，在香港这么小、这么挤的地方，她灵活地左弯右转，自在得不得了，一边开还一边和她闲话家常，她非常佩服。

另一次印象永远忘不了的是在人生地不熟的法国，邓丽君病得很厉害，医生又没办法出诊到家里来，当时她已发烧到四十二度，仍然坚持自己开车到医院去，一则因为法国的出租车难叫，医院名字、街名又记不清楚，只约略记得大概的方向和街道样式，她发烧到仅以最后的意志力握住方向盘，大雨淋漓、视线不良，她几乎是趴在方向盘上，凭她高超的驾驶经验赶到了医院，医师紧急救治，状况稳定之后表示，只要再耽误两个钟头就没救了。明姊坐在驾驶座旁，一颗心几度跳出胸腔，急得一直哭，邓丽君还很冷静地劝她不要怕，她的意志力之坚强由此可见。

那次发高烧，诊断出是急性肾脏炎。她人还在急救时，听到台湾转来的电话，知道父亲邓枢过世的消息，她挣扎着要起来办出院，还吩咐明姊立刻去订机票，准备飞回台湾奔丧。当时医师极力阻止，认为她目前的抵抗力太弱，白血球太高，根本不能搭乘长途飞机，硬是强迫她住院休养，绝不允许病人私自办出院。

为了这件事，台湾的舆论界议论纷纷，认为"父死不奔丧"是极端不孝的行为，日本有一位作家更擅自揣测地出书指出，她是痛恨父亲长期逼迫她唱歌赚钱养家而做沉默的抗议。其实，真正在她床边守了她五天五夜的明姊才知道实情，她的泪已流干，昏迷中还叫着爸妈，心中的煎熬不是一般人所能想象。当她辗转病榻，思念、痛苦和病魔交相折腾的时候，媒体给她的不是安慰与同情，而是站在揣测的立场指责她大牌、不孝，忘了父亲小时候对她的疼爱和栽培……面对这样的捕风捉影、无的放矢，邓丽

君的心痛到极点，但她也没有
出面作任何辩解，清者自清，
笑谤由人。

没错，邓枢对孩子的家
教严格是有原则的，也丝毫不
因邓丽君的成功成名而稍有懈
怠。他从来没有逼迫邓丽君唱
歌赚钱给他花用，甚至还有反
对女儿抛头露面的军人保守思
想。当时邓丽君愿意辍学唱歌，
邓爸曾强烈反对过，最后终于

会开车的邓丽君，非常开心！

拗不过邓妈妈的参与，以及女儿再三保证一定洁身自爱、绝不沾染坏习性，
才肯让她出来唱歌。

后来，她要到日本发展的时候，邓爸也是坚决反对，认为一个女孩到
日本去重新当一个新人、从零开始奋斗太辛苦，他实在舍不得。当时陪同
日本唱片公司老板舟木稔前来当翻译的佐藤芳男回忆，每回签约最难过关
的就是邓爸这一关，他是最舍不得女儿吃苦的，何况邓丽君是这么有见地、
有魄力的人，如果不是她自己愿意，绝不可能被任何人牵着鼻子走。在民
主法治的时代，一个成年人更不可能被父母逼迫，而长期做某些自己不愿
做的事，这以常情判断就可以破除外界传言的事实。

同是邓氏宗亲会的当代水墨画家邓雪峰是邓枢的好友，两家人从邓丽
君还没走红时就有密切来往。邓师母林荣禧回忆邓丽君对父亲的爱，是少
见的自然亲密。两家聚餐时，可以看到这女儿毫无代沟地与父亲谈笑风生，

为老爸夹菜盛汤，互动之间就像个受宠的小女儿。现在做儿女的，哪一个在长大自主之后，还肯跟爸爸妈妈的朋友吃饭啊？而邓丽君在走红之后，不仅愿意在百忙之中陪爸爸参加同乡会之类的"无趣"场合，还一路照顾着爸爸。更让邓师母感动的是，她出国回来也总不忘给邓师母买点小礼物，她不过是邓枢的朋友的太太而已，邓丽君的周到、细心、体贴，让她印象非常深刻。

领教到她开车技术高明的另一个见证人是林云大师，这位被影艺圈内尊称为二哥的密宗研究专家，每次到台湾演讲都引起不少聆听人潮以及媒体的关注追踪。有一回，林云大师在台大校友会演讲，邓丽君也到场来听她并不了解的"形而上学"，这让他非常感动，因为邓丽君是个忙碌的人，晚上的秀约又多，她能来，想必是排除万难专程来听，而不是捧个人场、应个卯而已！

演讲完毕，林云大师照例被媒体包围，但他当天实在有急事，只好叫了一辆开车技术很棒的出租车开溜。他的座车一开动，后面立即有十几辆采访车穷追不舍，他吩咐司机只要能甩开记者就好，果然开了一阵子之后，司机左绕右转地甩掉了所有的车，但是一不注意开到一个死巷，看看后面还有一辆车，出租车司机当场摇头，一脸不可置信地说，能跟得上他的人，开车技术实在太可怕了！

他们从巷口退出来之后，才发现那辆车竟然是邓丽君开的，她觉得应该尽地主之谊接送他，不该让他坐出租车，又看到前面这辆出租车一路开得那么快，还专挑小路走，觉得很不寻常，怕二哥被挟持或出意外，才紧追在后。见了面问清楚之后，三人都笑翻了，这件事不但看出她的开车技术有多好，而且看出她为人的细心、厚道和义气，让林云大师感念不已！

喜欢自然
欣赏自己的缺点忠实自我

维持自自然然的真我，是她的另一个风格，她非常排斥去美容任何部位，邓妈妈说原因是：一来，她非常非常怕痛，小时候生病打个针都要哭上半天，更何况去动美容手术；二来，她很感谢爸妈生给她的模样，她懂得"身体发肤，受之父母，不敢毁伤"的道理，就算是身上的缺点她也一并欣赏，连脸上的那颗小痣，不管多少人用多少理由劝她点掉，她都不肯。

有人嫌她的扁鼻子太塌了，她自己倒觉得挺可爱的，她笑着对人说："像我这张圆圆的娃娃脸，你能想象搭配一个高高、尖尖、挺挺的鼻子有多么奇怪吗？"一句话把大家都逗笑了，以后再也没有人提要她去垫鼻子的事。

很多访问她多次的影视记者，后来都成了她的好朋友。有一次，有位记者朋友开玩笑地问了一句："邓丽君，你的鼻子怎么好像变高了？"她严肃地说："怎么可能？那只是化妆效果罢了，你很不够意思哦！这样问，报纸杂志会怎么写你是知道的啊！"这话对邓丽君而言已经是重话了，那位记者到二十年后了都还一直记得这件事。

刚出道那几年，她一直顶着短短的俏丽发型，长大后，心也开始浪漫，人也向往能更有女人味时，她开始留长发。朋友劝她不必那么费事，买个长的假发戴戴就好了，邓丽君却说有一回她戴了假发出去，碰到朋友惊讶地一边摸她的头发，一边问："怎么这么快头发就长长了？"没想到当时假发就掉下来了，她觉得很糗。从此以后，她就不太敢也不愿意戴假发，喜欢自己慢慢留长，既自然又方便，她喜欢一切都是"真"的。

提起邓丽君的歌，人们会很自然地想到她所诠释的情歌，款款深情，

邓丽君一直不愿点掉脸上的小痣，因为她觉得脸上的缺点，会被内心的美丽掩饰。

刚出道时，邓丽君还是青春的俏丽短发。

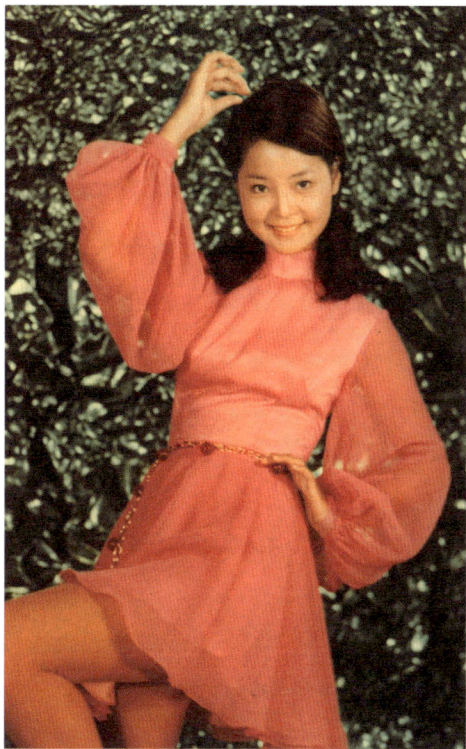

过了几年后，留成长发，眉宇之间也多了女人味。

柔柔爱意，但是早期，她比较喜欢轻松活泼的歌，像《欢乐今宵》《爱情一二三》《爱你一万倍》《不敢告诉你》《高山青》《因为我爱你》等，还有民谣小调、粤曲、黄梅调，英文歌曲或马来歌。有人问她原因，她幽默地回答："因为还没有爱过，也没有失恋的痛苦经验，唱哀怨缠绵的情歌，味道会不够，以后谈恋爱的时候再唱就不同啰！"

有位流行乐坛的专家说，邓丽君早期的歌只是轻快悦耳，让人舒活、没有压力，但还没有那么扣人心弦，荡气回肠。真正的耐赏耐听，还真是从她谈过了恋爱，懂得人间情事开始，那种真情发自内心，而非凭空想象，所以诠释得丝丝入扣，婉转、清幽。被大陆誉为"最温柔的声音"而确立起她的个人风格，也是她的求真性情，有真的经验抒发真的情感，唱出来的声音感情自然不一样。

比较特别且值得一提的是，在台湾的流行歌坛，很少有人能够将地方民谣、学校的音乐教材及世界名曲之类的歌唱得好，而且出唱片还能卖得好的，但出乎意料的，邓丽君歌集的第一辑至第五辑唱片，唱的都是这些很"纯净"的歌，并非什么情啊爱的，一样大受欢迎，而且卖得不错，继而赢得"学生情人"的美誉。她创下了教材歌曲能卖座的先例，奠下什么歌都能唱得好的基础，直到今天，她的歌、她的为人、作风和举止，始终被定位在淳朴、简实、单纯、温柔，这样的特质特别让人怀念。

驿马星动
为慈善远走各方心甘情愿

邓丽君在台湾极红之后，驿马星动往岛外发展是必然的，当时的流行音乐环境，几乎每位走红的歌星都会先到香港、新、马、印度尼西亚、越南等地去试试自己的人气，邓丽君却似乎比发拓市场还多一份心，那份心就是对慈善事业的关切，只要是以慈善的名目邀请她，她都一定要去，邓妈妈对女儿的这点观察，感到很欣慰。

在新加坡彰宜机场，与智钝儿童见面。

一九六九年年底，她由中广公司推荐，赴新加坡参加总理夫人主持的伤残儿童慈善晚会义演，这场"群星慈善晚会"在新加坡国家剧场举行，全部收入都捐给聋人协会、痉挛儿童协会、智钝儿童协会。那晚邓丽君特别卖力，也在节目进行中说了不少发自肺腑的感性话语，让座中人甚至感动泪下。

在演唱会中还有一幕感人画面，当她唱完中场时，按照她自己的风格，特地款款步下舞台，和第一排的观众握手，当时在座的都是伤残人士，有的失聪、有的断臂、有的不良于行，有位年轻的盲女，为了想和邓丽君握到手，特地叫旁人扶她起身挤上前去，邓丽君见她如此热情，立即快步走到她跟前握住她的手，对方开心得不得了，握着她的手一直持续了好几分钟都不舍得放，还配合着音乐和她一起哼了几句《小城故事》，现场的镁光灯闪个不停，全场都感染了这份感动，邓丽君的泪忍不住落下来。

随后，她擦干泪，不断与台下观众说笑，尽情地逗伤残朋友开心，还想把邓妈妈也拉上台。邓妈妈怕见人群，始终不肯，但这段往事令她印象深刻。谢幕时，她非常诚恳地对观众说："我能有今天的小小成就，你们是我一生给予我最多的。这些年来，我觉得我实在比很多人活得开心。你们，是我拥有最好、最宝贵的东西。"她是诚心诚意地含着泪说的，那晚全场动容、情绪高昂，慈善晚会也因而得到了一笔相当丰厚的收入，可以为伤残朋友做些好事。

她不只热衷于社会公益活动，也认养了好几个孤儿，她常想到自己小时候的苦况，对于无家可归的孤儿更加同情，特别是低能儿童。她认养了一个五岁的男孩和一个六岁的女孩，都是智能不足的孩子，别人问她为什么不拣个健康活泼的孩子，将来还懂得你对他们这么好？她真情流露地说，我不是要这些孩子长大了记得我或报答我，这些低能儿比正常小孩更可怜，更少博得人们的喜欢，这才是我该帮助的。

当年的孩子，现在应该已经长大到中年了，他们果然不知道邓丽君的任何事，过着能温饱、幸福的生活，但是帮助他们长大的"妈妈"已经不在人世了，

在新加坡国家剧院参加慈善义演，充满感动。

如果他们懂，会不会因此而落泪、心疼？

天生有丰沛爱心的邓丽君，还到过印度尼西亚、马来西亚等地做慈善公益演出。一九七一年，她接受华侨妇女相济联谊会之邀，去参加慈善晚会献唱。在飞行途中，飞机一度遭到乱流，机身晃动得非常厉害，邓妈妈吓得腿都软了，一位老先生更惊吓得放声大哭起来，邓丽君立刻一直拍着他的背，安慰他："不要怕，不要怕，我们是去做慈善义演，是做好事，这飞机不会出事的。"她的爱心与胆识，让同行的人都赞扬不已！

到了机场，当地华侨妇女相济联谊会创办人刘丽玉，正、副会长洪潘文凤、李妙芳及华文学校立人学校的校长夫人和各华文报记者都热烈地欢迎她，让她立即感觉到浓厚的人情味与温暖。

邓丽君一直积极参加慈善活动，不一定是大人物的邀约，有些小规模的活动她也乐于行善，像在天主教明爱中心义演、为吕氏宗亲会募款奖学金等，她一定排开繁重的秀约档期，而且完全不支酬劳，一并捐出给慈善机构。这些事情媒体披露得很少，只有从邓妈妈口中才得知，因为邓丽君不愿张扬，她是真正做到了"为善不欲人知"，而且次数难以估计。

行善及时
引进泰北回莫村第一滴水

二十世纪八十年代前后，正是台湾"送炭到泰北"活动响应最热烈的时候，当年内战中退守滇缅边界的国民党部队陆续撤到了泰国的北部山区，泰国政府曾赖以镇守边防，经过三十年艰苦的挣扎，终于在山区的零星地区建立了几十个村落，过着清贫而提心吊胆的日子，孤军自食其力地生活

在越南八达酒店慈善晚会上献唱。

身穿越南传统服饰游动物园。

在越南海南医院，赠送营养品给病人。

访问越南福德学校的小朋友们。

下来，组成家庭，也让自己的儿孙们接受华文教育，接续着身为中华儿女应有的语言文字认知，其中的辛酸不是亲身经历的人很难体会。

一九八〇年邓丽君随一支慰劳队伍来到泰北，一路看到同为炎黄子孙却接受不同遭遇的难民，心头非常的痛。慰劳团来到靠近满堂附近的一个小村落"回莫"，那儿有一所基督教的会所，一行人经过山路的颠簸，满身是扬起的黄泥灰土。下了车，她看到几个衣衫褴褛的老兵，立刻就和他们握手问好，甚至于上前拥抱他们。

一位老兵在邓丽君伸出双手时猛地向后退了一大步，邓丽君愣了一下，以为自己想拥抱的动作并不得体，没想到这位老兵涨红着脸，嗫嚅地说："我……我……我身上脏……"邓丽君一听，二话不说就上前紧紧拥抱他，轻声说："伯伯，你们辛苦了，辛苦了！"那位老兵被她抱着，想起自己在家乡无法再见面的女儿也该有这么大了，一时忍不住悲从中来地哭出来。邓丽君不住地轻拍他的背，全然陌生的一老一少就在异乡的天地苍茫间相拥，周围的人全红了眼眶。

在泰北创办孤儿院的王牧师记得非常清楚，因为邓丽君是所有二十多位团员中唯一这么做的人。几个拥抱下来，邓丽君眼中蓄满泪水，她哽咽着说，看到这些叔叔伯伯，就像看到自己的父亲一样，她心疼他们孤军奋斗的艰苦，也佩服他们始终不忘本的中国人精神。她问王牧师："你们有什么最迫切的需要？我的力量不是很大，但能够帮忙的我一定尽力帮忙。"王牧师说："我们的村落没有水，每次用水都要用水桶到山上去一桶一桶地扛回来，山路很难走，又没有照明，非常不方便。"

邓丽君答应他一定想办法，王牧师以为她只是说说而已，因为要修整水路、兴建水塔、引进山泉是何等浩大的工程，需要一笔为数可观的钱，他已经向政府反映了好多年，始终都没有下文，这个二十来岁的女孩子哪有多大本事？能完成他们多年的心愿呢？第二天，邓丽君就捐赠了大约合新台币十六万元，交给他去做引水到村落的工程。王牧师记得那是由陈茂修将军转交给他的支票，我特地去求证于当时已经八十四岁高龄的陈将军，他并不记得是由他转交，但记得邓丽君的确捐出了这一笔巨款。当地人告诉我，那是邓丽君拔下她手上的镶钻名表，在清迈作义演时义卖得来的款项。这个说法似乎比较合理，因为在三十二年前的十六万元何等的大啊，邓丽君出台演唱是不可能随身携带这么一大笔钱的，但她义卖钻表毫不心疼，也从来没有向媒体披露，以致于台湾没有任何报道。

不管她是用什么方法捐出，这笔钱确实是她拿出来的，绝对没错。王牧师拿到了钱，立即着手找村里的人手帮忙，买水泥、水管等材料、规划水路，硬是从山上拉出一条绵延数公里长的引流管，然后在教堂的广场边设下一个高高的大水塔，全村的水都可以从这个水塔供应，水源非常充沛，还可以灌溉到全村的农地、滋养作物，二十年来，这小水库的水四季清凉，从来没有干涸过。我俯身打开水龙头用手捧水喝了几口，果然甘冽无比。没有污染的山泉，被引流配送到每家每户，这是多么令人感动的活水源头之爱啊！

沿着水管的延长线望去，山区边农作物碧绿摇曳，路旁的果树结实累累，引水灌溉让穷乡僻壤开始有了自给自足的耕作，不只是生活的便利，更让村落慢慢步上繁荣。我仰头看到高高的水泥水塔上，非常简单地用红油漆简陋地写着"饮水思源，永怀恩泽"八个大字，以及旁边的一行"邓丽君小姐捐建""回莫村全体村民敬志"等字样，墙面已斑驳，字迹已模糊，全村人的感恩之心却一清二楚，永志不忘。

邓丽君的爱引进泰北回莫村的第一滴水。

邓丽君一直很关怀泰北回莫村。

　　王牧师在一九九二年将这里兴建成育幼院，收容近两百名孤儿，并在每次证道和教育孤儿的时候都要他们记得邓丽君阿姨所赐给他们的清凉水源。他感慨地说："这个水塔供应引进的山泉是回莫村最早的第一滴自来水，这第一滴水带给我们的便利和改变，是说也说不完的。二十年来，我们每次做礼拜都要教友们向上帝祈祷，赐给邓小姐平安快乐，没想到，这位我们时时祈求的恩人却死得这样早。"当邓丽君病逝清迈的消息传到泰北小村落的时候，全村人都泣不成声，饮水之恩再也难报。

　　水塔边的自来水龙头下，有几个七八岁的女孩就着清水洗菜，院方训练孩子帮忙料理伙食，也训练他们自己洗衣、整理寝室，我很想问小女孩："知不知道这水是从哪儿来的？"但随即就觉得这问题太浅薄。邓丽君在当时捐出巨款的时候都没有要让人知道她的善行，她没有来验收工程，没有来居功探视，只是非常信任地把钱给了泰北一位陌生的牧师，就相信他们能够享受不再辛苦担水度日的方便，她的心是单纯的、可敬的、不求回报的。二十年来，月亮依旧照着村里的人，那心如明月的善心引水人，却已永返天乡。水没有停讨，爱也没有停过，爱心会一直源源流传下去，王牧师语重心长地说："看到村子里家家户户都有水用，她的在天之灵，应该是微笑的。"

　　我点头想附和他的话，泪却不能克制地一直涌出来，因为邓丽君，回莫村第一滴水奔流至今不涸、不歇，引水人却直到逝去，都不曾知道这个村落的名字。

越过高峰
另一峰却又见
目标远距
让理想永远在前面
路纵崎岖
亦不怕受磨炼
愿一生中苦痛快乐也体验
愉快悲哀在身边转呀转
风中赏雪
雾里赏花
快乐回旋
毋用计较
快欣赏身边美丽每一天
还愿确信美景良辰在脚边

第四章

漫步人生路

　　"路纵崎岖，亦不怕受磨炼，愿一生中苦痛快乐也体验。"这句歌词正合了邓丽君的人生写照，诠释得十分到位。《漫步人生路》是邓丽君在香港推出的第二张粤语唱片。正如歌词中所写的，那时的她已越过一个个人生高峰，体验了悲欢离合，能用一种较豁达的心态，去欣赏身边的每一天，而确信美景良辰并不远。怀抱着对未来的憧憬，她在香港生根发展，香港有中国人的生活文化，也有不受束缚的充分自由，离台湾不太远，距日本也算近，这些因素让她喜欢往来香港，甚至置屋居留。香港有她的朋友，她的事业，她的歌迷，她的恋情，她在风情迷人的观光胜地——赤柱，建立了一个温馨的家，倚山面海，心胸开阔，带给她不少欢愉时光。

位于赤柱的别墅，环境清幽。

赤柱别墅内部装潢，都是出自邓丽君之手。

第二故乡
温情与关怀交织人生长路

邓丽君和香港结的是善缘。一九六九年十二月，善缘牵引她为了助学义卖而踏上这片被誉为"东方之珠"的土地，赢得"白花油皇后"之后，就展开了不可分割的密切关系，香港渐渐成为邓丽君的第二故乡。

邓丽君参加"凯声综合艺术团"的演出。

一九七〇年的一月中旬就和无线电视的蔡和平签了约，规矩是不得再上别台的节目，她的生活除了晚上到各夜总会去作秀，演唱完就回酒店。非常单纯地过了近一个月的简单日子，使邓丽君对香港的印象非常好，迷哥迷姊们的热情打动了她，而香港的繁华、有朝气、有活力也为她开启了全新视野。是的，跨出台湾到海外发展是多么值得挑战啊！她的事业憧憬因而逐步放眼海外，并开心地对大家说她很快会再回来。

第二次踏上香江，仍然因着另一个善缘，从香港回台湾不到半年，她又随着"凯声综合艺术团"到香港登台演出，这回是香港凯声娱乐公司受港九三十五个街坊会的委托，一起筹募街坊会福利基金，活动要整整一个月的时间，她也欣然允诺为公益而献"声"。当晚受邀于无线的《欢乐今宵》，邓丽君旋风被媒体大为关注，她领受被不同地域的群众拥抱、欢迎的滋味，

在"香港明爱中心"义演。

香江的掌声似乎比小小的台湾更能意味着她禁得起市场的考验。

当时的公益活动策划手笔惊人，"凯声综合艺术团"由团长何伟业带领，邓丽君、吴静娴、方晴、陈菱、叶锦樱、陈亚梅等浩浩荡荡五十余人参加，还搭配着几个著名表演团体一起募款。歌星们抓住在港做公益的机会，有漫长的时间做足宣传，让当地人多认识，开拓海外发展契机，更到不同电视、电台等媒体露露脸、说说梦想。

八月初，邓丽君在"香港明爱中心"首演，狂风暴雨浇不熄票房热度，照样座无虚席；白天她上无线邀请的节目，唱歌、舞剧、黄梅调、短剧，无所不能；半年后，紧接着在十月中旬开拍电影《歌迷小姐》，灌录电影插曲的唱片，也为影片造势而主持《歌迷小姐》宣传节目，邓丽君和香港的缘分越结越深。

邓丽君的第三度赴港依然是为了慈善活动，她义不容辞地为"保良局"筹募建保良第一中学的经费而义演。长久以来，失学一直是她心中的隐痛，只要任何能帮助贫童就学的好事，她都愿意共襄盛举。一九七一年二月，她再度和无线签下一年的约，为丽风唱片公司灌了好几张唱片，张张畅销，老板乐透。

义演之外，她也为才杀青的电影《歌迷小姐》做宣传，参加影友招待会、歌迷小姐试映会，主持在翠谷夜总会举办的"歌迷小姐之夜"和歌唱比赛，并应热情的中学生之邀到明德中学献唱，送出《歌迷小姐》电影招待券。全校师生听她唱歌，与她座谈，都高兴得如痴如醉。她离开学校的时候，还一路送她送到门口，就连校长都被学生们推挤得跌倒在路上，可见得这位年纪与同学们相仿的玉女歌星在学生之间散发的魅力。

在香港期间，她曾悄悄到保良局附近的孤儿院探视小朋友，发出去好几百份礼物，和他们一起唱歌、游戏。邓丽君打从心底关心他们，亲切地牵着他们的手，陪着他们玩，也唱不少儿歌和流行歌曲给他们听。她在陪伴孤儿的同时，心灵充实而感动。这些孤儿现在都长大了，对当时的情景是否还有记忆不得而知，尽管他们并不知道这位漂亮的大姐姐是什么来头，在当时却和她一起唱唱跳跳的，度过愉快而难忘的午后。

一九七二年，邓丽君再度荣获年度香港工展会慈善皇后荣衔，香港人已几乎把她当做慈善大使的代名词，各大报章杂志也

扮装表演小放牛。

都以"天使"形容二十岁不到的少女。善缘深结，让邓丽君往来于香港的次数渐渐频繁，每逢要到菲律宾、越南、新加坡等国家演唱，几乎都会取道于香港，当做事业冲刺的第二个根据地。

赴保良局附近的孤儿院探视小朋友。

亲切于唱片上签名留念。

荣获年度香港工展会慈善皇后。

急智歌手
成长路辛酸是人生之必然

乖巧，似乎是人们对邓丽君一致的印象。每回她一登台，就先来个深深的鞠躬或侧身优雅的万福，接着一连串的"亲爱的叔叔、伯伯、婶婶、哥哥、姐姐，你们大家好！"。这冗长的"邓式招牌问候"并没有为观众带来不耐烦，反而因为她的真诚可爱、乖巧懂事，而让人多生几分疼爱。

然而，邓丽君并不是一帆风顺地在香港意兴风发地红透半边天，她也有属于自己的坎坷要面对。邓妈妈回忆她们在香港也曾受过不少委屈。有时候是些有头有脸的重量级人士邀约吃饭，邓丽君不愿意参加，邓妈妈就要负责"挡"掉，免不了听到一些"端什么臭架子"之类的闲言闲语，她完全不作辩驳，也绝不委曲求全。在她的观念里，自己是个以唱歌为演艺事业的人，不是旧时代的歌女，不用"顾曲周郎"来讨人欢心，更不用说某些"醉翁之意不在酒"的难搞"大爷"们。

其次，也有些不很尊重歌手的演唱场合，她也必须去唱，如启德游乐场、旺角新兴大厦的歌厅，或出入分子比较复杂的夜总会。听歌的人边吃边聊，嘈杂而不认真聆听，仿佛台上的演唱只是一种陪衬，让她强烈感受到不被尊重。尽管如此，她还是卖力地唱，并在歌曲与歌曲之间，利用串场口白吸引观众注意力，这一招往往都很成功。

另外有一次，令邓妈妈捏一把冷汗的是在香港某夜总会担任压轴演唱时，座中有几位醉态可掬的听众突然闹场，他们不要听邓丽君与乐队彩排好的歌，反而一路点唱他们爱听的歌。她耐着性子一路唱完了《彩云飞》《南海姑娘》等几首拿手歌谢幕下去，没想到那几位客人却大声地聒噪她再度出场，她无可奈何地笑脸出来，他们齐声要求她唱《帝女花》。这是一首广东歌，对粤语并不是那么流利的她是个为难的考验，但她还是很有风度地请乐队起奏。

乐队音乐一起，一群人就开始起哄："你记得歌词吗？""粤语你听得懂吗？"邓丽君一分神，起唱的音乐节拍已过了头，乐队只得重来一遍，他们接二连三地瞎闹，前奏音乐一连四次过门，

于铜锣湾夜总会驻唱。
经验丰富的邓丽君，已经很会与客人应对。

她都开不了口，邓妈妈简直快急死了，连观众都开始为她打抱不平。这时候，她微笑着、优雅地朝乐队做了一个暂停一下的手势，转身向那位一直在带头闹场的醉汉温柔而镇定地轻声说："可不可以请这位先生您上台和我合唱这一曲呢？"这一招完全出乎在场的人意料之外，恶性嘲弄立刻变得鸦雀无声，继而几秒钟后全场爆起热烈掌声，音乐适时地响起，她返身顺利地唱完整首歌，在久久不歇的掌声中，平安无事地回到后台，化解了一场情势紧张的意外，邓妈妈每提起这件事都赞叹女儿的机智。

她过人的机智和应变能力，常能化危机为转机，但也见证了歌星难为，人前风风光光，没有化险为夷的本事，还真有不少歌星泪洒现场，或在后台泣不成声。邓丽君想做一个单纯的唱片歌手，不想做到处演唱、"抛头露面"歌手的心态油然而生，但是在那个年代，歌手成名就是要靠四处登台作秀的生存模式，由不得她。

另外的一种辛苦是疲惫的荣耀，经常唱压轴的邓丽君每当从夜总会唱完都已将近午夜，唱完后出得后台，总有一大票歌迷围着她，请她签名，向她索取照片。其实她那时已经非常非常累了，但还是得打起精神来应付人潮，微笑、握手、签名、给照片，经常是弄到筋疲力竭才罢休，观众的热情真让她又爱又怕。

死忠歌迷
成为一生的朋友与支持者

当然，受欢迎的滋味是任谁都不能抗拒的。在香港有件邓丽君生命中非常重要的事，那就是第一个邓丽君歌迷俱乐部"香港青丽之友会"的成立，

"香港青丽之友会"成立，邓丽君前往参加。

这件事看来微不足道，日后的影响却很深远。

一九七二年六月一日，"香港青丽之友会"成立之后，几乎是每半年一次，配合邓丽君到香港的日期做固定聚会。其中不少歌迷一跟就跟了她二十几年，到她逝世都没有离开过她。如今香港歌迷会成员已达数百位，最老的超过七十岁，最小的不过十四岁，平时定时行善，持续为她传播爱心。每年五月八日的怀念邓丽君之旅，他们组团来台湾，到金宝山的筠园陪陪邓丽君，为她亲手扎玫瑰花圈，在她的坟前点香祝祷，围在一起，轻轻地唱着她的歌。他们也非常照顾邓妈妈，陪着邓家兄弟的儿女们玩，感觉上就好像邓家的一分子一样。当歌迷可以到这样的地步，除非是这位偶像太好，让人从年轻爱到老，否则一时的"偶像情结"是很难维持这么久的。

当时的香港歌迷会会长张艳玲是个短发、大眼睛的女孩，和邓丽君同岁，打从十七岁起就迷上她的歌。邓丽君第一次来香港，在电视台播出她的专访时，更爱上她的纯真、善良。于是，她和几位男男女女的歌迷，大约有五六十人，大家喜欢的对象既然相同，就成立了"青丽歌友会"彼此联谊。"青"指青山，当时他是最帅、最红的男歌手，"丽"，当然就是邓丽君了，"青丽歌友会"其实只维持了两年，就自然而然地解散了。

"青丽"虽然烟消云散，喜欢邓丽君的人却始终没有改变初衷，尤其是看到邓丽君数年来始终如一地为慈善公益活动尽心尽力，更决定要和她做一辈子的朋友！这群年轻的朋友就在一九七六年三月三十日再度成立"香港邓丽君歌迷会"，每年定期和邓丽君聚会，他们会透过管道知道她来香港演唱的每一场时间。因为夜总会或歌厅的门票对一群穷学生而言，实在是太贵了，刚开始，他们从零用钱中一分一角地去存，存到满十五元才能进场，后来靠着关系可以走到后台听歌，才省下每次一定要看到邓丽君演唱的钱。

二十几年来，他们每次都以"罗汉请观音"的方式请邓丽君吃饭，一伙人走在马路上中、前、左、右、后地包围住邓丽君，舍我其谁地"保护"她，一起去看电影也是前、后、左、右都坐满"自己人"，把邓丽君围在中间，宝贝得不得了。而邓丽君也从未让歌迷们失望，她始终维持着一贯的亲切、大方、温柔，没有任何架子，甚至和她们在一起的时候，就像一个很平凡的小女孩，玩得很开心，并约好下次会面的时间，很少食言。她非常把歌迷当一回事，也只有在香港歌迷面前，她可以放怀地做自己，谈天说笑，恢复一个少女应有的空间，不必设防，也无须担心人家对她的印象。

她在保良局认养一男一女的孤儿多年，就是歌迷陪她一块儿去的，张艳玲最佩服的是她的敬业态度，有时陪她一起去录音，她总是一个音符唱不好就要求重来，甚至于有一次因为一个音唱不准确，放下一切工作，飞到她在伦敦的老师那儿，反复练到 OK 了，再飞回来重录。这种"可怕"的执着精神，应是她成功的主因之一。

另一位幸运的歌迷就是明姊，当时她的弟弟正在香港宝丽金做事，得知邓丽君需要一位会烧饭的管家，他介绍了姐姐，她们在电话中聊得很开心，会了面也一见如故，从一九八九年到她过世的六年间，明姊和她几乎是寸步不离地生活在一起。不管是在香港、在法国，都负责料理她的三餐，即使是在外录音，她也要明姊做好饭菜，送到录音室，不怎么爱在外头吃；连出国上飞机都带着明姊做的餐盒，不喜欢吃空厨。

邓丽君与香港有非常深厚的缘分。

明姊印象深刻的是，邓丽君待她们就像好姊妹，把她们当自家人看，平时没事的时候，邓丽君会在家里教她们怎么包水饺，拌些什么馅儿、皮儿要怎么擀、怎么捏，包起来才好看、才好吃，她很熟练地一一示范，很有耐心地教到她们都会。有时也教她们做面片儿，说起吃的，兴致勃勃，每一道手续怎么处理，说得头头是道；有时大家一起去吃法国餐，回来就和明姊研究酱汁怎么做，还试做好几次，做到味道像了为止，两人"玩"得很高兴。

有时候明姊在厨房洗菜、择菜、切切弄弄的时候，她就站在厨房门口和她聊家常，聊她的童年往事，说很小的时候家里很穷，没有鞋穿。到外面玩，走到脚流血了都不敢哭、不敢讲。她不会让家人担心；有时也谈出去演唱时发生的种种趣事，可以一聊就聊四五个小时。邓丽君很健谈、很幽默，常说得她们笑到腮帮子痛，并不像外传的孤独、忧郁、内心痛苦，一回家就闷不说话，那完全是不了解她的人所想象出来的。

明姊觉得世界上再也找不到像邓丽君这样体贴、善良、温柔、慷慨的人。举例来说，她从不把明姊当"工人"来看，她会要求明姊去学开车、学语言，她义不容辞地当明姊的老师，教她开车、教她英文，还亲自下水教她游泳，更鼓励她平时要多读书，给她很充分的时间进修，绝不会故意派一大堆工作给她。

为了鼓励明姊多读书，她推荐《红楼梦》给她看，又为了引起她的兴趣，特别翻出《红楼梦》里面对吃很讲究的那一章，要她读读看，古人的吃法和做菜的方法多精致呐！直让人觉得她童心未泯。最温馨的是晚上两个人一起看电视，她会翻译节目的内容给她听，好的电视影集也会叫她一起看，解释给她听，最后，更不忘叫明姊要好好用功学语言，她从质与量上都提升了明姊整个儿的人生。

　　一九九二年之后，邓丽君已呈半退休状态，她在香港大部分的生活是早睡早起，起床就喝一杯柳橙汁，看看报纸洗个澡，看书或听音乐，她说以前的日子太忙，到处赶场演唱，连好好吃顿饭、上个厕所的时间都没有，把身体都搞坏了，而在香港的日子就是要休息。老牌影星林翠因气喘猝逝

私底下的邓丽君，待人完全没有明星架子。

时，她还向管家金美说："林翠就是没有人在她身旁照顾，气喘病发才会来不及救治，非常可惜。"真没想到，三年后，她也以同样的方式离去。

再则，她要她们做任何事时都是用"请"字，语气非常温和，说话也很有技巧，"你能不能帮忙我做……""拜托你帮我……""要麻烦你做……"从来没有一句命令式的口吻，每次做了什么事，不论大件小件，她都一定道谢，她是习惯性的有礼貌，而非故意装出来的，明姊观察过她对谁都一样，并不是只对她而已！

还有，邓丽君十分向往做一个对社会有贡献的人。有一天，她从报纸上看到一家医院征求会包扎伤口的看护，她就真的打电话去应征工作，她不是在寻人家开心，而是真的想去当护士，又说这也是她小时候的心愿之一。当然，后来那家医院没"敢"录用她，她还失望了好久，不理解人家为什么不肯录用诚心诚意的她。

淡定简单
平实生活学习语言是重心

一般人以为邓丽君是美食家，吃东西一定很奢侈，事实上，她在赤柱家中是绝不浪费食物的，有时吃得一滴不剩，还诚心诚意地赞美："啊！明姊的菜做得真好吃。"让明姊一整天都很高兴。有时一餐吃不完的，她就用保鲜膜包一包，晚上热一下再吃，都自己动手，绝不麻烦别人。

最让明姊感动的是：有一次，明姊送餐去录音室给邓丽君，正好他们一伙人在开会，她要明姊把午餐放下，坐在一边，当时在场的有日本人，也有一位法国人，邓丽君一个人把日本人的话翻译给法国人听，再把法国人的话翻给日本人知道，最后，她还用粤语对明姊说一遍他们刚刚说的内容，当时，明姊的眼泪差一点儿落下来。

她觉得自己不过是一个帮忙煮饭的，但是在邓丽君眼里，她就是一个家人。她本来没有资格也去了解他们开会的内容，但是，邓丽君却认为她在现场，就不该冷落她的感受，而不厌其烦地再三翻译，这不但说明了她的语言能力强到可以通晓多国语言，而且证明了她对人的好是多么不着痕迹。她的体贴固然可爱，她的尊重更令人感动，明姊说自己从邓丽君身上学到的做人处世方法，一辈子都受用不尽。

记忆中，六年来，她从来没有一天大声说过重话，也没有端过一次女主人的架子，明姊与邓丽君有共同度过生死线的交情，当她急性肾脏炎发作时，明姊曾哀求医生愿意把自己的好肾捐一个给她，当时并没有被医生接纳，反而是邓丽君一直劝她不要再哭了，自己的病交给专业的医生了，一定会好起来的。七天的住院期间，发烧时起时落，整个指甲都呈现了紫黑色，床前吊满了各种维持生命的点滴管，一直没有脱离险境。那是明姊见过邓丽君一生最脆弱的口了，丧父之痛加上无法奔丧的煎熬，令她沉默而憔悴，吃不下、睡不好，唯一的求生力量，来自于每天和邓妈妈通的国际长途电话。

出院后，肾病并没有完全痊愈，护士每天要到家中量血压、打针，连续二十天不间断地治疗，整整休养了一个多月才转好。这段期间，明姊的心每天都是揪着的，人也跟着瘦了好几公斤。邓丽君开玩笑地说："明姊，不准再瘦了，不然你先生要找我算账，我可赔不起哦！"知道她开始会说笑话了，明姊才放宽心。

邓丽君身体转差之后，明姊曾在神明面前许愿从此之后不再吃牛肉，只可惜她的誓言做得再彻底，神明也没有眷顾她的心意，还是在一九九五年无情地带走了她心中无可替代的小姐。从那天起，明姊再也不为自己过生日，而是纪念她最思念的小姐。每当她看到她们一起去游泳的赤柱海边，一起走过的大街小巷，一起生活过的赤柱及巴黎故居，她都忍不住要哭很久很久，至今还不肯相信小姐已经走的事实。

明姊对邓丽君的学习语言精神更是佩服，她在香港学粤语几乎没有什么困难过程就学会了。据她的好友说，邓丽君的上海话也说得非常好，地道到听不出她是在台湾生长的人，只是上海话平常并不常用到，所以很多人都不知道。早在十六岁到越南演唱时，她就被优美的法语迷住了，一直想有朝一日好好学会这个美丽的语言。她在法国学法文，不但按时去学校上课，而且请家教在家中一对一地学习，每次上完课还自己反复听录音带，可以一个早上或一个下午都花在语言上，关在房间苦读，以她一个成就、声望都如此高的人，实在不必和初到异地的留学生一样拼命读书的。但是，邓丽君想学会什么就会全力以赴地去达到目的，绝对不会因为是要"用"到它，才去学它当工具，而是她真的对语言有兴趣，想要学好，直到驾驭自如为止。

关于语言，邓丽君也有个小故事。爱看金钟奖现场转播的观众应该还有印象，邓丽君在一九八一年担任金钟奖颁奖典礼的主持人，那时请来了最红的电视影集《三人行》男主角杰克到台湾担任颁奖人。主办单位请来著名的邓树勋教授当翻译，但杰克和邓丽君攀谈的结果，发现不用翻译两人也可以说笑自如、沟通良好，邓教授就没有出场。但是，杰克是个非常皮的影星，他以外国人特有的随兴和幽默一直开着玩笑，邓丽君有些招架不住，一时有些紧张而应付不来，她开自己玩笑，向四周一边张望、一边大声说："邓教授呢？我们的邓教授呢？现在需要的是邓教授，不是邓丽君！"引起台下观众哄堂大笑。

不明就理的人可能不知道其中的幽默，因为在那个年代，邓教授可说是台湾最有名的英语教学发声代表人物，他的美语是公认的流利而标准，邓丽君以同样姓邓，却无法说流利的英语来自嘲，搬出同宗邓教授来解围，一语双关，的确高明地带动了现场的轻松气氛，也证明她的应变能力过人，是制造全场欢笑的高手。

迷信爱八
幸运数密切绾系一生起伏

邓丽君有点儿小迷信，所以赤柱家中挂满了林云大师所提示的求吉避邪、破解之道。她特别喜欢"八"这个数字，明姊的生日是五月十八日；赤柱的别墅门牌号码是佳美道十八号；在巴黎买房子时，她看上的也是八、十八和五十八号，最后买到了八区八号六楼；而没有故意挑选的两辆座车车牌MAZDA那辆是DK九〇八，劳斯莱斯那辆是CDG三三三八；更没有想到的巧合是，她会在五月八日过世，而且在没有刻意安排下，于二十八日出殡，所埋葬的金宝山地址也是西湖村西势湖十八号。八到底是她的幸运数字，还是她的宿命数字呢？

邓丽君在香港赤柱家里的管家张金美，邓丽君都叫她金美，她和妹妹张金翠全家都是邓丽君的歌迷，一九八〇年加入歌迷会，第一次见面玩了一天之后，隔了一年歌迷会再聚会，邓丽君居然第二次见面就叫得出她们姊妹俩的名字，让她们非常感动。她们回忆起从前要和邓丽君会面，或到机场去接机时，都是非常重视的大事，不但做头发、化妆，还挑选新衣服穿，慎重的程度胜过要相亲！遇到飞机延误了，为了怕手中的鲜花凋萎，还频频来往洗手间，不断地为手中的捧花洒水，"着迷"的程度可见一斑。

一九九一年起因着邓丽君的信任，金美一直管理着赤柱故居，邓丽君生前不止一次称赞金美的命好，想吃就吃、想做就做。不像她，想吃要注意身材不能吃，想休息又有这么多人仰赖她吃饭不能停；买了豪华汽车，请了专任驾驶，却多半是让金美使用；有舒适的别墅，却很少住，飞来飞去的奔波，享受住在这里的时光比金美还少。当时她是用开玩笑的语气说的，但背后的心酸与无奈却隐然可见。

我曾在走访香港歌迷会时到金美家做客，赫然发现歌迷会的"迷"还真深。她们家的门墙都是粉红色，连铁门都不例外；张艳玲的九人座休旅车也是粉红色，车内的音乐永远放着邓丽君的歌，听了上万遍都不厌倦，连手机的来电铃声都设定成《甜蜜蜜》；金翠家中的摆设从茶几上的座钟、墙上的海报、书柜里的杂志、音响柜里的音乐带无一不是邓丽君。她已经深入她们的生活中，问她们何以如此着迷，姊妹俩不约而同地说："我们都以邓丽君为傲，以她的做人处世为榜样，不管她在不在人世了，她都活着，活在我们心里。"

火锅渐渐冷了，围坐在桌边的一群人却因怀念邓丽君而眼热，热烘烘的心抢着告诉我和邓丽君相处的点点滴滴：每一次聚会，她会随兴清唱给大家一饱耳福；每一回到香港，她会送每个人不同的贴心小礼物，显示出她是真的有观察到每个人的需要，而不是应付式地随便带个伴手礼；她会提供觉得有效的减肥方子分享给几位身材有分量的歌迷，点菜时却深怕大家吃不饱，点了一桌要大家尽量吃、不准减肥；一起去看电影时，把她打扮得让人认不出是大明星，还分配了前、后、左、右护法的位置，让她很自然地坐在中间被保护着……大家边说边笑，笑着笑着，眼泪就流了下来。

我这从未参与其间美好的"外人"也跟着一起落泪，那不是伤心，是说不出来的怀念，是一种"幸好还有回忆"的幸福，邓丽君的巨幅海报在墙上安静地微笑着，仿佛也参与其中，歌迷们每天都向她的照片问早道好，成了习惯，吃团圆饭时，桌上也总是不忘留一副空的碗筷给这位永远不会再赶回来的"家人"，邓丽君在大家的心中真的一时一刻都没有离开过。

这些非宣传性的每年和歌迷聚会，就可以看出她的所有歌迷都是与她的人忘年交心，她去世后大家仿佛更加团结，歌迷会的性质已经从崇拜、听歌，变成了公益团体，在阿张（张艳玲）的联系下做得有声有色。为了完成邓丽君的遗愿，歌迷会每年几乎都要办两三次活动，除了联合日本、新、马、泰、越等地的歌迷会，一起组团到台湾筠园来悼念她，在香港也有不少以邓丽君为名义的慈善义举，开始的时候是去孤儿院、老人院、智障儿收养机构和癌症小童医院等地慰问送暖，后来更扩大举办歌唱比赛、慈善晚会、策划演出活动等，门票收入都拿来当善款，以邓丽君的名义捐助给需要的人或医药基金，让大家都知道邓丽君人虽已去，温情却永远存在。身为她的粉丝知己，她们也深深知道，唯有帮助人、做好事，才是纪念邓丽君最好的方式！

二〇〇〇年时，歌迷会在乐富园办了一个"万众祈福迎千禧"的活动，有香港小姐和无线电视台的连续剧演员共襄义举，脱口秀、歌舞同乐、摸彩送礼物等，非常热闹，来参加的多半是孤苦无依的老人，把天井中的小广场挤得满满的。在现场服务的义工很多，都是年轻人，问她年纪这么小，怎会喜欢她的歌？那十六岁的女孩说："我是在她去世的那一天看电视报道才知道邓丽君姐姐的，她的歌和她的人都很好啊，我觉得参加这个歌迷会很有意义，也很成熟，这样妈妈不用担心我是在乱崇拜偶像，因为妈妈比我还喜欢邓丽君。"

在众多歌迷中，方伊琪是以擅长模仿邓丽君走红的。在邓丽君生前，方伊琪就一直演唱邓丽君的歌，有一回，在马来西亚的金马夜总会有机会和邓丽君同台演出，方伊琪先在幕后唱了几句才走出场，那时她年纪小，知道自己的模仿功力还不到，很多地方是学不来的，下了台，她向邓丽君说："不好意思，我都学你的歌。"邓丽君马上说："没关系啊！你唱得很好，我们一起加油啊！"亲切得不得了，从那天起她就更爱且更尊敬邓丽君了。邓丽君过世后她非常伤心，发誓以"每一天都要做善事"来纪念她，而今每逢邓丽君的纪念音乐会或公益活动，歌迷会都请方伊琪来唱邓丽君的歌，即使不能唱得很传神，也能聊解心中对邓丽君的追怀思念。

香港模式
悄悄埋下赴日深造的种子

一九七三年，对邓丽君而言是重要的人生转折点，年初原本考取美国学校的插班生，她准备好好修读英文，每天下午上课，安安心心做一个用功的学生。没想到，为了新加坡冬令救济义演忙了几天，再为新年的贺岁演出，又飞到香港参加荃湾香港歌剧院夜总会的演唱。每一场演唱会只要有邓丽君唱压轴，几乎场场爆满，也就是这几场演唱会，让日本渡边公司到香港来挖角的星探听到她的歌，当场惊为天"音"，发誓不签到她绝不罢休。

在新加坡"十大歌星"晚会上献唱。

当时她还不知道，已受到日本星探的青睐。

在香港获得十大歌星奖。

对于这件事，日本一直在暗中进行，邓丽君却一点儿也不知情。那年九月二十六日，她在香港大会堂领到"十大歌星"的金骆驼奖，又高高兴兴地参加"白花油之夜"演唱。她并不知道，命运之神悄悄地下了一张挑战书，要红透半边天的她挑战一个全新的环境，做个默默无闻的新人，在日本求取另一片天空的发展，让她的人生历经酸甜苦辣、高低起伏，也把她的声誉推到另一个意想不到的高峰。

到日本从头做"新人"的邓丽君，得空还是到香港，香港为她举办的活动并不因为她进军东瀛而喊停："千言万语"写故事比赛，就是专为她而办的活动。而她在这年秋天推出的《使爱情更美丽》专辑也同样热销。一九七六年，她在香港的利舞台（Lee Theater）举办了三天五场的个人演唱会，这是她第一次在香港举办大型个人演唱会，门票在三天之内就销售一空。她没让观众失望，自己从日本带了一个二十人大乐队担任伴奏，又请来本乡直树当特别来宾。令人刮目相看的是，她不但在日本接受专业训练后歌艺大进，还秀了一段优美的长笛，这项在日本学的乐器秀出了她的优雅气质，掌声久久不散。

利舞台演唱会之后，邓丽君飞新马演出同样造成轰动；不久，她的《你装作不知道》在香港电台中文歌曲龙虎榜获得冠军，再度为她在香港的声誉锦上添花。此后，她的宣传节目就从零星的上访问，变成一次一个多小时的专辑，如：香港无线晚间播出邓丽君特辑，台视《大屏幕》播出的邓丽君在美国的专辑，以及其后不久的《十亿个掌声》等，都是邓丽君人生舞台上精心制作的个人专辑。直至现在，台湾的艺人拍专辑的次数及播出时数依然没有人可以超越她。

香港仁济医院举办的仁济慈善募款之夜，邓丽君当然没有缺席，当时

首次表演新学习的乐器长笛。

演唱会前排练。

第一次在香港利舞台举办大型个人演唱会。

名导演李翰祥想请邓丽君拍一部古装片，邵氏影城的方逸华也大力促成这件事，但她考虑良久，毅然放弃了电影演出机会，原因就是不再一心二用，专注做好唱片歌手。在下好决心、订定目标之后，邓丽君飞日本履行合约的时间越来越多，只有在邓丽君散文写作的颁奖典礼上，出席担任颁奖人鼓励后进，才看得到她的身影。

当慈善召唤，邓丽君再忙也会翩然而至。一九八二年一月初，为远东及南太平洋区伤残运动会而办的义演会，她在香港湾仔的伊丽莎白体育馆一连五场的个人演唱会，宝丽金把现场盛况剪辑成双唱片集，又造成白金唱片发烧旋风；年底为华东三院筹募善款，香港无线举办"欢乐满华东"的义演晚会，邓丽君的演唱再度募得千万善款。

其实，很多人都不知道，一九八二年，对邓丽君而言非常难熬，因为邓爸心脏病发送医院急诊，她在台北迪斯角的演唱会不能更改日期，每次演唱完，她就不顾疲累地赶回医院守着父亲，夜夜守护，直到邓爸病好出院为止。她的孝心没有几个人知道，邓妈妈在怀念这段往事时，口气中有心疼的责怪："她夜里来守在医院，我多少次劝她回家去，多休息，她都不肯。她要是多注意自己一点、自私一点、少爱我们一点，我也不至于……不至于……白发人送黑发人啊！"

香港红磡体育馆的十五周年演唱会，创下演艺事业高峰。

一九八三年，是她歌唱事业的第十五个年头，她的"十五周年巡回演唱会"从十二月十日起就在东南亚展开，二十九日起到跨年元旦一连几天都在香港红磡体育馆声势浩大地演出。灯光、乐队、舞台、配舞与和音等无不令人耳目一新，看得日本来的媒体目瞪口呆，他们从来没有想过，在日本总是文静、幽怨地唱"演歌"的 Teresa Teng，原来也有这样多貌、多变的表演才华；在日本从一个新人开始默默奋斗的她，在香港原来是如此受疯狂喜爱的超级红星！

这是香港人最疯狂的一个新年，其中更有想尽办法从大陆来到香港的同胞，邓丽君在演唱的间奏中，用各种语言和各地方言向观众问好，更要求观众给所有来自大陆的同胞掌声鼓励，全场一波波的热浪里，凝聚了"四海之内皆兄弟"的高昂情绪，那是她演艺生涯中的又一高峰。

双邓合作
辉煌成就至今无人能取代

正如邓丽君一心所期许自己做一个好的唱片歌手，她的唱片发行量的确做到质精量丰，严谨而隽永；宝丽金资深制作人邓锡泉密切与邓丽君合作，双邓连手连续出了五六张发烧片，又接连出广受欢迎的粤语唱片，更引荐她到日本发展，自告奋勇当她的驻日本代理人，和邓丽君交情非常深厚，是她在香港全盛时期的最佳拍档，更是邓丽君非常信任的老朋友。

邓丽君在宝丽金总经理郑东汉的赏识和力邀下，正式签约加盟宝丽金之后，邓锡泉担任她的录音总监。谈起邓丽君，这位在歌坛闯荡多年的资深媒体人先是深深地叹了口长气，却微笑地忆起"双邓"合作期间的美好印象。邓老说："邓丽君是非常少见、声音状况非常好的歌手，她在一天之内就能灌录多首歌曲，不会一录再录，她总是准备好，调整到自己的最佳状况才来录，而不是靠机器来修。"邓老也从旁观察到她做事非常认真，待人和蔼可亲，没有一点当红歌星的架子，脾气更是好得不得了。邓老最欣赏的，是她唱歌时丰沛而自然的感情表达，能收能放，毫不做作。"只要身体健康，她的未来绝对不可限量"，邓老那时不知为什么心头曾闪过这想法，没想到日后，她真的没能过了哮喘这一关。

一九八四年邓丽君制作粤语专辑《风霜伴我行》，邓老负责监制，开启"双邓合作"模式的首张粤语唱片。这张原名《势不两立》的唱片，是无线电视一部连续剧的主题曲。邓锡泉一见"势不两立"这样的字眼，觉得太杀气腾腾了，一点儿也不符合邓丽君一向在人们心目中温柔、婉约的形象。于是，他用充满文学意味的"风霜伴我行"五个字，就把格调包装成优雅而人文，正符合邓丽君给人的深刻形象，邓锡泉真不愧是她的知音。

当初以国语歌曲走红的邓丽君，来到香港闯天下而灌录粤语唱片时，有不少歌迷担心她为了流俗而冒险尝试这全然陌生的挑战。然而，知她其深的邓锡泉独排众议，他认为邓丽君灌录粤语大碟具有指标性意义，纪念性质远大于商业价值。邓丽君是一个多声带的歌手，国语、英语及日语之外，她也常灌录其他语言或方言的歌曲，用印尼语唱的歌，在印度尼西亚和新、马发行大卖，用闽南语唱的歌在新加坡发行，更让当地的泉州、漳州侨胞如听乡音，大解乡愁。会粤语也懂粤语的邓丽君，没有理由不灌录一张粤语唱片作为她歌唱生涯的一大突破。吃力，是必然！吃苦，她没怕！邓锡泉回忆当年她勇于挑战自我的敬业精神，更是忍不住伸出大拇指来，那时

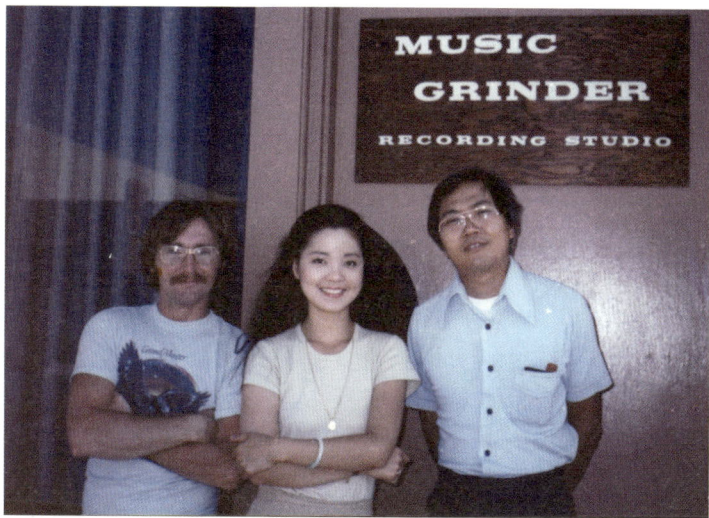

一九七九年四月，与邓锡泉（右）一起在美国录音。

他监制她录国语歌曲时，平均一个工作天就能录好三首歌以上，但在录《风霜伴我行》时，两个工作天也录不到一首歌，但是邓丽君那股"明知不可为而为之"的好胜心啊，再力不从心，也要一试再试，更自己发明了一种拼音的方法来克服语言障碍。

邓锡泉一直观察她的学习经验，发现她的"切音"秘诀，举例来说，她会把"北"字读成"不"字、"乐"字读成"陆"字，经过大家矫正后，她就把"北"字切成"不""呃"两字，再把这两字连在一起快读，读音就更接近"北"字；而"乐"字就把它切成"屋""岳"两字，连在一起快读，就很接近"乐"。利用这秘诀练习，解决了发音上的困难，果然越说越地道。

《风霜伴我行》这张唱片里的大部分歌曲都在美国的录音室完成，邓锡泉特别为了这张唱片飞往美国，两人在美国录得非常辛苦。在她勤练之下，她的粤语进步神速，回到香港后，她要求把当时在美国辛辛苦苦录下的歌重新听一遍，发现不少她在发音上不够精准的地方，还有因为语言不熟悉，连带使音准也有些微不精准，她严格地要求把这个已录好的版本全部作废，绝不能让瑕疵品流出去，花下的大把银子就这样泡汤了。然而，邓丽君的坚持是对的，重新再录一次的成果，反映在新录制的唱片发行量上，水平之高从销售数字上显而易见，如果不是邓丽君自我要求的品管如此严厉，也许就没有这样好的成绩了。尽管她人不在香港，宣传做得很少，《风霜伴我行》依然在上市不久就狂卖攀上白金唱片，证明她的实力不需要营销宣传，也有广大的知音。

邓锡泉对邓丽君越了解，越心疼她的早逝，他觉得她不仅是一个歌星，而且是一个音乐艺术家，她执意保持自己的水平，而且不断超越自我攀登高峰，给自己相当沉重的压力。在工作的过程中，邓锡泉也观察到她的"慢热"，后劲非常强，往往录一首歌，邓锡泉已经觉得很满意了，不久后再录一遍的，又比先前的那次更好，马上又推翻了前一次的录音。她就是这样一次比一次完美的"慢热"型歌手，非唱到自己满意不肯罢手，这种兢兢业业的工作态度是很多人赶不上的，也是这点严格的自我要求，让他对她充满信心，在他心目中，邓丽君是永远无人能替代的邓丽君。

更让邓锡泉感慨的是，他们在美国共同工作的那段时间，他惊觉她只是个地地道道的学生，专心攻读一个两年制的学程。平时在录音室和演唱会上，她是不折不扣、绝对敬业的歌星；一走出录音室，回到日常生活，她就成了穿着球鞋和牛仔裤，背着个布袋、捧着书本的大学生。朴实无华，青春明快，他真希望邓丽君永远如此平凡简单，但是——快乐！

媒体超爱
记者与主持人难忘她的好

邓丽君虽然超级红，但在她生根发展的台湾，却被媒体伤害得非常深，除了断断续续的绯闻、不实怀孕生女及死亡传闻之外，还有说她媚日讨好，以换取自己在日本爬上去的机会，甚而在她的"假护照"风波时，在言辞上对她进行侮辱，这点让她伤透了心，也寒透了心。但是，邓丽君在香港媒体界就受到相当尊重，不少电台主持人、记者或主播都是她的歌迷，甚至后来也成了她的好朋友，他们对她的观感和评价是一致的。

资深媒体人车淑梅因访问邓丽君而结成好友，多年来她和先生张文新都一直在媒体岗位上给予邓丽君许多协助，让她能在香港稳坐第一把交椅。她曾在与邓丽君说知心话的时候，告诉她："要做自己，过自己的生活。"邓丽君也谈到自己的退休计划是想到草原去牧羊，她想过一种安静、安定、轻松自在的休闲生活，不要有压力，到处去走走看看，但她似乎一直没有找到这样浪漫的生活情境，始终还在寻寻觅觅。

车淑梅很佩服她自律甚严、不爱出风头，以她这样大牌的明星，依然能不断要求自己充实内涵而上进，而且脚踏实地地去读书、战战兢兢地努力，花心力圆满自己的每一个梦想，她精益求精的生活态度，要求完美的敬业，实在值得现在的艺人学习。即使相知甚深，邓丽君也并不轻易向人吐露心声，不会把心中的苦闷倒给别人，所以，一直没有很好的精神支柱或感情宣泄管道，她的行事低调，很怕被报道，作为她的好朋友，有时看她满腹心事却无能为力，邓丽君不说，车淑梅也就不会追问，她不希望邓丽君有一种她在挖新闻的防卫心，只要大家知道彼此的关怀与真诚，也就够了。

车淑梅的另一半张文新，是香港教育电视台的台长，曾在主持《中文歌曲龙虎榜》和《新天地》的节目中访问过邓丽君，还闹了一个大笑话。那是在介绍邓丽君时，不小心把："下一个为我们上场的是邓丽君"说成了"为我们上床的"，登时满场哄笑，和邓丽君的友谊就在她并不以为意的玩笑里结下深缘。张文新回忆起邓丽君那段在香港人的视听习惯中开辟中文歌曲的艰辛奋斗，从许冠杰带来《鬼马双星》的插曲引起注意，到邓丽君的《风霜伴我行》柔化香港人的心，是香港人从只听欧美流行音乐到爱听中文歌曲最大的转折点。尤其是邓丽君的咬字清晰、声音婉约，让人舒畅而解压，而她的人、她的话语，就和唱歌一样轻柔，给人一样舒服的感受。不只唱片销售量创佳绩，更把中文歌曲在香港人的心中扎根，影响深深。

邓丽君会把好听的中文歌曲带到日本，去翻唱成日文歌，同样地，也把好听的日本歌带回国内来，而且不拘泥于国籍的不同，让外国朋友尝试做中文歌曲的音乐。她觉得音乐人是没有国籍之分的，因而她的乐手群之中，有法国人、有日本人、有英国人，甚至还有黑人，她坚持不同民族性和音乐素养下做出来的调性会不同，有新鲜感，音乐性才会越丰富。

记者阿杜（杜惠东）也非常佩服她"永不满意现况，主动追求更高的歌唱艺术"的精神，在香港、在日本、在巴黎，她从艰苦奋斗到成功扬名的点点滴滴，阿杜都做过详实的报道。在她的"护照风波"发生时，阿杜也亲自跑到日本探索真相，为她大力澄清，他的一家人后来都和邓丽君成为好朋友，阿杜认为她的艺术天分无可比拟。

最可惜的是，阿杜曾与友人构想要拍摄一部由邓丽君主演的电影，由邓丽君所投资的 TNT 公司制作，电影初定名为"歌手的七日情"，描述一个歌手在演唱会之后被歹徒绑架，才发现她是个名气广大的巨星，歹徒没办法发出勒索信，只能躲躲藏藏地和她一起过了七天。在这段时间里，受到她的感化，最后终于幡然醒悟，变成好人。为了这部电影的构思与细节，他们曾兴奋地策划许久，也准备用她在 NHK 的演唱会实况录像来做架构，后来邓丽君的公司因故暂停 TNT 公司的部分营业项目，电影计划也就搁浅了，而现在，就算开拍，也找不到曾经一起开心讨论投入剧情的女主角了。

阿杜不但为她写报道，也写了一些歌词，最早《雪地上的回忆》又名"冰语"，是一首日本人作的词曲，那字句中的凄凉，正如她的恋情。邓丽君非常喜欢，却没有唱红。这首歌曾经由林坤煌译写成国语，因为邓丽君向阿杜表示过很喜欢这个曲子，想要赋予新面貌，重新唱红它，阿杜就以写《冰语》的基调，想象邓丽君的心情，写了新的歌词，歌名也改为"雪

杜惠东曾为邓丽君谱曲《雪之恋》，但她还来不及唱就香消玉殒。

之恋"。邓丽君很高兴，准备好好诠释这首她很爱的歌。可惜她还没有录制，人就杳然而逝，留下这首他全心重写过的歌词，让阿杜遗憾不已，而再对照当日的词和今日的心绪，更添无限怅然。

你已远去　不再留恋　缘尽了此一杯
你叫我早归家去　但归去独对空虚
那歌声轻轻飘　像诉出渺渺往日情
但爱心早已枯萎　我也懒抹眼泪

犹记起相对欢笑声　相与誓约共
转眼心肝枯　恩爱也觉痛苦
情缘就好似鲜花朵　只有短暂灿烂
该要分手莫多问　夜静更深影冷
人已萧萧远去　相思话莫再轻诉

冷冷细雨　窗外掠过　独酌这杯中酒
这个中温馨醇苦　都轻轻饮　默默地吞
北风声呼呼　愿君也莫回头
我俩皆早知今天　心中无悔恨

是巧合？是遗恨？愿君也莫回头，她就真的一去不回了……

清者自清
以宽容打破同性恋的谣言

赤柱并不是邓丽君在香港的第一个家，她曾经在浅水湾附近租了一个房子，连装潢都弄好了，却没有住进去，原因无他，只是生肖属龙的邓小姐，不愿意"龙困浅滩"罢了！那栋美丽的房子就一天也没有住地白白浪费掉了。

一九八七年左右，她为自己成立的 TNT 公司，和女导演麦灵芝合租了一间办公室，离赤柱的家很近。两人工作接触频繁，有时麦灵芝会到赤柱家中来商量公事，那时是邓丽君觉得自己的年纪渐渐大了，不适合继续唱下去，想要退居幕后监制唱片，而麦灵芝是个颇有策划头脑的女导演，自然有许多点子供她去实现自己理想；她也非常能够抓住邓丽君的神采，帮她拍摄了一些相当不错的封面照片。就算两人走得比较近、出入于同一栋宅第，也绝非外传的"金屋藏龙伴二娇"，邓妈妈说邓丽君从小就希望当个好妈妈，一直憧憬恋爱、结婚、生子后就退休专心照顾孩子的邓丽君，绝对不会有这样的倾向。

据明姊和金美的贴身观察，当时担任邓丽君摄影工作的史蒂芬和麦灵芝不太合得来，所以，更不可能是暧昧不清的"相宿相栖三人行"。由于公司刚刚成立，有许多事必须好好讨论，合作计划也有很多细节有待研商，邓丽君和麦灵芝一起出入的情形肯定会有，但以此推断两人的关系不寻常，则太过捕风捉影，外传的同性恋之说，实在是莫须有的八卦，虽然只流传了一小阵子，谣言就不攻自破，但这样骇人听闻的疑惑，并没有得到当事人的出面澄清，还是大大伤害了邓丽君的名誉。

曾经，浅水湾差点儿成为邓丽君的香港住所。

这栋一九八八年所购的别墅是邓丽君以制作公司的名义买的，成立公司的股份持有人也不只邓丽君和麦灵芝，只是，当时一心想过清幽生活的她，不想让生活私密曝光，记者只好运用无限宽广的想象空间去揣测，当时，麦灵芝可说是她的经理人，打点她的一切行踪，就连去日本也跟随着。

据说，邓丽君知道这个同性恋传闻之后，也只是淡淡地笑一笑，大概是觉得太无聊了，以她对媒体的一向宽容胸怀，根本连追究都懒得费精神。一方面，她也觉得自己的身边该有个伴，以免风风雨雨又无端上身。那时候，史蒂芬适时出现在她身边，他被她吸引时，根本不知道自己喜欢的女人是个举世皆知的名人，只把她当做一个风韵很美的成熟女人看待，那样没有心眼、二十五岁大男孩的纯爱，让她不设防也不猜疑他别有用心。在两人滋生爱苗后，她又尽可能地宠着他，购置相当专业的摄影器材送给他，史蒂芬的出现，让怀疑邓丽君是个女同性恋者的谣言立时不攻自破，麦灵芝在此时正好也觉得热恋中的邓丽君并不能像规划中如此投注精力在公司上，公司也就在无形之中解散了。

流连故居
歌迷在记忆中怀念女主人

　　香港有许多属于邓丽君的回忆，也是许多歌迷寻访邓丽君的足迹时必循之地，他们会到邓丽君生前爱吃的天香楼去点几样她常吃的蟹黄鱼翅、清炒虾仁、韭黄拌面、烟薰黄鱼或东坡肉。天香楼的老板及掌厨大师傅对这位美食鉴赏家都非常怀念，他们诉说着她每次宴客都在天香楼举行，一来就到厨房和大家握手、问好，没有半点明星架子。有时人还没有到香港，订位的电话就已经捎来了，下了飞机直奔天香楼，很令他们感动，这样长时间的老主顾现在几乎没有，邓丽君的这份长久捧场的情分，以及对人的和善、慷慨，让他们多年来一直感激在心。

　　除了天香楼之外，鹿鸣春、上海素菜功德林都是她常去的地方，喜欢的原因不外乎食材新鲜、好吃，地方清静、干净，菜色精致、卫生，气氛和排场倒在其次，因为气氛她自己可以当场营造掌握，排场则无须豪华，轻松自在，才是她最喜欢的用餐哲学。

　　另外，在华润百货二楼设专柜的高师傅，也是各地歌迷必定造访的人物，十五年来，邓丽君登台表演的旗袍、凤仙装、中式礼服都在高师傅这儿订做，不但自己做，还给邓妈妈也做，而且一次同款式、同颜色的都做两件。这是她买东西的习惯，对于喜欢的皮包、配件、装饰或皮鞋，她都是买三四件，据说是可以放在她世界各地不同的家，要穿的时候就不怕没有，而皮件、饰品则是一件拿出来穿用，一件当做收藏，这是她的小怪癖之一。至今，她赤柱的家中还挂满了一柜子粉红、桃红、紫红的中国衣衫，柔滑的丝绸优质触感、精致的绣工与合度剪裁、更有求幸运桃花的殷殷寄情，等待着女主人温暖的拣选，温暖的体温。然而，再也没有恋衣惜裳的人可以穿上它，秀出中国古典美女的风华了。

最让歌迷流连不去的就是在二〇〇〇年五月才开放的赤柱故居。赤柱是香港南端的一个小城市，由于拥有美丽的欧陆风情海湾，渐渐成为游客非常喜欢的度假胜地，汇合了中西文化特色，小酒吧、西餐厅、各国的料理小店、夜市和艺品街都能吸引游踪。邓丽君有一次还在赤柱的艺品街买了一套紫色蕾丝的性感内衣送给明姊，要她穿了去迷倒她的丈夫，两人在街上笑不可遏。

邓丽君最喜欢光顾的是市场拐角的花店，有时她会买一些玫瑰，偶尔买些海芋或玛格丽特小菊回家插作，完全看她的心情而定。其次就是有各式各样水果的漂亮摊位，她有很长的一阵子几乎天天吃素，水果也成了主食，卖水果的小贩最喜欢和她攀谈，他们觉得她很美、很亲切，是完全没有架子的大家闺秀。

沿着山势的高低起伏而建筑的传统市场和店铺林立，展示着中外服饰和工艺品，品项之多几乎涵盖了日本、韩国、泰国、印度和尼泊尔等地的工艺品和银饰、衣饰，琳琅满目，而且价钱并不太贵，每年到此观光的游客不知凡几，可以自由自在地享受山城海隅的度假风情和血拼乐趣，有遗世独立的感觉。

闲暇时候，她喜欢沿着佳美道散步，经过赤柱小学运动场的转角，踏上斜坡小径，寻访赤柱市集的异国情调，赤柱新街的屈臣氏、赤柱村道的惠康超级市场和汇丰银行都是她常逛的地方。当地的街坊店主几乎都记得这位美丽女子，只是她享受宁静的时光并不多。"看到她神情愉悦地和大伙儿打招呼，恍若带来赤柱的阳光，烘暖每个人的心。"卖鸡的老板娘这么回忆着，虽然是愉快的记忆，却更令人分外感伤。

邓丽君爱逛赤柱的观光大街可能是她选择在此定居的一大诱因，她也挺爱吃这里的牛肉面和猪脚面，有时自己出去逛逛，还会带一包回来给明姊当宵夜。史蒂芬住在赤柱的时候，她们也曾三人一起逛夜市或四处拍照，邓丽君总是顽皮地吩咐明姊："如果在路上碰到熟人，你就说他是你的男朋友喔！"好在，这样的情况并没有出现过，不然高高瘦瘦的史蒂芬和娇小玲珑的明姊是怎么看都不搭配的，根本骗不了人。

赤柱正滩有洁白的沙滩和一望无垠的海岸，远方朦胧的地平线几乎与天际交融，游客喜欢在这儿享受阳光与海滩，邓丽君也常在这里游泳。史蒂芬到赤柱之后，海滩成为他帮邓丽君取景拍照最多的地方，史蒂芬担任摄影师，明姊就负责打灯光板。他们两人在黄昏时分牵手散步于海滩的足印，已被时光的潮水冲刷得干干净净，那并肩欣赏落霞的俪影，也被日日落去的太阳蒸融得无影无踪。

"旧游无处不堪寻，无寻处，唯有少年心。"如今失落的何止是少年心，还有那清丽温婉的倚楼人。赤柱一片伤心碧，走到海滩的人，面对海风撩起的故人之痛，很难不感慨万端，不潸然泪下。

▋睹物思人
不祥预感未曾化解空遗恨

我走访赤柱故居时，也惊叹邓丽君购屋的眼光果然独到。那建筑于半山腰的小洋房是那么出尘精致，两层式的独立别墅，庭院很大，整理得花繁叶茂，紫红色的九重葛、粉红色的蒜春藤、桃红色的日日春和大红色的帝王花，自在开落其间，不知是否是她生前所嘱咐栽种的巧合。碧绿的草皮修剪得宜，错落有致地栽种了比人还高的龙柏，墙边还有棵杨桃树。我去的时候正好杨桃花盛开，满地落英缤纷，正应了古诗中所说"细看不是杨花，点点是离人泪"，令人感伤难过。

屋外的淡淡清香是洁白的含笑花和玉兰花，厚实的山茶吐露着粉红的花苞，还有几株香港港花洋紫荆正怒放着，蓬勃的生命力似乎来不及分点儿给它的女主人。爱水果的邓丽君还种了荔枝、柠檬和番石榴，番石榴长得很大，她吃得很开心，直到现在歌迷会的人每年到筠园，还会为她祭祀番石榴解馋。有阵子，她还突发奇想盖温室自己种有机蔬菜，还养起小鸡来，后来发现园里有蛇侵入，会吃掉小鸡，宅心仁厚的邓丽君实在不忍心，才放弃养小鸡；秋来会结浑圆小红串果实的大南天，枝桠曲折如国画的罗汉松，苍翠有趣的观音竹……各色植栽，优雅生长，放眼望去，绿意盎然，整个庭园设计果然适合修心养性。

早些时候，邓丽君的家可以一览无遗地拥有宁静优美的海湾景色，哪知道没多久隔邻的半山腰盖起公寓式的明山别墅，就把左边的风景线完全遮蔽了。这不打紧，不久后别墅区为了居住者的方便，开辟了一条马路直通邓丽君家门口，形成明显的"路冲"，这不祥的大忌讳是俗称的"煞气到家"，曾引起她相当大的苦恼。

一九八九年，邓丽君穿着黑衣、黑鞋，开着新买的黑色奔驰跑车出过一次大车祸，从此她就再也没有穿过黑色的衣服；一九九四年十一月，她又在山下的加油站附近发生车祸，虽然是一场虚惊，却更使她对风水破坏之说耿耿于怀。直到林云大师为她设了某些避邪镇宅的法宝，挂横笛、挂宝剑、挂风铃、梁上系粉缎、玄关放佛像，才让她稍微安心，没想到，她还是逃

邓丽君赤柱故居中，桃红色调的浪漫卧室。

不过凶煞的不祥预感。

　　同时，在赤柱故居也发生几件不寻常的事，似乎曾预告着女主人的早夭，只是当时没有人去留意。一是原本园内有许多绿意盎然的典雅松树，在她过世的那一年竟然全部枯萎。松树这样耐命的植物，毫无理由地枯萎，实在令人匪夷所思；其次是为了风水之说，而在园中辟池养的金鱼和锦鲤，当她去泰国旅游度假的时候，一只一只相继生病死亡，最后只好都捞起丢弃，没有再养，不久邓丽君的噩耗就传来了；第三是，有一株不起眼的杜鹃不知何时起在园中悄悄长大了，紫红的花苞颇为美丽，但是邓丽君并不喜欢，她曾吩咐不要栽种它，理由是家中有杜鹃不好，因为中国神话中有"杜鹃泣血"的说法，没想到，花还没有拔除，人已芳魂杳远，留下不知所措的泣血人，对花问天，苍天无语……

　　赤柱故居的屋内布置简单又典雅。她喜欢的色系是桃红、粉红、紫红，家中就有浓厚的休闲风情，她曾和明姊两人花一天时间，把一张黑色的吧台改漆成粉红色，储藏室放洋片和 CD、录音带的矮柜，以及靠着很舒服的抱枕、靠垫也是粉红色的。飘着淡紫色窗帘的半圆形落地窗，有半圆形的小阳台式客厅。阳光洒在小圆桌上，可以远眺海面的风帆点点，喝一杯现榨的新鲜果汁，就是她莫大的享受；因为她认为家就是要好好放松身心，休息、享受的地方。

赤柱故居所设的小小灵位，
明姊虔诚上香问候。

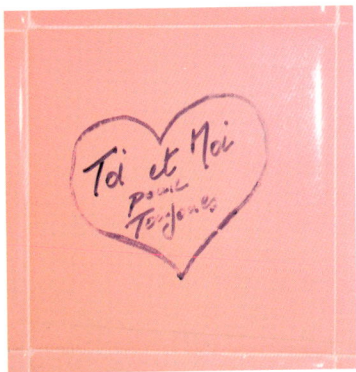

史蒂芬在瓷砖上用法文写的爱语。

比较特别的是她的闺房，十八世纪皇室风格的铜床，是她精心挑选的，因为有人说睡铜床会带来好姻缘，可惜并没有应验。床上铺着桃红色缎面床罩，精致的龙凤相戏图也没有为她召来如意郎君，浪漫地垂覆着粉红的流苏；枕头和四周垂挂而下的帐幔，绣满蝴蝶、花卉，就连窗帘都是同质料、同花色的绸缎，室内一片温润的粉桃系列，仿佛满室蝴蝶翩飞，浪漫得像古代公主的床，这些女红布置都是她一针一线缝上去的，手工的痕迹针针可循。

床边是简单的化妆桌，椭圆的镜面边上放着一尊天安门纪念女神的瓷像，显然很得她的钟爱。我去的那一年，床前还设着她的灵位，金美早晚一炷香地忠心守护着她。明姊一见到她的遗像就不断落泪，一支香燃烧了，因着泪眼模糊，久久还不插进炉中，仿佛有说不完的话要好好对她说。人去楼空，原来是这样的凄凉，那缎面的被衾触手冰凉，我肃然心惊而有无限感慨。明姊说："小姐生前爱干净，从来不准史蒂芬到她的卧房的。"长夜凄清，这么冷的衾被谁来温暖？"身无彩凤双飞翼"，可叹她在众多蝴蝶的环绕之下，竟然也自始至终没有找到真正"心有灵犀一点通"的终身伴侣。

浴室的瓷砖是粉红色的，摆满了大大小小的瓶瓶罐罐，都是清洁、保养用品和香水，在浴室的一片瓷砖上，有一颗用蓝色奇异笔画的心，里面用法文写了"我爱你"，签上了史蒂芬的名字。我可以想象他在用心签画时的深情款款，也相信在史蒂芬身上，邓丽君得到过甜蜜的恋恋真爱，那一颗心圈起的誓言，不能轻易抹去，一如一份真诚的爱不会轻易褪色一般，只如今没有相对欢笑的伊人，睹物思人，史蒂芬在赤柱最后一年的岁月想必很难过。但是，一切难挽，一切难挽，失去的何止是他的爱，他的痛呢？

如果没有遇见你，
我将会是在哪里？
日子过得怎么样？
人生是否有意义？
也许认识某一人，
过着平凡的日子。
不知道会不会，
也有爱情甜如蜜。
任时光匆匆流去，
我只在乎你，
心甘情愿感染你的气息；
人生几何能够得到知己，
失去生命的力量也不可惜。
所以我求求你，
别让我离开你；
除了你，
我不能感到一丝丝情意。

第五章

我只在乎你

一九九二年邓丽君回台湾时，"华视"曾做过一次独家专访，主持人陈月卿问她："唱过数百首歌曲，最喜欢哪一首？"她的答案是《我只在乎你》。这首歌词是她的恩师慎芝所写。慎芝在她刚出道时曾经一字一句地教她练唱，她所作的歌词，邓丽君唱得最多也最好，师生感情非比寻常。参加慎芝丧礼时，邓丽君的泪水一直停不下来；每唱一回，心痛一次，那天的受访，她也在录像棚清唱了这首歌，泫然欲泣，所有在场人员都为之动容。

这首歌原本的日文版《任时光从身边流逝》，也把她在日本发展的成绩推到最高点，是那时连日本歌星都无人能及的"日本有线大赏""全日本有线放送大赏"的三连霸，甚至于到今天都没有人打破这项纪录。从一九七二年年底赴日，到一九八六年接受日本这项至高无上的荣誉，十三年整的光阴，邓丽君可说是酸甜苦辣都尝遍了，她能奠定下华人歌手在外发展的最佳盛况，与日本有深厚的关系，这段时光虽已在身边流逝，却是她一生中分量、质量俱重的黄金岁月。

惊为天音
受力荐双十年华初探东瀛

溯源邓丽君与日本的缘分，要从佐佐木幸男的发掘谈起。一九七三年

年初佐佐木幸男到香港玩，香港的宝丽金制作部部长招待他到歌厅听歌，这场秀一共有十个人唱，之前几个他没有多大印象，直到邓丽君出来唱压轴，才唱了三首歌，佐佐木幸男就完全被她的歌声震撼住！那种温柔、亲切、婉约，非常适合日本人的胃口，他怀疑自己是不是酒喝多了，听力受酒精影响，评断不够专业。第二天，他决定再听一次，他找了最前排的位置，特意只点了可口可乐，滴酒不沾地耐心等到邓丽君出场。这次他更加震慑，他回忆当时的情景："那种歌声给我的感受只能用冲击两个字来形容，让我全身都专注到麻痹起来。"

第二天，他立即到唱片行买齐邓丽君所有已出版的唱片回旅馆听，两百多首，一首又一首很用心地听到天亮，越听越爱，不能释怀。那时他只有一个念头："这样的歌手，非把她请到日本签到手不可。"四天三夜的假没有休完，他就提前赶回日本的宝丽多，在公司里放给全公司的人听，一遍又一遍，请大家立刻决定要不要签她。当时在公司任管理部部长的舟木稔回忆说："我们当时都有佐佐木幸男明天就要把她签回来的感觉，公司几乎是全数无异议地通过，在我印象中，第一次我们完全没有任何阻力地顺利通过要签一个新人，那是绝无仅有，唯一的一次。"

那时候，佐佐木幸男并不知道这位年纪轻轻的女孩是红遍东南亚的台湾歌手，他立刻和香港宝丽金联系要签她，没想到香港那边却不推荐她，反而希望他们能签旗下另几位艺人。但是，当时几乎是着了迷的佐佐木，对任何人都提不起兴趣，一心一意只要邓丽君，他坚信自己的耳力，更确定自己的眼力，因为他在两次观赏她的演出中，从她的台风和外形上看出她的气质与教养，这是他觉得她的最大魅力所在。佐佐木说："以我在这一行的经验，没有任何一个合作对象像她这样让我震撼的，她到日本来之后

一九七四年，第十六回日本唱片大赏新人赏。

的表现，令大家钦佩，我也与有荣焉。事实上，她这样的宝，任谁去听了都会想要挖她过来，而任何签她的公司也一定会成功，我只不过是运气好罢了！"

佐佐木很相信缘分，第一，他去香港本来仅仅是纯度假，并非抱着去开发新星的任务，当时的心情是很放松随兴的，耳门也并未完全打开，锐利地寻求新声音；第二，香港的歌厅有数十家，偏偏他们会走进邓丽君唱压轴的那一家，莫非是冥冥之中真有指引？第三，邓丽君在东南亚各地演唱，排得到香港登台的档期其实非常少，竟然会在那几天内被他碰到，这真的就是一种奇缘。佐佐木眼中泛着泪光说："三十五年了，邓丽君在我心中的地位从来没有被任何人取代过，也因为发掘邓丽君的成功，以后陆续有不少中国艺人来托我帮忙，我都一概拒绝了，因为，我再也没有找到任何一个人是我打从心坎里想要做的感觉。"

这位邓丽君真正的"知音"，对她早逝的扼腕与疼惜，完全写在他泛红的眼眶里，中年男子不轻弹的泪，就这么一直忍着，何等宝贵啊！他指指自己的心口说："不管时光过了多久，想到她已经走了，我这里都还发疼！"我和同行的翻译被他的真挚言语深深感动，也忍不住落了泪。坐在一旁的舟木稔怕大家哭成一团，还特别说了一些邓丽君初在日本发展时闹出的小笑话，只是，大家笑中有更多的泪迸出。有什么样的知音会对她如此不弃不离地支持到底呢？这样的交情，早已超过劳资双方的合作关系，而是一种相知相扶助的情分啊！

一九七三年十一月，透过香港宝丽金的郑东汉帮忙，舟木稔带着担任翻译的佐井芳男一起到台湾说服邓丽君签订合约。舟木向她劝说，日本是歌手考验自己的最佳途径，能到日本发展成功，可以证明自己的实力，是相当有挑战性的。那时邓丽君有些动心，但是邓爸不同意，他不愿意目前状况已经非常好的女儿到人生地不熟、语言又不通的日本去吃苦，重新从一个"新人"做起，一定会受很多委屈。舟木也懂得这不是马上就能做出决定的，他没有立即要求答复，温婉地提议给她几天时间考虑。

第二次会面，经过六个小时又保证、又利诱、又赞美、又恳求的长期磨功，邓爸终于点头，他起身用非常凝重、非常审慎、非常不舍的口气重托给舟木说："我把女儿交给你了，你要好好照顾她。"握手的那一刻，看着一位父亲目光中隐忍的泪，舟木觉得自己双肩责任的重大，受过儒家思想教育的舟木心中告诉自己："受人之托、忠人之事，我会好好照顾她的！"

事实上，他这二十多年来也一直非常尽心照顾邓丽君和邓妈妈，即使在邓丽君过世之后，金牛座结算所有的唱片版税，舟木社长都一毛不少地全都如数算给邓家，每年五月八日一定来台湾为她上坟，甚至于千里迢迢从日本扛来邓妈妈昔日爱吃的日本米；数十年如一日。

当时，他看准可以签邓丽君的成因是：一、她在东南亚已经很红，必然有她不容小觑的魅力和条件；二、她从小听过日本歌，在舞台上已经能够演唱日本歌，而且非常到位，是日本人所熟悉的，不会因国籍不同而有隔阂；三、她的态度自然、音色清澈，是少见的佳质，绝对可以雕琢成美玉；四、她可以运用中文、日文一起表演，话题更多，空间更大；五、她还年轻，足堪造就，演唱的路子可以走得长长远远，前途不可限量；六、她圆圆的脸，清纯的长相是日本人很容易接受的，也就是长得很有人缘。是的，人缘就是"饭缘"，凭着舟木的敏锐观察，不管多难，他都要亲自来请邓丽君与日本宝丽多签约，为了让母女俩安心，先说好了，请她和邓妈妈到日本去视察环境，适应一下。

邓妈妈回忆那段日子，是相当写意的时光，日本方面非常大手笔地供吃供住，没有任何工作或条件，只是带她去电视台见见场面，了解日本流行歌坛的生态，比起台湾、香港都要有规模、有体制得多！她们俩逗留了近一个月，学日语、听日文歌、吃日本料理、看古迹名胜，邓丽君的心越来越愿意接受挑战。母女俩回台湾过春节，二月之后才再度踏上日本的土地，三月一日推出了第一张邓丽君以 Teresa Teng 为艺名的日文专辑《是今夜或是明宵》，然而，市场反应并不算好，只在全日本畅销歌曲排七十五名。

第一张唱片不够理想，令大家对佐佐木的眼光抱以怀疑态度，当时立即召开了制作会议，决定是不是要继续推她。舟木稔记得投票的结果，

一九七四年，日本发行专辑。

十五个人投反对票，只有四人决定坚持，佐佐木幸男当然是四个人之一，他非常激动地请大家再给邓丽君一次机会，他甚至说出"如果这一张再不成功，我就辞职不干"的重话来。

最让舟木稔感动的，是邓丽君本人一再检讨自己的虚心态度。他表示："第一张唱片卖得不好，事实上大家心知肚明，这首歌的词曲都不够好，宣传也不够用心，加上她是一个默默无闻的新人，公司当时根本没有全力去推，其实邓丽君早就知道是选曲和她的型、她的歌路都不对的问题，按理来说，她可以据理力争，但是她连一句抱怨的话都没有。"

正如佐佐木所言，她非常有教养，也十分感性，唱片卖不好，她归咎于自己，认为是自己的努力还不够，发音不够准，歌声辨识度也不够，反过来安慰制作人。而且，她并没有因为这样的挫折而气馁，反而更认真在发音练习和感情表达上做改进，她承受一切新人可能有的遭遇，包容、担当、忍耐，而且能屈能伸，勇于再接受挑战。舟木稔语重心长地说："在我担任日本唱片公司负责人的三十年生涯里，见过形形色色的歌手，有如此涵养的，邓丽君是绝无仅有的一个。"

制作人也表示："如果她肯抱怨就好了，偏偏她毫无怨言，这得归功于邓妈妈的家教好，年纪这么轻就这样懂事、谦虚，又懂得自我要求，真的值得敬重。邓丽君的美德让制作人的压力反而更大，加倍地觉得不好意思。"

▌重新打造
转型后的成功获奖得肯定 ▌

也许大家被她的坚毅态度所打动吧！舟木稔也察觉自己要负责任，认为他们一开始所走的方向不对，因为《是今夜或是明宵》是那种十五六岁的少女蹦蹦跳跳、活泼淘气的歌，并不适合二十一岁的邓丽君来诠释。第二张唱片他们改弦易辙，逆向操作，给她唱了一首有些哀怨，味道成熟的《空港》，这次的转型，果然一炮而红！六月五日推出不到一个月，就挤入排行榜前十五名，更一举获得新人赏、电视赏、银赏，销售量突破七十五万张以上，并当选"一九七四年最佳新人歌星赏"。佐佐木幸男总算扳回了面子，庆幸自己终究没有看走眼。

这段时间日本富士电视台的制作人王东顺，给予母女俩很大的帮助，他以专业媒体人的经验，告诉她许多日本演艺界的现况，她也不断提出问题，急切地想了解即将在此攻城略地的大环境，碰到困扰的问题也只有信任这位王大哥。譬如，她原本并不了解，在日本上节目，艺人所穿的衣服并不能由自己决定，要由经纪公司先行协调安排，避免与别人"撞衫"。万一和大牌穿的一样，新人就要临时去换，不得有异议；在日本的辈分观念很重、很严，晚辈尊敬前辈是必然的，新人必须主动和每一个前辈打招呼。不过这些都难不倒她，在台湾她就是个有礼谦虚的人，所以来日本没多久，

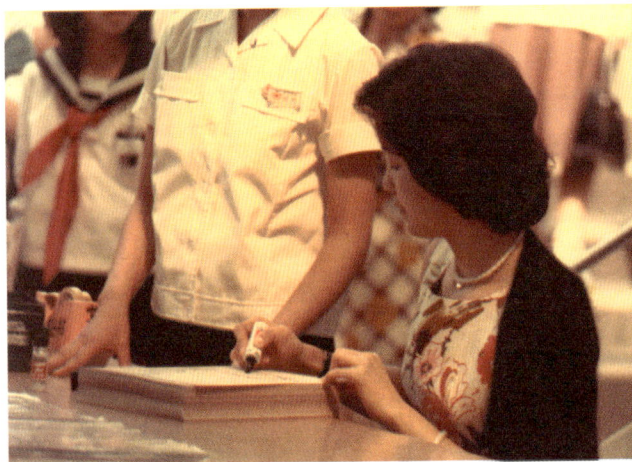

走红后，邓丽君于日本三越百货举办签名会。

《空港》专辑推出，果然大卖！

许多大牌明星对她的风评都不错；有一次，老牌歌星宇宫称赞她的白色缀珠旗袍很美，她立刻就把这件旗袍送给她，让宇宫又惊又喜。

她到电视台上节目，王东顺就带她熟悉环境，也教邓丽君讲日文，她则教祖籍山东的他讲中文。王东顺觉得邓丽君很快就会说一口流利而优雅的日文，纯粹是因为天分，她的发音很漂亮，还会一种难度颇高的鼻浊音，耳力更是惊人，她能把日文歌唱得好，发音占极大优势。

那时，她们母女俩还住在饭店，是那种有大榻榻米的房间。她会找一群人到大房间来玩，邓妈妈也会包水饺请他们吃，她没有一点架子，和每一位工作人员都相处得很好。邓丽君非常清楚，她在日本想要成功，必须仰赖周遭朋友的共同努力，也因此，日后她每次得奖都是开派对与所有工作人员分享，谢谢大家对她的照顾，一点也不骄傲，更不会居功。

在王东顺的印象中，邓丽君除了学语言超厉害，开车也很行。她常开着车载他和几位朋友去郊外玩，最爱去伊豆温泉、三养堂等高级旅馆泡汤，吃东西也只找那几家熟悉的店，直到吃腻为止。在王东顺的印象中，让他一辈子都忘不了的是，有一回他们一伙人去卡拉OK玩，她没有用麦克风，就在他耳边清唱，那种温柔与诚挚的感觉美得不得了，几乎让他心头小鹿乱撞，直到现在提起来，都觉得心中甜滋滋的。想到她不在，这份甜就转成了一抹苦涩；王东顺微笑着跌入难忘回忆中，说了好几次："她真的很能清唱，很能唱！"这种机会再没有第二次，却留给他一生最好的回忆。

九月中，富士电视台特地到台湾的北投邓宅拍摄她的家居生活和专访，返日之后，她不断参加电视节目演出，打响在日本的知名度。十月十九日，富士电视台播映了《新宿音乐祭》实况录像节目，这是由新进歌星所参加

邓丽君在日本家中的休闲照，
显示她越来越适应日本生活。

邓丽君在浅草游玩，开心模样活泼可爱。

的歌唱比赛，凡是一年内初次登台的新进歌星才有参加资格，得分最高的颁给"金像奖"；次高的颁给"银像奖"；再其次的则颁给"敢斗奖"鼓励。预赛在九月二十二日举行时，由各唱片公司推荐了一百零六个新进歌星参加，录取了二十人进入决赛，邓丽君、尤雅和秀兰都包括在内。

决赛时规定，新进歌星每人演唱自选曲一首，评审委员就其歌唱能力、个性、舞台风度及将来的发展性等四个项目评分。经过两小时的演唱和将近一小时的评分之后，邓丽君所演唱的《空港》，以五八五点五分获得了银像奖第一名，这首歌后来又得了"圣广场音乐祭"的热演奖，以及十一月十九日荣获的第十六届唱片大奖的新人奖。

日本的歌唱评审们对给奖一向相当审慎，唱片大奖的得奖歌星评审工作，是由主办单位邀请音乐歌唱界专家共四十三人担任，就各唱片公司所推荐的候选歌星所录的唱片进行评审。因此，每位工作人员总共听了候选歌星的单曲唱片五百九十八首，大张唱片一百六十五首，再经过多次票选，才决定得奖歌星的人选，整个评选工作过程长达四十八小时。这样严谨挑选出来的歌星，并不能马上拿到实至名归的奖，而是要在现场表演后，证明有现场演唱的实力，而非在录音室后制修带的效果，才能领奖。同时，还得在东京帝国剧场演唱一次，证明所选出来的人果然有真正的实力，这让邓丽君在得奖后，心情激动，喜极而泣。

一九七五年一月邓丽君在日本溜冰跌伤，二月回台湾过春节时，邓妈妈来接机，从出境口一看到她打着石膏，坐着轮椅出来，几乎立即晕倒在机场，忙了好一阵子才解决这场混乱，反而是她不断安慰妈妈。其实，邓丽君十来岁就开始学溜冰，溜得相当不错，那次却跌伤了，且伤了她最引以为傲的美腿，又不知道会不会复原，着实让她焦急。日本的影视界很现实，

165

在《新宿音乐祭》获得铜赏及审查员特别奖励赏。

在《新宿音乐祭》节目中献唱《空港》。

只要排了通告，就算是受伤也要照样上节目，没什么可通融的，敬业的邓丽君每次录像都只能坐着打歌，镜头只能带到上半身，两个月后拆掉石膏，才算熬过那段辛苦的日子。邓妈妈抚着胸口说："好在她的腿还是又直又美，我真是担心她要坐一辈子轮椅啊！"

一九七五年三月她推出《夜雾》，七月推出《夜的乘客》专辑，再度获得日本第十八届唱片大奖和日本"新宿歌谣祭"新人赏。同时期，她也和香港宝丽金签约。随后在新加坡、吉隆坡等东南亚各地演唱，忙到十月才返回日本，

在日本滑雪时腿受伤，邓妈妈担心得差点儿晕倒。

一九七六年一月发行《爱的世界》专辑，三月在香港利舞台举办三场个人演唱会。那时，她特地邀请日本的二十人大乐队为她伴奏，日本的当红艺人本乡直树为她做节目串场的特别来宾。这场演唱会，让日本宝丽多同行的经纪人一票人亲眼见识到她的巨星魅力，感受到她受欢迎、受风靡的程度，才知道这两年来，日本对她的新人待遇，其实她可以完全不必忍受，但是她为了挑战自己，却本分而认命地承受一切。

不争不求
最佳新人奖背后的新人泪

　　刚开始到日本的时候，语言不通，饮食不惯，生活习性也不同，曾让邓丽君哭过好几回，邓妈妈看她天天都不开心，心里很难过，常常对她说："算了，我们不必忍受这些，还是回家好了。"但她总是抹干眼泪说"不"！她不想认输，回去就表示她被日本歌坛打败了，也会辜负所有看好她、推荐她的恩人，所以，她一定要拼下去。果然一年不到，她的日文就说得呱呱叫，寿司和沙西米也渐渐能接受了。

　　为了说好日文，她把注音符号、汉字、英文音标、罗马拼音全用上，歌谱上写得满满只有她自己才看得懂的批注，读起来都吃力，更别说是配合音乐唱出来；况且还要深入了解歌词的内涵和情感，再揣摩出表情、搭配出动作，辛苦可想而知。还好，日本歌坛有固定同一首歌就一直反复打歌的惯例，三四个月的宣传期，她可以走到哪儿都重复唱同一首歌，一轮下来也滚瓜烂熟，自然是越唱越好；但是日本人非常重效率，宣传期间几乎是马不停蹄地掐准时间拼命做，演唱、上节目、访问、办活动，有时一天要赶六七个不同的地方，中间连休息半小时的时间都没有，非常疲累。

　　此后数年，邓丽君上了不少日本的平面媒体和电视节目，有一度还频频上搞笑节目，扮演武士、小妹、旅馆按摩师等角色，造型非常可爱，台湾的媒体曾为她抱屈，她自己却认为那也是一种表演艺术，不以为意；一九七八年是日本喜剧志村大爆笑最受欢迎的时候，邓丽君也参加《志村全员大进击》的短剧演出。这个节目的剧情虽然很无厘头，但收视率很高，许多日本一线的歌星艺人偶尔都会来客串演出一两集，邓丽君倒是并不排

参加志村健主持《八点！全员集合》录像片段。

斥，尤其她是万绿丛中一点红，志村健和高木布都把她当宝贝，她说，有时演一演自己都会笑不可遏，很好玩。

还有一点是比较少人知道的，邓丽君不只自己的歌唱得好，也很擅长模仿秀，有一次在日本教育电视（NET）播映的《歌星模仿大会串》中，她就学森进一唱《港町布鲁斯》，森进一是男歌星且歌声略带沙哑，被她戏称为是"醉猫"唱法，却模仿得惟妙惟肖。更绝的是她把后半段的歌词改唱成中文发音，现场有两千多观众都给予热烈的掌声，那是日本电视台第一次播映中文演唱的歌曲，第二天的日本各家娱乐报纸上还津津乐道这件事。

另一件温馨的事是，北海道有一位歌迷正在生病，她听了邓丽君的歌，病情不知不觉地渐渐好转，歌迷非常感谢邓丽君，所以节目制作单位特别在某个节目中，意外安排这位歌迷在节目中和她通电话，让邓丽君临时在节目中对着话筒直接唱给这位歌迷听，当时邓丽君边唱边流泪的画面，也感动了不少观众。

这段时间内，她同时在香港灌录唱片，在马来西亚槟城、吉隆坡及新加坡等地往返表演，从各地的名声中赢回自信与自尊。然而在日本，她必须常常接受公司安排的夜总会或银座演唱，也就是俗称的"热海"，车程上要忍受一两个小时的颠簸奔波，这些她都可以忍耐，最难过的就是那听歌的客人并不尊重歌者，常常闹酒、喧哗，甚至于起哄、大声喊"脱！"。在这些并非专门来欣赏歌艺的醉醺醺客人面前表演，对邓丽君来说简直是一种莫大的屈辱，何况还有些有势力的客人会要求台上的歌星唱完之后，到他们的台桌去"坐一下"，甚至还要帮客人倒酒，更不像话的是还有醉客毛手毛脚，这样的屈辱她都默默忍受了。

"热海驻唱"是在日本当歌手的必经过程。
图为邓丽君于东京银座演唱。

邓丽君从小对歌唱事业就很看重，这样不受尊重地到处演唱有违她的本意，回家只能和妈妈抱头痛哭。她不止一次为了这件事向舟木社长哭诉不要参加那样的场合，她只要靠唱片版税收入就够了，不在乎这种演唱的丰厚收入，但这是在签约之初就规定该对渡边公司尽的义务，舟木也无能为力。

日本的艺能界生态相当特殊，邓丽君属于宝丽多公司，而唱片公司本身并不负责歌手，而是委由渡边公司来做她的经纪公司。渡边当时是专门经纪全日本当红歌手的顶尖公司，新人更必须与唱片、经纪两公司双方密切合作，他们一开始就和邓丽君签了长约，而上搞笑节目、下"热海"驻唱、接受访问等，都是新人必须经历的宣传路径。她从来没有因为她在东南亚的声势而拒绝配合公司的宣传策略。尤其"热海"驻唱是她的经纪公司渡边公司的策略，由旗下的歌星轮番驻唱，由资深的带一位新人，而各演唱场所就是渡边训练歌星的地方。最初她被人带，日后她也带新人，近年在日本走红的早见优就是她所提携的后进。后来，在她不断力争之下，才结束这样的巡回演唱方式，她在日本只为自己争过这么一件事而已。

不忘本真
中国风味赢得日人喜爱

一九七七年，邓丽君在日本动了一个小手术，在她的前额中央长了一个小肉瘤，到东京看医生才知道还好早来检查，再迟一个月，可能就会转为恶性肉瘤，不排除有脑积水或脑癌的可能性，她吓得马上住院把肉瘤割掉，缝了十针，休养了一段日子，也因祸得福有了小小的假期，回家开心地与家人团聚。过了春节，虽然身体微恙，并不影响她的工作量，这一年她在日本、香港所录制的唱片都有不错的成绩。

那时，邓丽君已迁居到涉谷神宫前的公寓，当地有"东京小巴黎"之称，神宫前六丁目大道中间有树，两旁是精品店、时装店、露天咖啡座，颇有香榭丽舍的味道，加上楼上楼下的邻居都是中国人，邓妈妈有了聊天的对象，不再无聊，餐饮上也常吃得到中国料理，使她心情愉快，精神饱满，邓丽君的生活开始渐入佳境。

日本剧场公演。

日本人尤其喜爱邓丽君的旗袍装扮。

在东京新桥市民会馆献唱。

她的邻居臧志芳形容，邓丽君是个贴心而有礼貌的人，她很爱到她家做客，爱吃山东籍的臧妈妈做的炸酱面和炖鸡汤。那时臧家两姊妹都在上美国学校，她就和她们中文、日文、英文掺杂着讲，邓丽君特别爱看史努比的漫画来学习英文，也喜欢逛街，买衣服、买首饰都给妈妈也买一份，非常孝顺。一九八四年开始她的全盛时期之后，每次到东京她依然会特地来拜望臧家，非常念旧。臧家姊妹到香港去玩时，她也全心全力地尽地主之谊接待她们玩得尽兴。有一阵子她迷上了滑水运动，每天把自己晒得黑黑的，一点也不在乎能不能白回来。

算算她在日本前后五年，总共出了八张大碟、十二张细碟，每张唱片都能挤入前三十名排行。这在日本歌坛并不容易，何况邓丽君是一个新人，一个外国人。她的演唱能够如此有特色的原因之一是，在日本每次公开演唱或担任特别来宾时，一定会唱一首中文歌曲，这是渡边合约中的规定，要把她塑造成一个标准的中国女歌星形象。

她非常配合地从台湾或香港订制旗袍登台，邓爸就常从台北带新款旗袍到日本给她。邓爸是一个具有中国情结的人，不大喜欢日本，往往一到日本住个两三天就嚷嚷着要走；后来，日航公司有位高级职员是邓丽君的歌迷，他十分乐意且深感荣幸地当了邓丽君的"义务运输部长"，这才得以让日本观众一睹旗袍的丰采，邓丽君的旗袍装扮在开衩部分会露出她修长的美腿，迷倒了无数日本人。

独特的中国歌手形象，是邓丽君能在日本歌坛中站稳的原因之一，三年来，她的唱片销量和演唱成绩连连获奖，以及经常能上各电视节目参加演出的"社会知名度"，都足以列入日本"艺能人"包括影视歌三栖的前一百名内。香港和台湾的歌星到日本发展常必须"完全日本化"来博取歌迷，

一九八四年，于"日本有线大赏"上获奖。

但谈何容易，外来歌手在高手如云的歌坛中想熬出头，没有独树一帜的"型"让人认同，根本发挥不出特色来，邓丽君多年来能稳住"艺能人"的名列前茅，渡边公司所强调的中国形象是致胜的策略，也是邓丽君的聪明之处。

最初，邓丽君还十分担心日本人要把她改造成另一个人，但相处一段时间后，才发觉他们无意要她改变，反而就要她的原来面目：在歌艺上如此，在生活上也如此。虽然她拼命地学习讲日文，学礼节，还是不习惯日式文化。

邓妈妈回忆她们有一次去欣赏"茶道"，整个过程必须半跪着，两个小时勉强撑下来，弄得母女俩大呼吃不消，再也不敢领教这一"道"。她的休闲活动顶多是去看场电影，这也使得她始终没有"日式化"，并且一直维持着含蓄谈吐、优雅举止的中国女性矜持，光这一点就迷倒不少歌迷，每当她穿旗袍出现时，一定被歌迷包围要求签名，可见得不忘本真、维持中国风格的重要。再则，日本的当红艺人也喜欢中国歌曲，她常教日本歌迷或歌手唱《高山青》等简单、易学的歌曲，山口百惠、梓道代及男歌手泽田研二都跟她学过中国歌，森进一与山口百惠更成为她的好朋友。甚至随着邓丽君带来的中国热，她也上过电视秀了一手中华料理"红烧排骨"而大获赞赏。

一九七七年她在日本获有线放送大赏，这个奖是所谓的"五十圈"，也就是日本全国每周的唱片销量统计，能进入五十名内便上榜，会被登载在全国报纸与大杂志上，从一九七六年到一九七七年，邓丽君每张唱片在日本都进入五十圈，也是相当不容易的纪录。

一九七七年十一月邓丽君推出新曲《你的怀念》，为了抢一波"圣诞攻势"，她参加一连串的宣传活动，其中有一场别开生面的"新曲面世纪念单车赛"，挑选了一百名报名的少年，在东京神宫外苑的宽阔大道绕圈进行比

自行车骑得那么好，连世运选手都惊讶。

赛，由日本的冠军世运选手中野浩一和邓丽君联合主持"开骑"典礼。中野关心地问她："会骑单车吗？我会扶着你的车把，你放胆骑，不会跌倒的。"哨子响起，邓丽君和中野浩一并排骑得四平八稳，保持她甜美的商标笑容，世运选手大为惊讶，他怎么也想不到一位当红女歌手的自行车可以骑得这么溜。殊不知，邓丽君读初中时每天都是骑自行车上学，早就练得好身手，这场比赛也被大肆报道，让她的青春、健康形象不胫而走。

本来她的歌唱事业应该是自此飞黄腾达，扶摇直上了，却万万想不到在一九七九年二月，发生令人意外的"护照风波"，几乎断送她在日本打下的江山。

护照风波
因祸得福的人生大转折点

邓丽君的"护照风波"可说是她生涯中最大的一件负面报道，但也是她人生的重要转折点，整个事件的始末，经过向邓妈妈、舟木稔以及相关人员的多次求证后，才勾勒出一个完整的面貌。

一九七九年二月十三日下午四时十分，邓丽君从香港只身返台，当时她并非要入境，而是从台湾转机飞日本。但是当天下午飞日本的班次全部客满，只能明天再走，因为她所持有的护照当月已办过一次过境，按规定不能再办第二次，她就拿出一本Ｄ○○三一二四号的印度尼西亚护照，上面用的是印度尼西亚名字"邓古蒂丽"，海关官员明知她是邓丽君，怎能如此蒙混过关？当然还是拒绝她入境，她只好再飞回香港，第二天搭乘华航班机飞抵羽田机场，入了日本国境。

这件事发生时，刚好有报社记者在场，她在台湾使用印度尼西亚护照的新闻，却已透过各国通讯社发送出去，引起印度尼西亚当局的严重关切。十五日，印度尼西亚驻日本大使馆便通知日本入国管理处东京事务所说有一名中国女子持用假护照通关，日本的入境机关立即展开调查，十六日中午会同印度尼西亚大使馆馆员在邓丽君下榻的希尔顿东急饭店找到了她，十七日将她留置在港区港南三丁目东京事务所的收容所内。

经过一个星期的调查，查出事情的真相是：办理日本出入境手续很麻烦，一位印度尼西亚颇有地位的友人送给她一本印度尼西亚护照，很多艺人也为了签证方便而使用两三本护照，邓丽君觉得没多大关系，就用这本护照取得了日本签证，图个方便，拿出来使用一下。

印度尼西亚大使馆查证出护照果真是由印度尼西亚政府发出的真护照，并非伪造，也不是向伪照集团购买，而是正式核发，没有理由定她的罪，既然护照是真的，日本签证也是合法的，日本入国管理局便裁定"无罪开释"。但是，依规定必须践履"一年之内不能再进入日本国境"的限制，等这一连串的调查、裁定完成，已经过了整整七天，他们询问她的个人意见，就同意她飞美国，直接从收容所送到成田机场，在二十四日结束这场风波。

事发当天，舟木社长会同宝丽多的律师和邓妈妈及有力人士到处奔走，想保释她出来，也接受了入境局的问话，证明她只是图个方便，并没有做坏事，他们还拜托了法务部的高官帮忙关说，却都无法通融；邓妈妈和舟木只能到收容所和她会面。她表现得很镇静，很坚强，表示在里面很自由，每个"难友"都对她很好，请他们不必担心，等真相调查清楚就会放她出去了。

收容所里的警备课官员回忆当时的情形是，刚开始邓丽君难过得掉眼泪，但不久就恢复正常，并且和所有关在里面的姊妹们打成一片。她的进退应对十分有礼，而且非常坦然，连看守员都很喜欢她。她从来不因自己的身价不凡而抱怨收容所的简单便当，要求"更换伙食"，还会称赞便当很好吃。默默吃完，收回便当时，还不忘对工作人员说"谢谢您的美食"，让管理的官员十分难忘！

当她在二十四日被开释后，收容所里来自泰国、中南美等等各个国家的一票难姊难妹，还为她举办小小的欢送会，她向每个人握手致谢并道别，临行还唱了一首国语歌来"安抚"继续留置在这里的她们，步出收容所时还向警备官员们一一感谢她们在这段时间内的照顾，所有的女犯们扒着窗口、用目光含泪送行，这是收容所有史以来最温馨的一页，至今，女看守员都还记得这个可爱的、独特的中国女子。

邓丽君在成田机场诚心诚意地道歉，亲笔写了一封《谢罪文》，向关心她的歌迷表示："给各位带来麻烦和挂念很过意不去，我在美国结束演唱活动还会再回来的。"当时有许多拥护邓丽君的日本歌迷舍不得她走而泪洒机场，并发出要她"绝对回日"的呼声，可见她受欢迎的程度并不因这件风波而损坏了人们对她的印象。但是，台湾传媒却在没有求证的情况下，不但多方谴责她的行为，更报道她被日本永远驱逐，不得入境，更给她冠上了泛政治化的背叛罪名，两相比较之下，让她非常失望。

这个风波所引发的慨叹，让如日中天的她萌生倦意，她想要在美国好好读书，充实自己，过自己想过的日子。那段悠闲的岁月，她天天穿着T恤、牛仔裤，过着大学生的单纯写意生活，没想到在美国的几场演出受到空前好评，华侨们简直爱死这位能唱出优美祖国歌曲的好声音，抚慰了他们的乡愁与身心。更没想到正在改革开放的大陆，在此时已如火如荼地吹起"小邓风"。

一年七个月的阔别，她不仅未曾断送演艺事业，反而成为世界级的知名歌手，台湾方面不断地透过各种关系请邓丽君回来开个人演唱会，她淡然地并不想冒险回那曾把她批评得体无完肤的故乡。后来，有一场重要的演出活动邀请了邓丽君，这才促使她相当光彩地返回台湾。

在日本方面更是"祸兮福之所倚"，一年限制期满，她依约回到日本，当时为了"护照风波"，宝丽多蒙受舆论各界的谴责很大，大家都认为她的演唱生涯已经结束，没有任何兴趣再做她了，她本人也没有意愿再续约，和宝丽多的关系就自动终止。但是，舟木稔并不愿从此就失去她。一九八一年，他脱离宝丽多，带着一批愿意跟他的人，自组"金牛座唱片公司"，舟木担任副社长，社长是五十岚，他们希望邓丽君加盟新公司，加上佐佐木幸男和名制作人福住等最信赖她的组合阵容，终于说动邓丽君，再次与舟木合作。

一九八〇年九月二十一日，邓丽君在赤阪举办了"再出发记者招待会"，

"护照风波"之后，在东京开记者会解释情况。

接受成群歌迷们献花，以及八十多位日本报社及电视台记者的访问。记者会上几乎每位记者都咄咄逼人地询问使用外国护照的旧事，邓丽君诚挚地回答，当时并不知道这样不合法，不少人使用外国护照很便利，所以她也用了。记者又逼问难道不知道用钱买护照是犯法的吗？她再度摇头说明并没有用钱去买，宝丽多唱片公司负责人佐佐木也出面澄清：那是印度尼西亚政府正式发给的护照，他仔细地再叙述一遍当时经过让记者完全了解，证明她不会再重蹈覆辙。

在她已经快要招架不住的时候，有一位记者说："我们问得这么详细，是希望向关心你的千千万万听众有清楚的交代，能继续保持对你的美好印象，这对你是好的，期待你日后能有更好的成绩。"邓丽君听了这番话，当场就感动得哭了。她沉默了一会儿，镇静地向所有人致意："那时候，我年纪还小，还不成熟，的确有做错的地方，我已经反省改过，也要好好学习，不再给大家添麻烦，我要做个好歌手。请各位多多帮忙。"她拿出不诿过、不逃避的勇气，态度诚恳地认错，当众道歉，赢得了在场媒体记者由衷的掌声。她道谢并擦干眼泪，恢复了原有的自信，再出发的脚步也有了好的起步。

日本复出
创下前所未有的亮眼佳绩

　　一九八四年元月她复出后的第一张单曲唱片《偿还》正式发行，起初受"护照风波"的影响，公司大多数同事并不积极推她的唱片，甚至有人打赌，如果这张唱片能够畅销，他愿意在表参道倒立着走。她的唱片样本塞在纸箱没人理会，负责做她宣传的西田裕司只好想办法做了战略性的正确选择，使《偿还》这首歌在大阪着了魔似的大卖起来。

　　上半年的点唱纪录本来由中森明菜居首的，到了下半年度已经被《偿还》所取代，并持续保持在年度十大金曲之列，卖绩一路顺畅竟超过百万张！这首歌旋律优美，邓丽君又将之诠释得丝丝入扣，舟木稔非常有信心。她改变了清丽的造型，走向圆润成熟的路线，声势持续上涨，慢慢从大学女生、家庭主妇到中年男士都喜欢听。《偿还》越来越受欢迎，历经年余而锐不可当，终于在年底 TBS 电台所主办的"日本有线大赏"中获得提名，更击败六位强劲的对手而夺下"第十七届日本有线"及"全日本有线放送"两项大赏，赢得"年度最受欢迎歌曲奖"，甚至于到来年的发行满一周年为止，都还在十大金曲的排行榜上维持第七名。

　　那时，日本人形容邓丽君的歌声是"珍珠般晶莹剔透"。接下来的两年，她又分别以《爱人》和《任时光从身边流逝》拿下"第十八届、第十九届日本有线大赏"及"全日本有线放送大赏"，这是日本空前的纪录，破天荒的三连霸，直到今天还没有被任何人打破，而她在每次颁奖典礼都喜泪涟涟，也给日本歌迷留下深刻印象。

　　为什么得到"日本有线大赏"这么高兴？原因是这个奖实在太难攻克

邓丽君创下的三连霸纪录，至今仍无人能敌。

了！日本有线大赏在东京举行，"全日本有线放送大赏"在关西举行，这是日本全国性的大奖，颁奖时获提名者一字排开站在台上，宣布得奖者可获百万日币和奖状，另有纯金打造的奖杯，是一名女子手上高举圆盘的优雅雕塑。这两个奖并没有任何评审员，而是由一整年全国观众的点播次数来决定，换句话说，获得关东地区的日本有线大赏，并不代表一定能摘下全国性的"全日本有线放送大赏"，因为要在全年的观众点播次数统计出来后，次数最高的歌手才能赢得殊荣，完全不掺评审个人偏见，而是全国观众来决定的。

《偿还》获得两项大赏之后，金牛座全公司上下都信心大增，一九八五年二月二十一日，他们再推出由三木作曲、荒木作词的铁三角阵容所合作的《爱人》，一开始就在日本广播排行榜上缔造连续十周蝉联冠军的纪录，接着在五月二十日到八月十九日的当季有线放送点播率上，也创下连续十四周第一名的纪录，年底的次数统计《爱人》在有线放送的点播次数竟然累积了高达九十五万次，相当于六百多个点播站，每天都要被点播四五次以上，这个数字简直令人匪夷所思，年底进入红白对抗战时，她以一袭红色薄纱的唐朝美女扮相来演唱《爱人》，更造成了让人难忘的印象。

一九八六年《任时光从身边流逝》同样得到"第十九届日本有线大赏""全日本有线放送大赏""日本唱片大赏"金牌奖和最受欢迎歌曲奖、最受欢迎歌星奖，顺利地再度打入红白对抗；算来，《空港》卖了约八十万张；《偿还》约一百五十万张；《爱人》约一百五十万张；《任时光从身边流逝》约两百万张；《别离的预感》约一百五十万张；这样的销售量对一个很少留在本地做宣传活动的外国歌手而言，真是相当惊人哪！

邓丽君在日本，宝丽多时期灌录了一百五十首，在金牛座则有一百首，还不包括代为制作的中文唱片，这样的生产量是惊人的，尤其是量丰而质也精，包括单曲唱片、大碟、纪念盘加在一起共有一百二十多张。在一九九五年五月二十日前估算是出了二千二百万张，这是合法的出版品，如果再算

登上红白对抗战，
以一袭红色薄纱的唐朝美女扮相来演唱《爱人》。

上"盗版"就可能超过七千万张，这样的成绩不只在日本，恐怕在世界也可能是纪录保持人吧！

舟木社长算算邓丽君这几年一个人给金牛座所赚的就超过一百亿日元，即使是每张版税要付她百分之二十的版税，公司都还大赚。她去世的当天下午，全日本买不到一张邓丽君的唱片，大街小巷的唱片行全被抢购一空，金牛座的办公室几个月下来，电话都没有停过，全都是要求补货再补货的接单，那阵子，他们疯狂地重出她的唱片，每次推出都被一扫而光，这样的热潮直到一年之后，才稍稍减退。

完美告别
日本唯一超级个人演唱会

《爱人》一举囊括了"第十八届全日本有线放送大赏""日本有线大赏""有线音乐赏"和"最畅销歌曲赏"四大奖项，金牛座一看邓丽君受欢迎的声势高涨，认为机不可失，开始计划让邓丽君举行一次盛大的个人演唱会。一九八五年十二月十五日在东京的 NHK 人会堂， 场定名为"ONE AND ONLY"的演唱会，未唱先轰动，门票在三天内销售一空，入场券一张要五千日元，黄牛票更喊到每张三万日元的高价，演唱会的大成功，更让她的声誉如日中天，金牛座光是为她办的庆功宴就耗资千万日币，可看出他们对她的重视。

邓丽君此时已站稳了名列前十五名明星的地位，她以纯歌艺取胜，而像她这一类专唱抒情歌曲的歌手在日本最多，也最容易被淘汰。邓丽君期待再给自己挑战，她相信日本是给歌手尖锐竞争、不断向上而保持成就的

最佳地方，想要激励不辍，就只有留在这里接受挑战。而她在日本最大的收获，就是歌艺的精进与歌路的改变，她认为过去唱歌只想到唱好，不敢过分发挥自己，到了日本才了解所谓的"整体表演"的意义，她学会了放开自己而尽情表现，更收放自如，秀出自己的品位。

NHK 这场演唱会的舞台、灯光、乐队、气氛都是一流的，配合她穿着白纱新娘礼服的造型，她娓娓唱出一首又一首令人如痴如醉的歌曲，舟木社长和所有的工作人员在台下看得眼睛发热，掌声像起伏的波浪在场内流动，热情的观众情绪被她牵动着，她在舞台上明亮照人，沉稳优雅，NHK 的全程录像画面，在她逝世后的每年都一定会回放又回放。令舟木社长感慨的是，当时他们把名字定为 ONE AND ONLY，没想到一语成谶，这场演唱会真的成了唯一的一次，令大家无限遗憾。

她的唱片制作人福住哲弥回忆当时和她合作，除了一九七九年到一九八〇年宝丽多时代所出的单曲，金牛座时期之后，在伦敦的录音间制作六首歌曲，在 POWER HOUSE 共录十首，在美国的华纳影城录制了二十二首，连在新加坡都曾录制过十二首。他们合作的模式是很特别的，先由福住将所有数据寄到她的居住所在地让她熟悉，正式录制的时间往往被压缩得很短，有时一天要录上四首以上。她是一个非常能掌握现场的歌手，到了录音间更能接近完美地唱出她的感情来，他们之间有百分之百的信任关系，她非常重视唱歌时的感觉，而且一定要求自己达到超水平的演出才罢手。

福住回忆他们的合作期间，让他印象最深刻的是在录《爱人》时，因为曲和词的不够配合，歌词一共修改了四次，最后一次还是在成田机场以电话敲定，传真修正版过来才 OK。虽然练习时间很短，但是"她的表现真

演唱会上的造型，全出自邓丽君的想法。

是没话讲，这是上天赐给她的天分"。福住回忆那次的录音说："有位叫做半田克之的录音师，在第四次录音完成的时候是边哭边录的。"这个情形，福住看在眼里自己都吓了一跳，当时就知道这一张唱片肯定大卖，因为他是制作人，这首歌听过很多次，感觉已经有些麻木了，但录音师不同，他是第一次听到，就能当场感动得落泪，证明这首歌的确有让人共鸣的魅力，除了邓丽君唱得的确很好之外，也要感谢作词人的雅量，包容福住以专业直觉要求他一再修改。

而他观察邓丽君的事先准备工作，她进录音室前一定先做半小时的发音练习。她不是随便练练，而是边听发音老师所给的录音带边练，让自己的声音更好、更圆润，这是他制作了这么多歌手从来没有见过的。一般而言，一首歌写出来通常都由音准很强的人先带头示范唱，让歌手记住旋律，再由福住告诉她正确的歌词意义，让她自己去揣摩要放入什么样的感情，舟木社长认为福住所做的歌词诠释是天下第一的，而邓丽君的专业地方就在于能很快吸收他的诠释，并抓住重点，做出正确的感情诠释来，"她似乎比日本人还要容易领略日本文化"，这是福住最佩服她的一点。

其次，她非常信任福住的感觉。仕日本录制唱片是唱归唱，伴奏成音或和音效果另外再加上去合成在一起，歌手要依伴奏的不同，唱出贴切的感觉来，这点，邓丽君也掌握得非常精准，因为信任制作人，所以他觉得不好，她不会再做自我的偏好或解释，而是接受指导、努力改进，表现出她的特质来，她甚至也请福住来香港担任她的中文唱片制作人。她说："你不需要听得懂中文歌词唱什么，只要直觉好不好听，直接告诉我就行了。"就是这样的信任，让他可以尽情地说出自己的观感，才能让一张唱片因合作无间而臻于完美。

最高荣誉
从台湾美空云雀到全世界

"好女人。她不论从歌手的角度、从女人的角度看，都是一个好女人。"福住下了语重心长的结论，并认定她的歌声自我属性强，是流行歌谣演唱界不坠的声音，因而被日本歌坛封为"邓丽君演歌"，他相信这是对她至高无上的赞誉。

邓丽君能在日本发展得如此成功，其实邓妈妈并不意外，因为邓丽君从小就爱听美空云雀的歌，熟悉她用鼻音哼唱的演歌技巧，这使得邓丽君从小就爱学唱日本歌，成名之后也梦想过能在日本的红白对抗赛出场。美空云雀是她最尊敬的偶像，到了日本之后，在每次主持人介绍邓丽君的开场白中，总是说："欢迎台湾的美空云雀——邓丽君出场。"事实上，她们的确有许多相同之处。

美空云雀本名加藤和枝，从少女时代就出来卖唱为生，以女性的声音抚慰了无数受创的心灵，因而纵横日本艺能界三十载，无人能出其右。但她的感情世界却是颠沛室碍，她深爱着中村锦之助，却遭对方母亲反对，不许他娶歌女回家，而后，她不顾母亲的反对，嫁给了当红小生小林旭，可惜婚姻并不美满，悒郁寡欢使得她身染重病，才五十二岁就告别人间，留给日本歌迷无限怀念。

邓丽君也是十四岁就开始正式登台，歌龄同样近三十载，歌艺更受到两岸中国人的无上肯定，她唯一一次婚约也因为遭到男方祖母反对金孙娶一个歌女而作罢，直到四十二岁早逝，邓丽君都没有找到幸福的归宿。她们都是让人非常惋惜的一代巨星。

日本闯荡多年，邓丽君只有一次在电视台的歌唱节目巧遇美空云雀，邓丽君先唱完，坐在观众席等候，美空云雀出场演唱时，邓丽君一直目不转睛欣赏她的台风，并用心聆听。美空云雀一唱完，她立刻笔直地站起来热烈鼓掌，还默默地向她一鞠躬，美空云雀莫名其妙地凝视着她，两人无声对视了一会儿才离去，这是她们唯一的交会，虽然短暂无声，邓丽君却十分满足。一九八九年美空云雀逝世后，邓丽君哭得很悲恸，特别唱起美空云雀的招牌歌曲《时光如逝水》来纪念她，当时她痛惜美空实在去世得太早，怎么也料不到自己竟会追随在后，而且，比美空还要年轻十岁，就匆匆告别人间。

舟木认为把邓丽君的成就局限在"台湾的美空云雀"是不对的，虽然她们都是国宝级的艺人，但邓丽君更是跨国界的。她逝世后的第二年，日本的《朝日新闻》破天荒为她举办了一次盛大的巡回追悼展，过去，《朝日新闻》只做过像毕加索之类的世界级名人，唱流行歌曲的歌星根本上不了台面，这是唯一的一次。在日本人看来，邓丽君是国际级的艺人，也带给日本人许多快乐与幸福。评价好、成就大，当时负责《朝日新闻》文化企划局业务推进的松元拓生决定送出企划案，虽有一些反对以盛大巡展来纪念邓丽君的声浪，但最后邓丽君的魅力，还是为自己顺利地争取到追悼展的机会。

由于这个巡回展在日本史无前例，松元拓生和新闻部的亚洲音乐评论家筱崎弘就展开了资料收集之旅，并与中村、佐井芳男等一行人特地飞到台湾，来进行搜寻工作，整理出一个正统的评价和报道来，并不惜成本将纪念册做得十分精致，书后还附上一片 CD，找了许多重量级的音乐人来写序。这次的展出，使松元拓生和筱崎弘的收获很大，不但更了解邓丽君的生平，而且在实务经验上学习到许多个人经验，展出风评非常好。

他们用短短一年的时间，把一天当两天用，找到许多资料，在一九九六年的五月八日从横滨出发，经过仙台、福冈、名古屋、神户等各大城市的百货公司，做盛大的巡回追悼展，原本以为事隔一年，人们会把邓丽君给淡忘了，然而，事实证明，每天来参观的人络绎不绝，一天就可能超过上万人次，在新闻时效上而言，人已过世一年，还有如此号召力是非常难得的，她的CD 唱片、电话卡、纪念品等都大受欢迎，邓丽君的弟弟那时到日本来，看到日本人排那么长的队伍来参加追悼展，心中感到非常安慰。

松元拓生常对筱崎弘说，办这个展是他人生的最高潮，也是他一辈子最快乐的事，即使辛苦也一切值得，他感慨地表示相信佛家所谓的因果轮回："人生有正负法则，得到幸福较少的人，悲哀也会少；反之，经历很多幸福的人，也许会以一般人无法体验的孤独方式离去。邓丽君不是一个平凡的人，她尝试比一般人更多苦难，才得到别人无法企及的伟大成就，又因这样的大幸福而寂寞、孤独地去世，这是一种平衡。这样的说法可以安慰那些无法接受她猝然而逝的歌迷，这么多年了，她一直活在人们的心里，可见得她并不孤独。"

是的，她一直活在人们心里。一九八〇年停靠基隆港的荷兰籍货船船员特地跑到台北购买邓丽君的录音带；一九八一年，远征日本的大陆桌球队员，因飞机故障而迫降台湾也赶往机场免税商店抢购邓丽君的录音带；从一九八〇年就深深对她的歌声着迷的美国空军退伍中校史蒂芬，用五年的时间周游列国，寻访邓丽君出生地及曾走过的足迹；一九九八年年底，韩国偶像团体翻唱《甜蜜蜜》而大为畅销，马来西亚女歌星也因走她的路线而蹿红；朝鲜的讲习堂将邓丽君的照片印制成纪念邮票卡设柜发售，并播放邓丽君的《千言万语》以娱嘉宾；一九九九年荷兰籍的爵士女歌手罗拉·费琪出了一张《绝代风华——献给邓丽君》的专辑，翻唱邓丽君的两首歌曲；一九九八年年底，泰国曼谷亚运闭幕式开场曲，播放邓丽君的《何日君再来》并有超大屏幕放映，美国《时代杂志》更报道邓丽君是全球十大歌星之一。邓丽君的歌声传入了全球上亿人的心中，她的日本经纪人说得好："她早已超越了台湾的美空云雀美誉，她是亚洲的邓丽君，是全世界的邓丽君！"

怀念深深
日本专业人士的印象评价

曾经为邓丽君写过七十首歌，有二十五首灌录成唱片发表的日本音乐人三木刚，在我们专访时非常激动，一直嘱咐着一定要好好为她出一本传记："因为，她真的值得立传，她的影响力是自然的，广大的，少见的！"他盛赞邓丽君拥有天生的美好嗓音，更可贵的是她成名之后，依然待人亲切、温柔，或许就因为如此细致的心，使得邓丽君的歌声婉转动人。虽然她很温柔，但也有坚持的一面，譬如在录音时，就严禁工作人员抽烟、喝咖啡、闲聊，她要求每个人都要敬业，而她自己对音乐的领悟性更是没话说。

三木刚的表妹渡边友子是一个爵士女歌手，也跨主持人、演员等多重领域，她认为邓丽君教养好、声音出色、身材也很棒，难得的是她日语流利，发音漂亮，完全是淑女的作风；一九九九年三木与渡边友子带着日本的歌友会成员来台打高尔夫球，捐出善款为"九二一"赈灾。这么做，完全只因为台湾是邓丽君的家乡，他们还为"九二一"制作了歌曲，在来年的邓丽君纪念音乐会上发表。

邓丽君成功的"铁三角"之一是作词者荒木丰久，他是个饱读诗书的人，所以非常敬佩邓丽君的优雅文学素养，他在与她研究歌词文义的时候发现，邓丽君很用功，对文学的书涉猎颇多，不仅是了解自己本国的文学作品——唐诗、宋词、元曲等，连日本的徘句、小说等文学也深入，让他相当震撼。尤其可贵的是她非常的知恩、感恩，对于自己能在日本歌坛获得好几次大赏的空前纪录，她从未居功，反而把成就都归于两位老师的作曲好、填词美，人前人后都这样说，这让他们深深感动，他们从未在日本的歌手身上得到如此的尊重与敬仰，这让他们深深觉得陪邓丽君走过这么一段灿烂的时光，是这一生所过的非常有意义也非常难忘的岁月。

负责经纪她的西田裕司，则从许多小地方看出邓丽君的善良。譬如，有一天她和一名男歌手在电视台合唱，那天她穿了高跟鞋，排演时，看来比男歌手还高了一些，画面看起来有些不均衡。排练结束后，她默默地换穿了平底鞋，曳地的红旗袍看不出她换了鞋，正式演出时，男女歌手的身高总算颇为相称，她常会这样不动声色地为别人着想。

在全盛时期跟随邓丽君三年多的另一位经纪人赤阪雅之对她的评价是："有礼貌、很亲切，有自己的看法，并坚持己见。"他记得在 ONE AND ONLY 演唱会时，就是她坚持要穿白纱礼服。他们请名设计师为她制作许多款，让她自己挑选，最后证明，这样的造型非常成功；而她在十五周年演唱会上那劲爆的黑人辫子头也是自己的构想，那种发型在日本没有人尝试过，她想做，大家就努力配合她，效果果然也不错；她不喜欢租用厢型车当休息室，非要他们去租沙龙巴士，那时，这样的要求并不寻常，但是她会自得其乐；同时，她也是个率性而有趣的人。有一年，上节目时正逢中国的春节，她就叫了一大堆中国的年菜请大家吃。凡此种种的坚持，都说明了她的自尊、她的品位。而赤阪深深觉得，她的才华和特性应该是属于舞台的，在日本的个人演唱会只举办了一场，没有做更多的发挥，实在是太埋没、太可惜了！

她最后几年的经纪人铃木章代则认为，邓丽君其实是个非常有创意的女人，她的造型设计多半是由自己决定，而且从来不假手于别人化妆，一切都自己来，只有身体非常不舒服的时候，才由别人代为化妆。她有一套自己的美容保养观点，甚至还会自己带发卷来做头发造型。数年来，她从未看邓丽君发过脾气，跟随她几年，铃木的眼光被她训练高了，层次也提升许多。铃木黯然地说："我真的不是故意要比较，但是之后我再跟的歌手，每一个都很自然会被邓丽君比下去，这让我不时地想念着她，好怀念她啊！"

邓丽君经常在演唱时，即兴表演长笛。

邓丽君在好几张国语唱片中的长笛配乐，是资深长笛演奏家樊曼侬为她配的，大师级的樊曼侬也认为，她对音乐有相当的素养，音感很好，耳力也强。邓丽君曾向佐井芳男的妻子萩原美智子学过钢琴，也曾向冢田老师习过一段不算短时间的长笛，在舞台公开即兴表演起来还颇有架势，她的专注和领悟力相当不错。

美国葛莱美奖的制作人戴维佛斯特则表示，邓丽君的声音是与生俱来的美好，他制作过如席琳·迪翁等大牌歌手，都没有像邓丽君那么好的音质，他为她的早逝感到非常惋惜。

曾和邓丽君同台演出的日本红星都香春美，被誉为日本的"演唱天后"，她对邓丽君的演唱风格赞不绝口，认为她清澈晶莹的声音唱出了女人的感情，这种声音不但容易使女性感到被说出内心话的共鸣，而且可以深深打动男性。而她本人的举手投足、一颦一笑都充满了女人味，她的明白事理、进退得体更显现了中国女子的优点。

另一位日本天王级歌手五木宏对邓丽君更是心仪许久，他一直托荒木老师为他和邓丽君写一首男女对唱的歌，或是能安排和她对唱的机会，可惜这心愿一直没有达成，也永远不能达成。在她过世后，五木宏用计算机合成的手法，剪接邓丽君的演唱片段，和她合唱了一首《任时光从身边流逝》，致上他的怀念和尊敬，期待与她以歌声相逢。

同在日本发展的翁倩玉，是邓丽君在日本发展时的亲密战友。她认为邓丽君是个非常专业，而且工作态度严谨、敬业的好艺人，特别是她个性不藏私也不嫉妒，对人没有提防心，是个很单纯的女人。她为了帮助翁倩玉的发音技巧，还给过她一个有助于发声练习的 warm up 录音带，她如今珍藏在身边，睹物思人，惆怅万分。

日本颇负盛名的音乐评论家中村东洋说："亚洲有两位值得学习的女性，一位是翁山苏姬，一位就是邓丽君！"他在整理她的生平时，越是了解她的背景，就更加钦佩她的为人。她的端正、纯朴、执着造成她一直向上的成就，二十年多来只有进步，不曾停滞不前，她一无所有地踏进日本艺能界，而水到渠成、毫无勉强地成就亮丽成绩，证明了她的努力和认真。

作曲家古贺政男说："歌唱的天才是积存于民族之间数十年感情的喷火口，与天赋、血统无关，是沉默意志的表现，邓丽君的歌声就是如此。"原田广志更表示："与其说她是天才歌手，不如说她是天使。"

不论是天才歌手，或是天使，邓丽君在日本都留下了最美的声音，最好的形象。

舟木社长无限感慨地回忆，一九九五年五月初，他和邓丽君通电话，要把一笔为数可观的版税结算给她。那时，他们约定一个星期后见，他对她说："无论你在哪里，我都一定会去看你。"没想到才几天她的噩耗传来，他在接获电话的一个小时内都全身僵硬无法动弹，整个人如同被掏空了一样，不能思想，有如失去了最切身、最宝贵的东西。

他从日本兼程飞到中正机场去迎灵，见到她躺在白棺木里。那天，正好就是他们约定要见面的日子，他践履了无论她在哪里，都一定去看她的诺言，却怎么也没有想到，会是这样的，这样与她会面……舟木社长的男儿泪毫不掩饰地流下来，他面朝着台湾的方向，缓缓地、极其慎重地，来了一个九十度鞠躬的大礼。翻译告诉我，舟木在向她致哀悼之意，我的心揪紧起来，一个老板，一个日本人，一个忘年老友，面对着空气深深弯腰的傻气身影，让我心恸，让我心折……

舟木社长早已从演艺界退休，但他仍然义务地、无怨无悔地为邓丽君服务。几乎每年都帮她办追悼活动；帮她盯牢公司该给她的版税从不短少；提供任何来日本采访她的第一手讯息，也按时送上她每年的版税，特别从日本飞到台湾，送到邓妈妈手上，直到邓妈妈二〇〇四年过世才转交邓丽君文教基金会；当年，公司为她写好而未唱的歌，他保留着，再没有交给别人来唱；而她生前逢人就介绍他是她"日本的爸爸"那信赖的神情，还清晰地在眼前，舟木对她的怀念只有与日俱增，这忘年之谊，成为他一辈子的荣幸，一辈子的痛。

邓丽君在日本留下了最美的声音，最好的形象。左图为在日本剧场公演；右图为在东京新桥市民会馆演唱。

女郎
你为什么独自徘徊在海滩
女郎
难道不怕海上就要起风浪
啊 不是海浪
是我美丽衣裳飘荡
纵然天边有黑雾
也要像那海鸥飞翔
女郎
我是多么希望围绕你身旁
女郎
和你去看大海
去看那风浪

第六章

海韵

邓丽君赴洛杉矶开演唱会，也重拾书本，度过一段轻松自在的岁月。

　　一九七九年邓丽君因为"护照风波"被日本限定一年之内不能再踏上日本的土地，台湾舆论界又对她多所苛责，她成了有家归不得的惊弓之鸟。但那时她并没有心慌意乱，和邓妈妈商议未来该如何走下去的时候，她突然想到行李中带有两个月后在美国洛杉矶开个人演唱会的邀请函，促使她提早赴美准备。也许，这危机就是一个转机，促使她把视野拓展到国际舞台！她毅然由日只身飞美，就像一个独自面对海浪的女郎，不怕孤独，不怕风浪，不怕黑暗，不怕夜雾，勇于奔向一个未知！

　　在洛杉矶住下来不久后，她进入加州大学修读英文，她不再理会媒体对她的评价，投身异乡，做一只自在飞翔的海鸥。横越了半个地球到太平洋彼岸，邓丽君用歌声安慰了海外的侨胞，用毅力重拾读书的快乐，海外的生活对她而言，是新奇的、自在的，没有压力和捆绑，她活出自己的步调，唱出自己的海韵。一九八六年，邓丽君被美国《时代》杂志评选为"世界七大女歌星"，她的音乐成就已然被国际推崇、肯定。

宣慰侨胞
海外巡唱荣耀而感动人心

事实上，邓丽君并不是第一次到新大陆，早在一九七八年底，她就曾赴美于加州罗省音乐中心圣蒙尼加市大礼堂举行演唱会，获得如潮佳评。一九七九年四月在加拿大温哥华开个人演唱会，在美生堂演出时座无虚席；让她觉得在海外为宣慰侨胞而唱，非常有意义，因而充满信心。

演唱会前后的日子充实而紧凑，她拟订读书计划，用功地重返校园，享受做一名学生的单纯，但也不忘准备好巡回演唱的工作和录制唱片的功课。四月下旬，香港宝丽金的唱片监制邓锡泉专程飞到美国，在十天内录完二十四首歌曲，状况非常好，丝毫不受落到人生低谷期的影响，反而有摆脱束缚、重新来过的高峰期自在，人生的转折真是让人始料未及，"失之东隅，收之桑榆"，正是中国老祖先的处世哲理啊！

她先是如愿以偿进入南加州大学，在英文之外还选修了生物、数学，适应着宁静的日子。纯朴的学生生涯一直是她向往的，远离镁光灯的聚焦，远离排得满满的宣传行程，荣誉与名利不再打动她宁静的心。年底，香港举办了第四届金唱片颁奖，她同时有三张大碟获白金唱片奖，另有两张大碟获金唱片奖，但她没有参加；来年三月，她荣获金钟奖最佳女歌星奖，也没有返回台湾领奖，还请家人把奖金代为转赠给警察电台的"雪中送炭"

在美国的日子依然忙碌，和邓锡泉录制新歌。

平日在洛杉矶家中的生活照，看得出邓丽君非常开心、放松。

为了在美国的演唱，也得专心排练歌舞。

节目做送暖基金。

北美巡回演唱的第一站在美国纽约林肯中心举行，这个场地可是世界一线艺术家和艺人表演的地方，汤姆·琼斯、惠特妮·休斯顿等都在此演出过，而邓丽君是到此开唱的第一张东方面孔，更创下让全场票房爆量的空前纪录。演唱会由《星岛日报》主办，会场内原本

在纽约林肯中心的演唱，感动无数侨胞。

只有两千八百个座位，临时加了两百个位子，开放售票之后，三千张入场券全部被秒杀抢光，那是一个令北美侨胞热血沸腾的难忘夜晚。

七月二十二日下午，中美综合娱乐公司特别选择在唐人街的大吉饭店，为她举办了一场记者招待会，当时的纽约市长郭德华为了表达对邓丽君的欢迎之意，特别由他的女秘书爱莉萨代表他，将一枚象征纽约市的苹果胸针，佩戴在邓丽君的左前胸。大家欢聚、畅谈，留下美好回忆。

北美巡演的第二站是二十六日在旧金山的演唱，隔天再到第三站洛杉矶音乐中心（The Music Center of Losangeles）演出；这是奥斯卡电影金像奖颁奖典礼所使用的场地，她享受到二十八人管弦大乐团伴奏，同样也是亚洲艺人在此演出的第一人！邓丽君格外珍惜，格外审慎。事隔二十年后，一位歌迷刘先生接受访问时，还能巨细靡遗地详述当晚盛况，无限满足地说，那晚是他生命中最感动、最难忘的一夜。

勇于向自己挑战，而不与旁人比较的性格，使邓丽君在灌录每一张唱片时都全力以赴，期待唱片质量的独特、出色与圆满。她的"出色"，并不

是指销售量，而是唱片各个环节的整体表现质素。因此，她格外认真且严谨地与唱片公司的幕后工作人员通力合作，她深知一张好唱片的背后，是多少工作团队同心合力的心血与努力。

有了这样的认知和期许，邓丽君便勤于谱练新曲，并尝试使用美国的音乐总监、美式编曲方法和美国的和音队伍，让自己吸收别人的长处优点，再消化、吞吐，融会成自己的演唱技巧。这些点点滴滴的收获，在一九八〇年二月十九日到二十日于赌城拉斯维加斯的演唱会上，看到了她的"突破"改变。观众热烈的情绪，反映了她受欢迎的程度，远从其他州坐飞机专程来欣赏的观众不计其数，现场加了两百个特别座位迎合需求，仍然场场爆满。

在热闹的赌城，沿途都有她的演出广告牌，穿红衣、长发飘飘的Teresa Teng巨幅海报，和美国著名影歌双栖巨星法兰克·辛纳区的秀档海报并贴在一起，挂在大门口最醒目的地方，连同"恭喜发财"四个中文大字，壮观而华美，声势浩大。还有邓丽君照片所印成的宣传小册四处分发；同样，在赌城，她也是能够站在这豪华殿宇表演的第一位东方人。

两个晚上的演唱造成西泽宫夜总会的波波高潮，在拉斯维加斯作秀人气超旺，氛围　流，老板为了庆祝中国的农历新年，特别安排最好的春节档期给邓丽君，演出完美成功后，他喜不自胜地说："邓丽君在中国人心目中，就像芭芭拉·史翠珊在美国人心目中的地位一样，而以她所创造的盛况来看，邓丽君应该可以被誉为西泽宫夜总会演出以来最受欢迎的艺人。"

晚间八时的秀，六点就已经有人排队等着入场，一位维持秩序的警卫在两小时前看到Teresa Teng的彩排，惊艳地表示："她这么娇小玲珑，真看不出来有这么巨大的魅力，吸引这么多热情的观众。"另一位警卫则赞许她的秀让人魂牵梦系，和平时在此地作秀的美国艺人大大不同。美国人的音乐、舞蹈都很高亢，观众又吼又叫、尽情吵闹，然而这位东方女子的秀，则是轻柔的音乐、甜美的歌声，台下的人静静聆听、专注欣赏，唱完之后的感动是绕梁不去的温馨余韵，这可是他当了这么久的警卫第一次见到的情况。

邓丽君开嗓的《夜来香》赢得满堂彩，她温柔地向爆满的观众真挚地说："因为有你们在，才能有我在，我们都源自相同的地方……"观众的情绪深受感动，她接着唱《龙的传人》，唱到"黑眼睛黑头发黄皮肤"时，眼眶红了，声音哽咽，全场情绪也跟着沸腾。整个晚上，她展现了她的多元风貌，中文、英文、日文、粤语穿插表演，载歌载舞，更有胆量地接受观众的现场点唱。一对来自北京的夫妇点唱《爱你在心口难开》，因为是中翻英的歌曲，乐队还能配合伴奏，随后陆续点的闽南语歌《烧肉粽》《香港、香港》《一水隔天涯》等，乐队都没有办法现场伴奏，邓丽君就拿出她的绝活儿——清唱。没想到，她的清唱让人更清楚地听到甜美温婉的音质，观众的热情掌声始终没有停，如痴如醉，甚而全场和她一起激动落泪。

当她唱完《何日君再来》的谢幕曲，幕缓缓落下时，邓丽君转身朝向乐队深深一鞠躬，泪水不听使唤地流下来，那是兴奋，也是感激。泪眼蒙眬中走向后台，外国工作人员不约而同纷纷围拢，拥抱并恭喜她演出成功，还一再要她下次再来表演。紧接着，一些涌入后台的歌迷也围着她，个头较矮小的邓妈妈完全没法儿挤过去招呼她卸妆，只见她不停地向大家鞠躬、道谢，一直抹去串串欢喜的泪珠……

空前的成功演出在媒体上被热烈披露，夜总会特别为她开了一个祝捷派对，内华达州州长及拉斯维加斯市市长都到场道贺，拉斯维加斯市长郑重地送给她一把象征拉斯维加斯市的金钥匙，感谢她所带来的欢乐，并宣

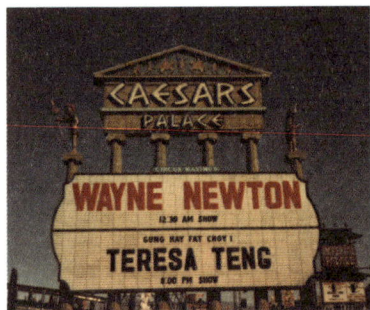

西泽宫大大的广告牌上，
写着 Teresa Teng Show！

当晚邓丽君载歌载舞，盛况空前，连外国人都吃惊！

一曲《龙的传人》，让台上台下都感动落泪。

布邓丽君为"拉斯维加斯荣誉市民",祝贺、音乐与香槟的欢会里,她充分感受到美国的国情民风那热情、痛快的一面。

其中,她特别感动的是有位才二十出头的美国青年,经济能力并不好,半工半读地积蓄够票价,并一路利用竖起大拇指搭便车的方法,千辛万苦花了两整天的路途,才辗转抵达赌城。这让她感动得说不出一句话来,拉斯维加斯的演唱成功,推出她演艺生命的又一次新高峰。

对她的演艺生涯帮助更大的不是票房纪录,而是在拉斯维加斯演唱时认识了大胡子、高个子的音乐家卡·苏达(Carls Chreder)。他是赌城西泽皇宫的音乐监督,在无数世界级巨星演唱会场居总指挥的要位,自然有相当过人之处。他认真指出她声音运用的瑕疵,并指导她唱哪一个高音才不会让声带容易疲劳,哪一个音还可以唱得更高更圆满。他的细腻观察和指导,让邓丽君心服口服,练习半年之后,音域果然大为改变,能够更顺利地运用丹田之气,而且更能保护声带,使虚心受教的她感激不已,日后还特别在她"东南亚十五周年巡回演唱"时,高薪礼聘他当音乐总监。

卡·苏达很认真地为她设计演唱大纲,并在洛杉矶登报征求和声与舞群,一共各来了四百多人应征,他们精挑细选录取了三位和声、四名舞者。和声中有两位黑人女歌手和一位美裔菲律宾男歌手罗拔·雅曼杜华。邓丽君和卡·苏达在洛杉矶租了个录音室,每天一起练习、充分沟通,足足达五个月之久。香港红磡体育馆的演唱会在开演前两个月,五万张入场券完全卖光,罗拔·雅曼杜华深受撼动与感动,他对邓丽君说:"我们几个一直很好奇,你的走红到底会红到什么程度,现在我们才真正见识到,五万多人专为听你一个人唱,让我们感受到你的强大魅力。作为一个歌手,这是我的奋斗目标!"

一九八三年的"十亿个掌声"演唱会，就是由卡·苏达亲自操刀。

在美国期间，她也加入了 Rainbow Connection Studio，跟随名舞蹈家布士希夫（Bruce Heath）学跳现代舞，每天习舞时间高达六个小时，从最基本的伸展动作，到排成整首歌的载歌载舞。她的腰肢灵活、筋骨柔软，对韵律节奏十分敏感，每一次练习都痛快淋漓。她也请美国的名设计师比利·威达（Bill Whit Ten）为她量身设计秀服，这位设计师一向都替好莱坞的大明星、大歌星设计服装，邓丽君共花三十万港币做了五套秀服，让演出更有看头。包括舞群及和音的服装与发型，她都细心搭配、用心打点，她一丝不苟的态度与自我要求，让卡·苏达大为赞赏，人前人后都表示：

邓丽君的认真，让外国人也刮目相看！

"邓丽君是我合作过的众多明星中，最敬业、对自己要求最严，也最亲切可爱的。"那时候的她还不到三十岁，但在这位以严格出名的音乐人眼里，她已超越许多巨星的风采。

风靡大陆
引发越来越热小邓旋风

拉斯维加斯的演唱让外国媒体一下子注意到这位台湾来的出色艺人，

当天就有不少报社来访问她，甚至日后也有追到香港和台湾来作专访的。英国国家广播公司驻北京记者杰西尔、《纽约时报》驻北京分社主任雷恩邀请到邓丽君录音访谈，并把她所清唱的歌声发回伦敦，在电台的世界广播网作全球播出。

杰西尔与雷恩对邓丽君的纯朴、平实装扮印象深刻，对她不用翻译，自己就能以流利的英文应答，也感到非常惊讶。过去他们对邓丽君并不了解，是在中国大陆与泰、缅边区采访新闻时，发现当地十分风靡邓丽君的歌，更由于邓丽君的歌被大陆禁播，却引发十亿人口疯狂爱听而感到非常有兴趣，很想进一步认识她。

他们询问她为什么大陆同胞喜爱她的歌曲，邓丽君谦虚地回答，她并不知道自己在大陆受欢迎的程度，但她倒是收到不少辗转从大陆寄来的歌迷信件。当然，她也听说了她的歌曾被禁唱，只是不太能理解，她所唱的歌曲都是很干净的民歌、情歌，应该不会禁播的。

美联社记者在加州专访邓丽君，并发出世界传真通讯，谈及她的歌声正热火燎原般地传唱于大陆，她十分惊讶，自己走红的消息能从媒体上得知，对她而言是一种微妙的感觉。邓妈妈也回忆，那段时间，电视上不时报道这位台湾女歌星走红中国大陆的消息，因为邓妈妈很少开电视，接到几通朋友的电话后，半信半疑地打开电视，母女俩才看到真的是她！从来没有强求，也没有争取或安排，甚至于是想都没想过的事，她不敢置信自己在海峡对岸的影响力。

《芝加哥论坛报》的驻北京记者乔纳旦·布罗德报道："邓丽君的录音带被偷偷带进中国大陆，四处拷贝，秘密出售或收藏，证明她在中国大陆广受欢迎的程度，邓丽君的歌声的确抚慰了大陆同胞的心灵。"

　　早在一九七六年，《北京青年报》的记者就曾打电话到新加坡的家中专访她，并祝她生日快乐；在大陆发行的新杂志《大陆·台湾》，也以邓丽君的照片作封面；北京出版的内部刊物《青年参考》，更率先刊载邓丽君生平小传；属于共青团的中央机关报《中国青年报》，找到邓丽君在河北省的两位姑婆来谈谈她以及河北老家的事，作为主轴来穿针引线的报道也曾喧腾一时。

　　有一次，媒体传出邓丽君与大陆"往来密切"的报道，后来才了解原来是邓丽君在加大上课时，恰巧时任"立法委员"的"亚洲羚羊"纪政到访，接触的学生中有几位大陆留学生非常喜欢邓丽君，就央求纪政代为引见。正巧那天邓丽君有课，下课后被逮个正着，大陆学生欣喜若狂，邓丽君又非常亲切地和他们闲话家常，为他们签名，并鼓励好好向学，会晤了大约十分钟左右，这些加大学生立刻把这段奇遇渲染出去，才有了"往来密切"的传闻。

　　那段岁月，中国大陆刚刚走出"文化大革命"的精神紧绷，老百姓们渴望和平与安宁，邓丽君毫无政治色彩的歌，松懈了长期在意识形态歌曲下的疲惫，而她温柔的声音也释放了长久封闭情感的心灵，邓丽君旋风吹开人性中最基底渴望爱与被爱的需求，她的录音带成千上万地被要求寄到大陆，甚至有港澳地区报道："在大陆，邓丽君的录音

小邓旋风席卷中国大陆。

带被列为男女嫁娶最受欢迎的聘礼或嫁妆。"

《今日美国》的记者尼尔·维诺卡尔调查了邓丽君对中国大陆造成的冲击，人们肯花费薪水的四分之一，购买邓丽君的录音带；他并把邓丽君在大陆所造成的轰动，归因于人民生活缺少调剂。

邓丽君旋风引起的连锁反应，另一个可贵的附加价值，那就是在一九八〇年七月底《北京晚报》连续刊出"幸存者有责任讲实话"专题报道，为《何日君再来》平反。《何日君再来》一度曾被定义为"汉奸歌曲"，并指作曲者刘雪庵是"汉奸文人"，《北京晚报》的记者沙青访问了被人遗忘的作曲家刘雪庵，七十五岁高龄且双目失明的老人家表示，《何日君再来》是抗战时期电影《孤岛天堂》的插曲，这部一九三九年在香港拍的电影，

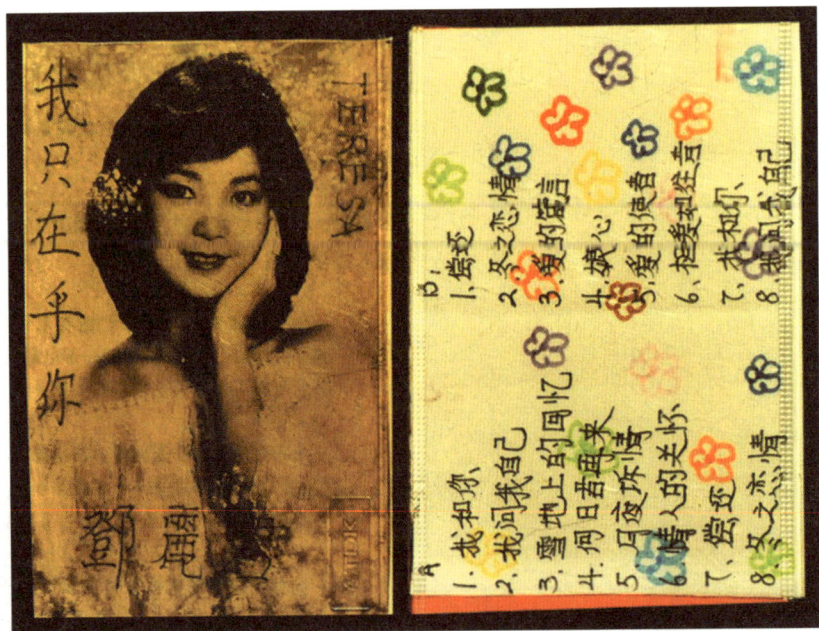

歌迷陈佳拷贝的邓丽君歌曲录音带，还精心自制封面、封底。

编导蔡楚生、艺术顾问欧阳予倩、制片罗静予都是共产党领导下的电影从业人员。影片中的四首电影插曲支支大有名气，《义勇军进行曲》被改编为中华人民共和国国歌、《流亡三部曲》的第一部是中国名曲《我的家在松花江上》，经常被声乐家拿来当艺术歌曲演唱，《何日君再来》更历久不衰。大幅度的修正嘉惠了视听改革，邓丽君的歌曲当时虽不能公开传唱，也几乎是默许了能"化明为暗"，转战到"地下"流行。

大陆爱君
催生怀念餐厅与纪念公园

随着"文革"结束，寻常百姓开始拥有录音机，且不断转录拷贝她婉约优美、温暖抚慰人心的歌声，传唱之速之广，连她也难以想象。不但模仿她的"小邓丽君"纷纷出头，春节联欢晚会也热烈邀请，只可惜因为种种因素无法成行。我特别感动于大陆享有高知名度的国学专家于丹博士的论点，她认为邓丽君的歌不只是视觉的、听觉的、心灵的，更可以是嗅觉的，每次听她的歌就仿佛嗅闻到在学校大餐厅用餐时那特殊的饭菜香，餐厅里播放邓丽君的歌，是他们那个年代共有的情感记忆，美好而怀想不尽！

怀念的方法有很多种，可贵的是都围绕着一个"爱"字！

二〇〇〇年的香港故居文物展让人流连不去，二〇〇二年香港杜莎夫人蜡像展制作了邓丽君蜡像在馆内永久典藏；二〇〇四年的《但愿人长久》邓丽君传奇音乐剧与在云林举办的纪念文物展也让观众眷爱思念不已；而杭州开设的"筠园小镇"是邓丽君的主题音乐餐厅；二〇〇五年《思君十年》更在全省掀起邓丽君纪念文物巡展，特别是芦洲的邓丽君寻迹之旅、凯悦厅的《十光留世·俪影重现》怀念演唱晚宴；以及在日本上野所办的邓丽君博品展，让大家看到各地君迷的怀念从未稍减而是年复一年地加深。二〇〇六年，邓丽君主题公园催生，与芦洲当地文化紧密结合，形成地方观光特色，成为地方重要文化资产；同年，上海青浦福寿园区内设计了邓丽君的衣冠冢

上海青浦福寿园的君风园，
邓丽君的白玉石雕像与竹风美乐长相伴。

及音乐纪念区，白玉雕成的微笑塑像及随时播放的歌声，让大陆广大君迷有了可供凭吊的地方；二〇一〇年，更将她的事迹文物列入人文纪念博物馆永久典藏，与百位政要、企业家、科学家、文学家、艺术家等对生命有卓越贡献的百位名人同列，可见她在大陆人民心目中已登临国宝级的地位。

二〇〇八年《黑胶的异想世界　　恋恋邓丽君珍藏展》在台北探索馆特展厅作长期展出；二〇〇九年，在邓丽君的出生地云林褒忠乡，邓丽君文化观光协会也举办动态的音乐会及影音视听静态展出；同年，还有一件事，香港"甜蜜蜜新生咖啡店"在她生日当天开幕，为爱推行"携手扶弱"计划帮助精神病康复者创造工作训练及就业机会。在北京同样以邓丽君为名而开设的主题音乐餐厅，经常提供给君迷之家办活动，一楼就是个小而精致的邓丽君文物馆，来用餐的人可以一次饱足口腹与文化的飨宴；二〇一〇年的台北国际花卉博览会，在名人馆有邓丽君的歌声与文物展，吸引海内外无数君迷来赏花赏乐。

不只以影视阅听怀念她，基金会更在十五周年时，举办了一场"华语流行音乐对文化的影响与贡献"研讨会，邀请两岸三地与日本的音乐人、媒体人畅谈华语音乐，座上宾几乎都以邓丽君的歌曲作为华语流行音乐的代名词；她所创造的音乐文化已然不只是一段属于大家共有的记忆，而是那"台湾起飞的时代"难忘的幸福象征！

诸多纪念活动中，最值得一提的是北京松雷文化集团精心制作的《爱上邓丽君》音乐剧，两年来所到之处都造成空前轰动，制作人及艺术总监李盾在受访时，十分感性地细数邓丽君的歌声陪伴他从青少年到中年成长历程的重要影响力，提到她是如何"以歌声教会了人们如何去爱"，这位性情中人还数度哽咽。

他做这一档高规格的史诗般的音乐剧已不是为求名求利而做，是为传扬邓丽君的爱而做，他更以庄子所云"至人无己，神人无功，圣人无名"来盛赞邓丽君的艺术成就在大陆民众心中的境界；这出音乐剧如预期般地火

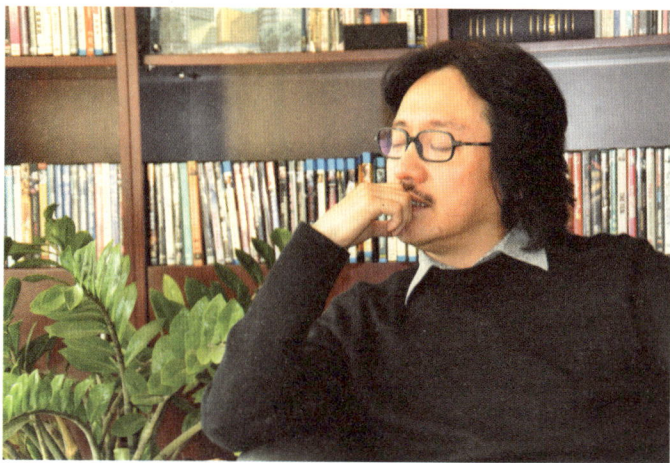

李盾谈到邓丽君对他的影响，落下男儿泪。

红，也因为几乎所有的团队都热爱邓丽君，以全心全力燃烧全部智慧与能量来制作，目前已巡演了两岸四地，未来还要再进军欧、美、东南亚、东北亚……他深信所有华人都会在欣赏此剧时得到思念邓丽君的宽慰与宁馨。

此剧的编剧是为李安写《饮食男女》《卧虎藏龙》和《色·戒》的合作伙伴王蕙玲；整出音乐剧是聘请到纽约百老汇的达日勒·沃斯特担任音乐总监，卓依·马可尼里做编排歌舞的导演，甚至舞台灯光都从加拿大聘请太阳马戏团的首席灯光师阿伦·罗尔帝来设计，演员更是从知名剧校千挑百选，要演出邓丽君一角的女主角王静与李烁更是从无数次试音、试镜中挑选出来。

小邓的角色有成千上百人来应征，我们一点也不讶异，几次和歌友会接触下来发现，大陆的"小邓丽君"实在太多了，早期从田震、那英、毛阿敏、王菲，到王静、赵雅宣、李一凤、谷佳妮、赵红等，多得难以数清。特别感动的是一位叫陈佳的新秀歌手，并不以模仿邓丽君著称，但这位二十世纪九十年代才出生的年轻人，却从小喜欢邓丽君，她拿出五六岁所画、所写的邓丽君名字及作品，学生时代就陆续收藏的唱片，满满一皮箱，那伴随她成长的爱，真是深植灵魂深处！她这么写着："小时候，很多的心里话，很多委屈、心愿、梦想，几乎都是说给墙上的邓丽君听，在我心里，她不是一个歌星，不是磁带、唱片、CD 中的一种声音，也不是一个时代的符号，她就是我生命中一个从未离开的人。"

除了北京、杭州、上海之外，还有更多的邓丽君主题餐厅正在规划中，也有邓丽君纪念公园和专属视听中心在设计中，大陆同胞对于这位改变他们精神生活的重要人物是如此爱戴、如此孺慕，无论她走了多少年，她的精神都与君迷同在，以她的毅力、她的努力、她的心力、她的影响力，支撑并带引着满怀希望，走向不可限量的美好未来。

邓丽君的歌声在君迷心中，已经成为重要的心灵依靠。

美好时光
平实平淡的生活还她本真

　　从拉斯维加斯的盛大成功演唱会热潮中回归学生生活的邓丽君，尽管开学以来就是接二连三的演出，但并不影响邓丽君在加大读书的兴致。演唱完，她就认真准备学校的考试，课表排得满满的，选修经济和电视编导课程，加上语言的适应力，读得很扎实。她特别喜欢平实平淡的学子生活，喜欢轻装走在加大红色的古老建筑物之间，也喜欢在连天绿荫和青碧草坪上漫步，她觉得这样宁静的日子，真是享受。

　　在离学校不远的平房，她和五弟长禧同住，最初是租房子，不久之后就在洛杉矶买下一栋房子。邓妈妈很高兴地陪着姐弟俩，照顾他们的三餐起居。邓丽君喜欢开车，每天开着她的小车上学，几分钟就到学校了。她准备功课时颇为专注，因为还要灌唱片、开演唱会，读书的时间很少，不认真可是不行的。至于休闲活动，她偶尔去钓鱼，打网球，最喜欢的还是游泳。

　　长禧回忆他们一起在美国过的幸福时光，小时候，哥哥们陆续外出读书做事都已不在身边时，只有他和姐姐最亲。他记得小学三四年级时，姐姐常去演出，回家都半夜了，累得倒头就睡，第二天又起个大早，在厨房坐在藤椅上，架一个

三哥邓长富在美国期间，
难得与小妹有长时间相处，两人都很珍惜。

洗衣板充作桌面，赶着功课。而今，时隔十余年，又和她在一起读书，心中的感觉非常特别。

长禧也爆料姐姐喜欢自己下厨做菜，却是"有概念，没技巧"，经常把厨房弄得乱七八糟，道具、剩菜一大堆，她还玩得乐此不疲。记得有一次，他和姐姐意见不和，两个人一天都不讲话，谁也拉不下脸来先开口。晚上，她炒好菜对着他的房间叫唤："老五吃饭啦！"两人对坐在桌前静默许久，心中一阵感

邓丽君和五弟长禧同在国外读书，
共度了一段幸福时光。

动，竟然不约而同大哭起来。他在那时更深刻了解，也许因为长年飘泊，她坚强的外表下藏着一颗脆弱易感的心，他深深知道，在许多地方，姐姐其实还只是一个小女孩。

这段日子里，三哥邓长富也赴美进修硕士学位。初到洛杉矶，邓丽君开车来接，陪他买车、考驾照、看学校，更以十天的假期到旧金山及纽约附近的几个地区走走。那年除夕，正逢三哥生日，她并没有通知他，就自己买了菜，躲在厨房里弄了大半天，三哥记得那晚她亲手做了鲍鱼、明虾、排骨、牛肉和两个青菜，丰富而可口。点上几支蜡烛，开了一瓶好酒，两人一起过新年，她祝他生日快乐。那一刻，三哥感动得无以复加，也是那一天，他才见识到小妹的厨艺还真不错。

第一学期放寒假，他们相偕到雷诺塔后湖去滑雪，邓丽君运动细胞很

好，又有溜冰底子，在日本也学过滑雪技巧，两人玩得很开心。那时候，他才真正觉得这个爱疯爱玩的小妹才是属于自己家里的，而她光芒四射地站在台上，走遍各地异国扬名的时刻，则是属于大家的、属于全世界的。相较之下，在他眼前滑雪、炒菜、读书、灯下说笑话的小妹，真实得多，快乐得多，只是这样平实平凡的日子，她一生毕竟享受得不多。

除了在美国求学，一九八四年她也在英国待过一段日子。为了学习声乐和发音技巧，也选读一些她喜欢的文学课程，她非常沉醉其中。为了方便上学，邓丽君租了一间宽敞的公寓，有可以开小型会议的客厅，有可以让她一展手艺的小厨房，半跃层的户式，楼梯拾级而上是书房和卧室，可说是一应俱全。公寓离伦敦市中心约莫十分钟车程，是个宁静的住宅区，让她安静度过一段颇为沉寂却怡然自得的岁月。

为了新唱片的灌录，她在日本的经纪人西田裕司特地赶到伦敦去筹备录音事宜，同时一窥她在伦敦的新生活，他形容："窄小的厨房里，放着锅、平底锅、碗筷、调味品之类；书房里横七竖八放着书籍、笔记本、字典和文具；客厅窗前插着橙和黄等暖色系列的花，花旁放了些橘子和柠檬。可能她特别喜欢暖色的花朵和柑橘的果香，在她住的每一个家里，都有着同样的陈设。"

充满生活味的温暖居家感，和以往演出时都是住在大饭店的感觉完全不同，她每天自己动手调弄早餐，准时上学；放学后，回家自己做晚餐，在家预习、复习功课，或看书、听音乐，悠闲而自在。最重要的是她对这样单调又充实的学生生活感到心满意足。那时，她也在皇家苏格兰学院（Royal Scotland Opera House）学习发音技巧和如何扩展音域，对传统歌剧和爵士乐也产生浓厚的兴趣。

于洛杉矶家门前的草地上，惬意地晒着温暖阳光。

在洛杉矶家附近游玩。

邓妈妈也一起到美国照顾邓丽君。

在简单平静的生活中唯一激起的浪花，就是租到她心仪已久的伦敦录音室。当时，她曾经表示过希望能租用"披头四"录过音的 EMI 公司亚比诺录音间，西田裕司就立刻着手预约。录音间的工作人员笑着说："你们真是太幸运了！'披头四'用过的这个录音间，马上便要关闭重建，你们是在这里录最后一次音的人。"

对于相当喜欢"披头四"的邓丽君而言，能在这间专业的录音间拥有最后一次使用权，是最可贵的纪念，时间不早不晚，正是中国人所谓的缘分！她和所有进录音间的工作人员都很高兴，当然，录制工作也因为她处在各方面的最佳状况而格外顺利，就这样，"披头四"全盛时期的录音间最后一次录音，就以邓丽君的歌声画下完美句点。

历经数劫
冷静不惧地迎接命运挑战

说邓丽君在美国的学生生活平静也未尝全对，事实上，她历经讨几次不平凡的劫数，都是在美国发生。邓家的好友朱小芸透露出这些报纸未曾披露的内幕。朱小芸是一九七三年在日本开餐厅时，认识了邓妈妈和邓丽君，那时母女俩刚到人生地不熟的日本，吃住都不习惯，朱小芸给予不少协助，两家从此成了好朋友。

一九七九年邓丽君从日飞美，住在当时旅居美国多年的朱小芸家，刚开始上些校外课程。不到半年，她的英文就讲得非常溜，可以自行搬出去住，那时，她和邓妈妈曾在柏宁顿市买了一栋房子，家中还有保全系统，没想到才住一个礼拜不到，有一晚回家，发现整个家都被翻过了，值钱的东西被偷个精光，还有一把刀插在枕头上。当地警察浑然不觉，母女俩吓得不敢再住，连夜投奔朱小芸家，后来才在洛杉矶的 UCLA 附近另买新屋住下来，这是第一次的劫数。

另一回是在洛杉矶的住家，那时邓妈妈已经回台湾。有一天，邓丽君的家门口被挂了一个袋子，里面有四颗子弹和一卷录音带，录音带中是一个陌生男子的声音，表示要敲诈十万美元，要她自己开跑车把钱送到指定

邓丽君旅居美国时期，
有段时间住在朋友朱小芸家中。

地点，且不得报警。邓丽君当晚就离开洛杉矶，前往圣荷西，并联络当地的华人警察去处理这件勒索案，后来也就不了了之。

邓丽君一直很爱开车，在美国开一辆小奔驰。有一天晚上十一点，她开车到朱家去。在那不久之前，邓丽君唤作林二哥的台湾密宗大师林云曾到美国，当时他说她近日恐怕会有劫难，给了她一支雄鸡的羽毛避难。邓丽君人才踏进朱家门不到两分钟，就听到外头一声巨响，原来是三名喝醉酒的墨西哥人，把她的跑车撞得稀烂！如果早两分钟，她的人还在车内，后果真是不堪设想！

警察在半小时之后才赶到现场，三个只受轻伤的肇事者早就溜之大吉，那辆新跑车是花三万六千多美元买来的，保险还没过，光是修理就花了三万多元，等于一辆新车的钱，保险公司的人苦笑理赔，并说如果人在车里，绝对是压成肉酱的。这一劫，她相信是林二哥的雄鸡羽毛发挥了作用。

　　最恐怖的一次是，有一回朱妈妈到旧金山来，邀邓丽君一起小住，玩一个礼拜。有一天清晨，朱小芸的朋友来旧金山，朱小芸开车出去接，大约离开家一个钟头左右，回家时发现家中被洗劫过。原来是来了两名持枪歹徒，一个挟持朱妈妈在客厅翻箱倒柜，朱妈妈带来的钻戒、手表、皮包里的现金，保险箱的美元全都被抢走；另一个到楼上客房去拍醒邓丽君，抢走了项链和现金六百多元。邓丽君表示不会报警，只要求他们放她们两个人一条生路，歹徒于是拉断电话线将两人牢牢捆绑，反锁在浴室里，扬长而去。

　　朱小芸回来时吓坏了，立刻报警处理，从浴室找到她们，松绑后两人抱头痛哭，警察找不到任何线索，徒劳而返。历经电影上才有的抢劫过程，惊魂甫定的邓丽君立刻拜朱妈妈当干妈，患难之情让她格外珍惜人在异国的友谊。

　　这些可怕的经验让邓丽君对美国的治安非常不放心，即使后来买的房子在安全上比较放心，但她仍然没有久居美国的打算。也因为治安问题，她日后选择退隐的地点会舍美国而就法国，她需要的是安全与安静，在美国的几次劫数，更让她觉得自己国家的可爱和可贵。

　　一如独自面对大海被海韵洗礼过的女郎，她迈着更勇敢的脚步，迎接命运的挑战，她再度回到阔别一年七个月的台湾，迎接她的依然是热情的歌迷，紧密的行程和欢迎她归来的声浪。这让她重拾信心，护照风波的阴影，已被遗忘。

春花秋月何时了
往事知多少
小楼昨夜又东风
故国不堪回首月明中
雕栏玉砌应犹在
只是朱颜改
问君能有几多愁
恰似一江春水向东流

第七章　淡淡幽情

正如这首李后主脍炙人口、凄婉动人的《虞美人》，我们很想问问，邓丽君到底有几多愁？但是人去楼空，欲问无从。每次聆听她这首歌时，我都在揣测她自问的语气。也许是不堪回首月明中，也许也是春水流暖了人们的心窝，她的歌声曾被广大的大陆歌迷及乐评家誉为"二十世纪最后的温柔"。

事实上，她一直以温柔情愫，面对任何人、事、地、物。温柔，但是严谨，这是她认真以对的工作态度；温柔，但是有礼，是她并不强求的感情态度；温柔，但是坚持，是她对自由人权的立场表态；温柔，而且亲切，是她待人处事的生活态度。因而，她的歌声始终轻柔舒服，不伤自己的好嗓子，也绝对不伤别人的耳膜。她对唱歌的独到诠释，以及整个歌唱生涯中最特别，最可贵，也最让人怀想的地方，对她而言，都不过是有如淡淡幽情般的哀矜勿喜，但在她个人的演唱生涯评价上，有些却是永远抹杀不了的，最明显的就是她成就最高的个人专辑——《淡淡幽情》。

淡淡幽情
精心制作风评最佳代表作

邓丽君一生所灌录的唱片数字超过百余张，是近代艺人所远远不及的，

在所有唱片当中销售成绩最好的，或是她自己最爱的是哪一张？我们不得而知。但从各方面来考虑，风评最佳的应该属于一九八三年二月二日在香港制作、由宝丽金唱片公司发行的《淡淡幽情》。

日本知名记者兼自由评论家有田芳生在邓丽君逝世十周年出版了《我的家在山的那一边》，书中描写他几次亲自采访到邓丽君的互动，对于《淡淡幽情》也有相当高的评价与详细叙述。他提及这张专辑原本的发想是经过许多波折的，当时，任职于广告公司的谢宏中因热爱古诗词，而有了把宋词、唐诗谱上现代音乐来唱的构思。还自己为李后主的《乌夜啼》谱上曲子，到处向音乐人提出这个案子，可惜大家兴趣缺缺。一九八〇年偶遇邓丽君，提出他的一腔热诚，她立即向香港宝丽金的老板郑东汉表示自己有很高的兴趣，他们三人加上制作人邓锡泉，秘密企划出想收录的歌曲，找人谱曲编乐。两年半之后，才推出这张重要的经典之作，也于一九九〇年在日本发行，被誉为"最梦幻的大碟"，受到日本知名音乐评论家中村东洋郑重推荐，盛赞它是邓丽君在音乐领域上最杰出的作品。

日本深入研究亚洲流行歌曲的音乐评论家筱崎弘，是亚洲民族歌乐研究所的教授，他对邓丽君的《淡淡幽情》给予极高的评价，他考评了二十年以上的亚洲流行音乐之后认为，《淡淡幽情》是中国人的骄傲，值得夸耀，并且是几近完美的"绝作"。他相信，这是邓丽君以责任心和使命感为出发点，花许多心血所灌录的好唱片，不但词曲俱佳，诠释细腻动人，而且对中国文化的传承极具意义，百年来的中外歌星，不论个人成就多高，能把民族文学的美感流行歌曲化，让人同时体会严肃的历史文化民族性与娱乐的大众流行音乐性，而且赏心悦耳，只有邓丽君做到这一点，这是非常重要的。

因此，如果要他以第二次世界大战以后的亚洲流行歌乐来作评选，《淡淡幽情》无疑地将被他放在最前面的位置，特别是它不以商业卖点为走向，不以狭义的男欢女爱来讨好大众，而是大胆尝试永远不会褪流行的中国古代诗词，更是具有诚意和文化意义的　张成功制作。这在流行音乐市场不可多得，而且空前，他深深希望这不会"绝后"，但截至目前，他还看不到有哪一位亚洲歌手可以再做出这样美好的作品。

筱崎弘认为，中国、日本、韩国都是单一民族性的，有一脉相承、源远流长的历史文化，而新、马、印度尼西亚、缅、越等都已成为多种族的国家，并没有属于自己历史文化调性的文学，更别说是将古典文学流行音乐化。日、韩有属于自己的历史文化范畴，却没有审视它的重要性并予以考虑将它们流行化，随着时代的变迁而渐渐失去了关切。

《淡淡幽情》以古诗词入曲，获得极大回响！

筱崎弘观察亚洲近年的歌坛趋势，由于信息发达进而没有国界的隔阂，自家的历史文化有可能被重新整合，也更可能被遗忘。如果政治家提出重视文化的呼吁，而要音乐家来配合做出好唱片，对整个音乐市场而言会是个奇怪的要求，更有可能的是，年轻世代追求新潮、倾向欧美的心态，这样具文化定位的唱片即使做出来，恐怕也卖不出去，又有谁会去冒这样的风险？空前绝后之说，也许会真的不幸言中，《淡淡幽情》也就格外可贵。

也因此，筱崎弘在各小区或校园演讲亚洲流行歌乐时，一有机会就会提出这张唱片来做上课的视听教材，告诉日本民众在文化传承上，流行歌乐可以扮演的重要角色，并称赞这张中国文学流行歌曲化的示范唱片，是日本所不能、亚洲所不能，更重要的是她的歌艺的确耐人寻味、百听不厌。他幽幽地诉说："我常常一个人在夜深人静时写作，会习惯地一边放她的歌，一边写稿子，那时，我的心头非常宁静，但是感情十分澎湃。一想到她已不在人世，我的泪就会不由自主地落下来，那些中国的古诗词是丰富的养分，由她唱来，格外动人心魂。"邓丽君逝世十八年来，他所期待的同性质作品始终未见，他心中也一直有着那淡淡的惆怅、深深的遗憾。

一时之选
共同成就传世的经典之作

事实上，《淡淡幽情》的确也不负日本音乐评论家的盛誉，可说是流行乐坛非常骄傲的突破性创作，历经整整两年多的策划和制作，集合港台两地流行音乐界的精英，如作曲的刘家昌、梁弘志、黄霑、古月、钟肇峰、谭健常、翁清溪、陈扬等，以及负责编曲的卢东尼、陈扬、萧唯忱、顾家辉、奥金宝、钟肇峰等，都是一时之选。阵容非常齐全，可说是一群有理想、有抱负的音乐家在尽心成就一张可以流传后世的经典之作。

他们集思广益，精选十二首脍炙人口的宋词，包括：李煜的《虞美人》《乌夜啼》《相见欢》，苏东坡的《水调歌头》，范仲淹的《苏幕遮》，秦观的《桃源忆故人》，聂胜琼的《鹧鸪天》，欧阳修的《玉楼春》，朱淑真的《生查子》，柳永的《雨霖铃》，辛弃疾的《丑奴儿》和李之仪的《卜算子》等，可说是古诗词中朗朗上口的精华中之精华。

这十二首优美而典雅、深刻而隽永的宋词，原本在中国文学史上就占有重要地位，经过千百年朝代兴衰更迭，依然毫不沉寂地受到今人的眷恋。重新谱曲以不同的音乐编排去表达，更容易让现代人接受而沉浸在古典氛围中，而要理解词境美意与诗人当时的心境，则必须靠邓丽君以用心揣摩过的唱法，来引领聆听者，导读这页融会中国文学与音乐艺术的浪漫结晶。

其中，选自苏轼在宋神宗熙宁九年中秋夜，通宵狂饮，大醉之后所作的《水调歌头》，是一首家喻户晓的千古名作，道尽东坡居士在人生路途的坎坷、无奈、豪放、豁达与悠然自得。对经济起飞、物质诱惑的时代生态环境，有一种探索自内心深处的质疑和感叹，不自觉勾动一种自省的共鸣，因而引起现代人的共鸣。

歌名改为"但愿人长久"，又合了当时人们寻求感情温馨久长的渴盼，加上身为天主教徒的梁弘志沉潜用心的谱曲，当时他还只是个名不见经传的大二学生，而编曲的萧唯忱则是刚在台湾冒出头来的新锐编曲家，负责为这首歌钢琴伴奏。他们两位新派音乐工作者，用音符把词意中的情绪、境界发挥得淋漓尽致，钢琴串引着弦乐的高低起落，中段又以管乐过门，层次宕迭有致，风格清新、自然。

邓丽君轻柔委婉略带感伤的唱功，毫不刻意却又悉透世情的神韵，更加探进灵魂深处，让这张唱片的每一首歌，几乎都能成为传诵一时的主打歌曲，在任何场合都适宜播放，更适合静静地聆赏，往往令听者动容，久久不能释怀。

另外，乐器运用十分丰富的《芳草无情》，充满管乐齐鸣的中国情味；《独上西楼》是刘家昌式的曲风格调，起头与中间安排了一小段清唱与独白，她的声音其实是非常适合清唱的，口白更因抑扬顿挫和感情诠释得宜，而让整首歌加分不少，确然收到了"别有一番滋味在心头"的效果。

幽邈哀怨的《几多愁》满载亡国的伤痛，对一向非常爱国且对整个大陆政坛寄予深切厚望的邓丽君而言，也能一抒关怀祖国，抚慰不能归去的痛，恰能深深体会李后主的心境，她不徐不疾的含蓄唱腔表现，传神道出

特地前往新加坡拍摄《淡淡幽情》。

好词、好曲，彻底彰显文学、音乐之美。

配合古诗词，有各种不同扮相。　　　　　一九八二年，在新加坡拍摄《淡淡幽情》专辑。

了无可奈何的愁情，曲曲都诠释得回肠荡气。

邓丽君的歌唱技巧原本是毋庸置疑的，但音乐家们仍不免有些担心她会掌握不到词中韵味，因为传诵千古的诗词有一定的光芒，很容易将音乐性掩盖，歌者若不能将诗词的神髓诠释到位，也会抹杀其间的韵味，而唱成一般的流行歌曲。事实证明，他们是多虑了，邓丽君在事前比谁都认真地做足了功课，也比谁都用心去揣摩每一首歌曲所应传递的感情。

好词普及
推广文化的用心难能可贵

邓丽君从少女时期就非常喜欢诗词，这些有名的宋词更是她早就熟悉的，但她依然反复深研唐诗宋词的堂奥之美，熟稔词牌的音节、字句和平仄、韵脚关系，还捧读相关历史文化背景去体验古人心绪，完全融会贯通之后，灌进自己丰沛的热爱感情，能放亦能收地把歌曲演绎得动人出色，使每一阕词的意境，都能深入浅出地游走在鼓膜、脑海里；不但保留原来古词中的醇厚真朴情味，更能触发思古之幽情，撩动"剪不断，理还乱"的思绪，在更深人静、万籁俱寂时聆听，总会心旌神荡，不忍入睡。

好唱片固然需要精心的制作、企划和幕后众人的智慧结晶，但更需要演唱者完全投入地赋予新生命。从一张唱片看她的敬业精神，她的扎实用功，她的勇于接受挑战，她的敏于捕捉味道，点点滴滴促成她能成功且历久不衰的原因。更别出心裁的是这张唱片在最初发片时的促销手法，随碟附送"淡淡幽情画集"，由当代画家单柏钦，根据词意风格画成十二幅浪漫的国画，而摄影家林伟则以邓丽君为中心，用摄影手法表现词境，与国画形成古今对比，别创新意。而林枫的白话译词，让听者对宋朝这几位知名文学家的时代背景有所了解，在聆赏时就能深入体会词中意境，等于借着流行歌乐的容易深植与朗朗上口，仿佛上了许多堂"宋词赏析"宝贵课程，这是课堂里的教学效果所不能达到的普及啊！

我的四妹姜满在俄亥俄州的小区大学里教中文，那些中国太太以及ABC（在美出生的中国人缩写）的孩子对古诗词文化都很有兴趣，但学得很慢，吟诵得很不标准，背也背不起来。妹妹苦思良策，要我挑一些好读一点的诗词寄去美国让她教学用。我灵机一动，就寄了一张《淡淡幽情》给她，不久她回电说，孩子们都学得非常高兴，而且进步神速，每一首歌几乎都能写能读，比她原先的教学方法快了好几倍，并且央求她讲这个"唱得好好听"的女歌手故事给大家听。可见小邓的魅力老少通吃，无分海内外。

日本音乐评论家注意到这张专辑，如此赞许中国古典文学与流行音乐结合的做法，并有邓丽君的成功例子在前，我们为什么不能再制作类似这样有文化教育意义的流行音乐呢？是时空的因素使这样的音乐失去市场，还是实在找不到另一位可以取代邓丽君的歌手来诠释古典文学的美好髓味？找不到愿意再尝试出这样唱片的有魄力、有眼光制作人？抑或再没有人有这样的号召力，可以集合各界精英，重组一个幕后工作小组共襄盛举？声声自问的同时，心神整个儿融在《淡淡幽情》的轻柔乐音里，不由自主地为流行音乐的现况而发出淡淡的喟叹。

《淡淡幽情》是邓丽君遗留下来的重要尝试成功作品，虽然不是为她量身打造，却是由她介入极深的一张代表作；期待着日后有人循此模式，再找实力派唱将尝试出版！根据有田芳生的书中透露，一九九〇年邓丽君有出续集的计划，专辑名称是"春梦秋云"，将收录李白的《清平调》、元好问所写的《问世间情为何物》等十五首歌，可惜词曲还未全部敲定，她已芳魂杳然，这张无缘出版的唱片，真如春梦了无痕，秋云无觅处。

时代歌后
与周璇相提并论的分水岭

另一个不可抹杀的成就是：邓丽君可说是整个流行歌曲时代的分水岭代表人物。就像人们提起老歌的风华年代，就会自然而然想起周璇一样，内战后出生的这一代，提起流行歌曲就会自然而然想起邓丽君，她俨然成为一个时代的代表。旅法多年的知名声乐家姜成涛对邓丽君有相当赞扬的评价，他认为，二十世纪三四十年代是属于金嗓子歌后周璇的时代，而六七十年代的代表人物则非邓丽君莫属。

姜成涛对邓丽君有如此深入的评价，并非凭空臆想，而是有真正的接触和研究，两人并且曾经有过一小段"胎死腹中"的合作演出计划。那是在邓丽君尚未赴日本深造之前，她是红透半边天的玉女歌手，他是赴国际舞台声名鹊起的声乐家。当时的名导演刘易希望拍一部民俗风味较浓的音乐歌唱电影，片名是"凤姑"，并锁定了一个是小调唱得有味道、一个是民谣唱得呱呱叫的两人担纲男女主角。邓丽君当然非常有兴趣，马上就进入录音室作男女对唱的试唱，声音搭配得十分完美，案子就这么敲定了。

歌剧式的音乐片并不同于搞笑式唱唱跳跳的歌舞片，是要经过审慎企划的，作曲、作词都是一时之选，词谱都填好、编好，送到文建会审查时，却不知为什么耽搁下来。当时的电影必须通过文工会，好像有些必须暂时搁置的理由，"中影"不敢贸然开拍，热头一过，音乐监制和艺术指导都打了退堂鼓，这部片子也就不了了之。合作虽然不成，姜成涛却对她的声音留下深刻的印象。

姜成涛是个学声乐、搞正统音乐的人，也一直都在美声唱法的领域中，和流行音乐的路子大相径庭，但他认为邓丽君控制声音大小以及转音的技巧很好，放入感情的唱法也很正确，她的演出有着一半流行歌曲、一半艺术歌曲的味道，很多他所见过学声乐的人都无法做到她的声音表情，甚至于有些当了声乐家，都还不能对音乐词曲的感情达到收放运用自如的境界，那不是老师教得会，也不是经由学习可以得到，而是天生的敏慧和后天的环境所造就的。在他研究近代流行歌乐的专业分析中，他可以断言，周璇和邓丽君足以担当划分时代的"一代歌后"地位。

仔细研究这两位"一代歌后"，还真有许多相同之处，周璇的声音甜美，感情充沛，身世坎坷而感情生活几乎交了白卷。从小卖给人当养女，受尽欺凌，后来，进入明日歌舞团又惨遭负心男子的欺骗、压榨，最后受不了精神打击而疯掉了；同样地，邓丽君从小就开始走唱生涯，年纪轻轻就跑遍世界许多国家，生命历练非常多，生活感受特别丰富，看尽人情冷暖和人生百态，在感情路上也同样走得并不顺遂，遇到歌词中的意境，便能揣摩得八九分。而吞吐出这么动人的声音，两人都是先有个人遭遇，衍生深刻感受，才有完美的诠释。

爱情，是好东西，是生命的原动力，有爱情固然值得歌颂，就像对大自然的发自内心的歌颂一般流畅，但是没有了爱情，同样能激发心底最深沉的寂寞与悲哀，那种不欲人知的辛酸，会升华一个人的感情到艺术的境

邓丽君是足以代表一个时代的歌后。

界。周璇和邓丽君都做到了这点，尤其是邓丽君的歌域很宽，能唱的不只是小调，观众的接受度就大幅提高，使她的歌历久弥新、百听不厌，就连学声乐的人都想学习她的若干表达技巧。好声音就是好声音，是一听就知道的实力，完全不必矫揉造作，才会让人听了舒服。

大陆刚开放不久，姜成涛曾多次走访大陆，发现邓丽君的"山寨版"录音带不仅是沿海几个大都市如上海、广州、青岛盛行，内陆的北京、天津、重庆、西安也都被征服，就连西藏拉萨都有！街头摆的小摊子上全都是她的录音带，街上门户里传出来的，饭店招待处全天候播放的，借住在朋友家中听来的，全都是邓丽君的歌；至今，他还未在港、台、大陆或海外任何一个地方，发现有这样会应用丰沛感情的声音，这是她最雄厚的本钱。

邓丽君和周璇同样是天妒红颜的奇女子，但两人能成为划时代的代表人物，并非在于生命存活的长短，而在于贡献力量的震撼。能引起这样沛然莫之能御的震撼，和当时代的流行歌乐文化背景息息相关，个人的力量固然是有魅力，有独到之处，但时代的推波助澜，也不可轻忽。

周璇所处的时代是在战乱夹缝中，从纷杳多事之秋，好不容易有一点点可以喘息的空间，人们在十里洋场的上海、洋人眼中所谓的"冒险家的乐园"，寻求繁华所带来平安无事现象证明，渴望着从此歌舞升平，把对战乱的恐惧移情于对及时行乐的把握，而开启了一页"百乐门时代"的时尚音乐。此时，周璇用她清亮、独特的嗓音，抚慰了人们心灵的茫然、无所适从和不确定感，也用像《天涯歌女》《何日君再来》《渔家女》《天上人间》等小调曲风的温柔，让人们沉醉其中，忘却连年征战的痛苦。

邓丽君的时代虽然比周璇要来得幸福得多，但是战争的阴影并未远走，而且一再影响着政治生态，加上退居海隅强烈的不安全感，使得人们转而追求经济的发展，在快速的努力里累积了经济奇迹的成就。然而，物质追求越烈，心灵空虚便越甚，歌声就是抚慰人心最好的治疗剂，在那一段新旧交替、闽南语与国语相互较劲的时代，出现几种形态的阅听人，可巧的是这几种人都不约而同地爱听邓丽君的歌。

其一是从大陆来的老兵、眷属和他们的后代，他们从来台就守着收音机听老歌，觉得在歌曲中有和老家紧紧相依的联系，年轻的歌潮涌入市场，他们不屑于听那些不够含蓄的情呀爱的，嫌肉麻、太直接，而此时邓丽君刚出道，能唱老歌、小调、黄梅调，正对了他们的胃口，《夜来香》《何日君再来》《叹十声》《恨不相逢未嫁时》等，比原唱人唱得更有味道，一些思乡情切的，受到精神迫害或生活上多所委屈的……只要听她的歌，心灵就能平静抚慰，很自然地产生共鸣，歌声把人们的同理心串联在一起，邓丽君的老歌成了金字招牌。

其二是生活寂寞、向往纯纯之爱的年轻人，他们在情窦初开、情欲自由的风潮里，接受全新的、开放的、勇于倾诉的爱情观，琼瑶似的爱情强力撞击了渴望真爱的心灵，加上一连串唯美派的电影推波助澜，每部电影

亲切甜美的歌声，让邓丽君的歌迷横跨老中青三代。

的幕后主唱几乎都是邓丽君包办，《云河》《千言万语》《海鸥飞处》《小城故事》《在水一方》等，都轻易掳获少年心。

校园民歌风潮，邓丽君也未被摒除在外，她翻唱蔡琴风靡一时的《恰似你的温柔》也颇受欢迎，一些有民歌曲风的《原乡情浓》《奈何》《我心深处》，有小调韵致的《南海姑娘》《小村之恋》等，以及《淡淡幽情》里成功的古典文学流行歌曲化，都深深打入年轻人渴望净化流行歌乐的改革心，《月亮代表我的心》更成了她的招牌歌，人们连原唱者是谁都想不起来了。

第三种是熟龄人口，事业有成、婚姻和爱情面临考验，受着传统礼教的束缚不能为所欲为、爱所敢爱，心中有爱亦有憾，不知如何排遣，这种形态在日本最为严重，邓丽君的《爱人》《偿还》《谁来爱我》《我只在乎你》《酒醉的探戈》等，就唱到了他们的心坎上，这些中年歌迷反而比年轻族群更死忠。

另一种可能比较意想不到的是台语歌迷，在日据时代的台语歌谣几乎是悲情歌曲的同义字，期望着光复后的台湾带来荣景，百废待举的生活艰苦可想而知，《雨夜花》《碎心恋》《补破网》《烧肉粽》都是当时生活的写照，反映出时代的悲歌来。这些台语经典民歌经过邓丽君的翻唱，有了不同的味道，抽离悲苦的成分，带来温厚的抚慰，一些年龄层大的阿公阿妈都爱听，稍晚期的《阿妈的话》《四季红》《青春岭》更打破了悲苦的模式，导入轻快、活泼的旋律，使邓丽君拥有一般国语歌手比较难拥有的广大闽南语歌迷。

有了这样坚实的听众群，几乎是概括了整个时代的男女老少，她能够成为一个划时代的人物，也就不足为奇了。

寰宇传唱
拥有地球村国际观的艺人

而以同样的道理，邓丽君会粤语，唱红不少广东歌，又用国语、印度尼西亚话分别诠释了印度尼西亚民歌《甜蜜蜜》，成为她另一支招牌歌。而在新加坡、马来西亚、越南、泰国、印度尼西亚等地演唱时，每次的作秀代表团里，也只有她能唱一两首当地民谣，或以当地语言翻唱的国语歌曲，赢得当地听众的共鸣和好感，换得如雷掌声，这不是哗众取宠，而是她的国际观。

如果游历过泰国的人就会发现，泰国的餐馆经常播放邓丽君的歌，华人多的地方是播国语的，华人少的地方就是泰语发音的邓丽君成名曲，特别是在泰北，村落里仅有的四五家餐厅，天天都播放她唱红的歌。为什么邓丽君的歌能在她过世多年后依然如此走红异国？因为，她一直认知到好听的歌是没有国界的，过去姚敏的《第二春》能被改编成《苏丝黄的世界》走红好莱坞，西洋大量的情歌被翻唱成国语，韩国的《阿里郎》、马来西亚的《娘惹与峇峇》都是传唱半个地球的好歌，她会排除万难地录制印度尼西亚歌曲的唱片，也是同样的心理。

邓丽君在日本的演唱会，常常是中文、日文、英文轮番登场，不管观众来自哪里，都听得到自己熟悉的歌，往往在演唱会结束之后，所有的观众会不约而同地起立鼓掌，持续数分钟而不歇。日本唱片公司的经纪人说，在那个年代，这样全方位的歌星非常少见，在演唱会中能让大家不约而同起立鼓掌的，也并不是常有的现象，日本人一向不太表达自己的热情，只有邓丽君的演唱能造成观众这样的忘情支持，这实在与她所选的曲目和使用语言的多样化大有关系。

　　同样地，她在美国、加拿大的演出也造成盛况空前的情景，不论从哪个角度来看，她都以优异的语言天分，开拓了自己更有能耐成为国际巨星的视野，早年不断努力于学习各国各地民谣歌曲的风格，使她很早就成为声名远播的地球村人，她四处为公益而演唱，将酬劳全数捐给当地的行事作风，也充分显示她不分疆界的关怀心。

　　我们几乎可以说，她不只是属于台湾的，而是属于全球华人，甚至是全球人的！因为她的歌声曾这样无远弗届地抚慰过成千上亿人口，直到现在都传唱不已；她的慈心嘉惠过世界许多角落的失学失依儿童和贫病孤老，她的故事更让喜爱她的歌迷们愿意追随她的脚步，完成她的遗愿，而在全球各地努力地因她的名而贡献着，这份影响力是任何艺人所远远不能及的，无论她在世，或是已远走。

不知道为了什么？

忧愁它围绕着我

我每天都在祈祷

快赶走爱的寂寞

那天起　你对我说

永远地爱着我

千言和万语

随浮云掠过

不知道为了什么？

忧愁它围绕着我

我每天都在祈祷

快赶走爱的寂寞

第八章

千言
万语

巴黎开拓了邓丽君的艺术视野。

　　一九七七年，邓丽君唱红了《千言万语》，当时并没有想到这样的心情，在二十多年后旅居法国的心境，竟然与之隐隐相合，或许，隐居法国的悠闲自在退休式生活，对邓丽君忙碌、疲惫的演唱生涯可说是好的，但她始终心怀着一股忧愁，她的感情归属于法国籍的史蒂芬，表面看起来似乎是有了着落，其实却横亘着巨大的鸿沟，无法圆满于她一向所钟爱的结婚、生子、简单幸福的期望。

旅居巴黎
追求音乐和艺术丰美滋养

　　住在巴黎的这些年，她追求西方的自由不羁，也享受没有人注意她的轻松自在，这是她在台湾地区和日本都享受不到的。西方不拘一格的文化和充满艺术气息的思维精华，开启她一扇追求艺术的窗口，光只是在追求音乐造诣的提升上，就有学不完的领域，特别是在欧洲可以观赏许多歌剧演出，歌剧结合多元的综合艺术之美，是她迷上巴黎的原因之一。

由于她在巴黎的生活非常隐秘和低调，只能从她几个朋友中探知一二，从大陆到法国定居的名画家范曾是其中之一。范曾是走过中国大革命时代的人，他打开话匣子就是一声慨叹："邓丽君是个纯洁、真性情、执着的追逐者，她既不喜欢高谈阔论，也不会故作深沉，她是我所认识的演艺朋友中最不虚伪做作，从不浮夸、膨胀自己的一位，我可以说她是一个天才艺术家。"

一九九〇年，通过当时《民生报》发行人王效兰的介绍，他认识了倾慕已久的邓丽君，说倾慕是因为他从一九七八年就迷上了她的歌，常在收音机中听；一九七九年，他好不容易从友人那儿拷来了一卷邓丽君的录音带，连夜用老旧的录音机放来听。没想到听了不久，录音带竟然被卷进机器里，他着急得不得了，细心地打开盖子，慢慢地一点一点把带子抽出来，再慢慢地卷回去，弄了一头汗。那时，他就发誓一到香港，一定买齐她所有的录音带，也一定要去听她的演唱会。至今，他已然拥有了她所有的 CD 唱片，但当年焦急又懊恼的心情到现在还清清楚楚地记得。

范曾对邓丽君一见如故，畅谈甚欢，她对穿着的品位和艺术鉴赏的品位都很高，使范曾更为佩服。有一次，邓丽君向他求一幅画，要画一个仕女图，他爽快地答应了，却迟迟没有动笔，因为他想不出像邓丽君这样的女子该送她谁的画像才好。原先他想画《红楼梦》中的妙玉，被范夫人劝阻下来，认为妙玉的下场太红颜薄命，不是理想人物。他又陷入深思熟虑，没想到还没有等他画好，要画的人已芳魂杳杳，倒成了范

即使远在法国，仍在筹备新的音乐作品。

在法国的邓丽君，眉宇之间总有淡淡的哀愁。

曾心头最大的遗憾。

一九九五年邓丽君逝世后，范曾挥泪写下一幅祭文，在她的灵前烧去给她，心意完全表露于其中："你优美的歌声安慰了几代人，最纯洁的情感，升华了庸俗社会的人们的心灵，超越了爱情，对人类纯洁心灵的讴歌……"他感慨地说："邓丽君不追逐名利，而是音乐、人生、情感都能完全统一的艺术家，她待人的温厚和周到是一般人少有的，她的歌声令人心旌神荡，也是东方歌手中所仅见。"

"她在我儿子的婚礼上用麦克风清唱了《海韵》《月亮代表我的心》《小城故事》等七八个曲子，那个好听，真是让人难忘！尤其是唱古典诗词的韵味更是唱绝了。她唱歌的情感从个性中与生俱来，那是装不来的，纯洁的美，比官能的美更崇高。看她的演唱会，八面生风，数千人的心跟着她的情绪走动，真是非大将之才不足以掌控全局；而那种让人愉悦而共鸣的自然、自信，更是由衷而出，邓丽君就是那种非常自信，自信到发乎自然的人，不夸张、不刻意、不哗众取宠；换句话说，她能做自己精神的主人，这种对音乐的深刻体悟，绝非一般浅陋之人所能体悟，邓丽君的悟性够，也下过真功夫，克服过许多困难，才能跳过所有的障碍，成为真正的艺术家。其他地区我不敢说，至少在中国大陆的歌迷心目中，她不会消逝，不会过气，只会历久弥新。"

除了歌声让范曾赞扬不已之外，他还特别推崇她的道德良知，他说："邓丽君不是政治型的人物，却有强烈的道德良知，是她的良知良能推动行为，而非政治理想在推动。她不会泯灭良心地说一套、做一套，也不会被政治所利用，有自己的判断，自己的决定作为，这种性格很可贵。"范曾相当推崇地下了结论："真理是艺术之母，她的歌声表达了真，她好恶分明的

摄于巴黎塞纳河畔。

坦诚，对人只有善，没有猜忌和设防，而她又带给人们美的视觉和听觉享受，她的生命是真善美，也灿烂辉煌过，我们做朋友的很舍不得她走。但是，她的人生的确画下了最完美的句号。"

▌享受自在 ▌ 放松生活能玩乐也能读书

邓丽君早年在香港就是知名的美食家，到了日本更有"拼死吃河豚"的新闻见报，在以美食著称的法国，更是如鱼得水。只是，她已经不再喜欢大吃大喝，而是回归于素净清淡的饮食生活，几家知道她口味的中国餐馆，更是她常走动的地方，很自然地也会和餐厅年龄相仿的老板娘成为好朋友。她最常点的就是鱼烧豆腐、清蒸龙虾、鱼香茄子和一些素菜，小费也给得很慷慨。

新敦煌酒店的沈云是她结识颇深的一位，早几年传出她和林青霞在坎城海滩裸泳，沈云就是在场证人。她笑着回忆她们那天的情景，两人一到海滩，发现几乎所有的人都在裸泳，心防就先撤了一半，再看林青霞落落大方地脱衫落海，也就毫不犹豫地"下海"解除武装，游得过瘾了再裸着上半身走回沙滩，那种坦荡荡的自由自在感觉，就是她一直想为自己彻底松绑的放怀。后来发现消息曝光后，面对香港记者的询问，依旧很大方地说出"那实在很过瘾"的感觉。

邓丽君是一个周到的人，常常会为家人、朋友、亲友的小孩买东西，每次都要明姊陪她上街，不时询问她的意见，有时自己出国买东西，一定带一份回来给她。买桃红色的绣花鞋就带两双，一双送给明姊；买游泳衣送给明姊也是桃红色的。直到现在，明姊都不可救药地喜欢粉红、桃红和紫色系列。她挑东西的眼光很好，该给谁买什么样的东西，都心细如发地再三斟酌，一定买得又好又能投人所好，明姊觉得这几年来和她一起逛街就是一种眼界的成长，眼光的提升。

邓丽君在法国并没有和任何侨界来往，全然清静度日。她在法国著名的明星居住地区——第八区买下的公寓，门禁非常森严，又有游泳池，完全合乎她的理想。邓丽君一向颇有艺术眼光，巴黎家中的房间摆饰、装潢设计几乎都是自己的想法：传统的火炉、地窖、麻将间一应俱全，即使是邓丽君把自己的设计观点告诉日本的设计师，请他到巴黎来装潢，还是付了高额的设计费！她的设计颇具创意也对设计很有兴趣，有一阵子还学过服装设计、室内布置。她选择家具、灯具、餐具和字画的眼光很独到，只要她喜欢的东西，再远都一定会买回来，不会犹豫不决。

法式情调的装潢，地板全部铺大理石，还到 Laligue 去挑选水晶灯，讨价还价地看了好几个星期才买回来；天花板粉嫩、淡青，镜子也古色古香，床组更是白纱垂挂、宫廷式的铜床，加上粉红、粉绿、粉紫的窗帘。整个家都布置成同一个色调，非常浪漫而梦幻，充满欧洲贵族风情的雅致，布置得很合她的意，连林青霞来做客时都称羡不已，非常喜欢她的居所。

邓丽君在布置法国的家时，尽量把自己的生活和巴黎的情调融合在一起，买灯，就到巴黎著名的跳蚤市场去选，一共去了四五次，才把一个有贵族风格的浪漫水晶灯搬回家，很高兴地说着自己杀价的过程，就像个孩子一样。她常常有这样天真的一面，当她真正喜欢上一个东西时，总是会执着地买回来，欢天喜地地拥有它。她念旧的性格，在所有故居的家具、餐具都维持很多年这一点上，可以看出来。

四年多来，沈云和她一起玩过不少地方，到巴黎很有名的"福颂"咖啡厅吃甜点、买红酒；在坎城的赌场用刘家昌教的方法小赌，果然也小赢了一笔；或是请朋友到沈云的店里吃吃饭、打打小牌。

据每天和她朝夕相处的明姊描述，邓丽君是很念旧的人，喜欢的、爱去的都是些老地方，有时会去逛逛著名的古董街，或在小日本街找一些有东方品位的东西；香榭丽舍和蒙田区如春天、老佛爷等著名的超大型百货公司，橱窗设计和精品都很吸引她；她是凡登广场的丽池大饭店附设的健身俱乐部会员，经常去健身或在室内游泳；法国的空气很新鲜，更是著名的花都，她也爱到圣母院附近的西堤花市买花；丽都夜总会的秀多半很高档，她可以从中学习不少；当然在巴黎歌剧院欣赏著名的歌剧，更被她列为"功课"之一。

但别以为邓丽君的生活都在吃喝玩乐，那只是休闲活动而已，其实她大多数的时间都在用功。她在美国有一间录音室，学声乐是必修的课程，发音练习一直都在进步中；在语言学校学习法文的课也没有中断，还请家教到家中来教，她说的每一句法文在语法上都要求正确，

邓丽君于法国自宅内拍摄。

在法国的生活，简单却充实。

不愿意像一般人求快的方法，大着胆子、硬着头皮，不懂也乱说一通，而是仔细衡量过正确不正确才出口，真的说不通还可以用英文沟通。

史蒂芬的家住在靠法国西北、近海边的地方，车程约四五个小时，邓丽君和他的家人都很熟，也带沈云她们一起去玩过。看起来史蒂芬的爸妈都很喜欢这位东方女子，她那种以真诚对人的态度，是很少让人不喜欢的，可惜这段情缘终究成了一场空。

邓丽君心肠非常好，尤其是对老人家，一位七十岁的法国老先生为她开车，她每个月都给他一万法郎。虽然他已经手会抖，并不适合开车了，但是他需要这份薪水，邓丽君心好不愿开除他，反而常常自己开车，以便减少他的工作量。邓丽君走了之后，这位司机老先生跑到新敦煌酒店来哭了一个多钟头，非常舍不得，直说要飞到台湾为邓丽君上香，又说邓丽君对他最好，她走了，今后他还能指望谁呢？

另一位不愿具名的姊妹淘对她"很会照顾人"的印象也很深刻，她常常担心没有招呼好别人，又为了唯恐招呼不周，会出手大方地给店家小费。同时，她还透露邓丽君很有艺术涵养，是天生对流行敏感的人，常常买一些高档品，无论款式、颜色、质料都令人赏心悦目。而她自己打点服饰也是一流的，凡是手套、袜子、披肩、丝巾、纽扣、皮件等，都搭配得很完美，不会一直追求西方人的穿着品位，而会搭配出属于东方人的优势来，不知道她是歌星的人，还常误以为她是顶尖的时尚设计师呢！

尤其邓丽君对她说过一句话，她终生都受用不尽。邓丽君劝她："女孩子讲话不要太大声，不但伤自己的声带，也会伤别人的耳朵。"在她和邓丽君交往的四五年中，从未看过她生气、动怒、大声说话，她始终是那么有女人味，那么含蓄、内敛、温柔。

在坎城，邓丽君大胆"解放"！

侄女忆往
细说姑姑的爱点滴在心头

邓丽君是个重视心灵养分的人，旅居巴黎令她着迷的就是对美的追求，她常走访美术馆、艺术中心、古董跳蚤市场，从异国的文化背景中汲取美感养分。从曾到巴黎跟姑姑住过一阵子的双胞胎侄女铭芳、铭玉，对姑姑的回忆就可窥探出她的生活概貌。

铭芳、铭玉记得姑姑对艺术的涵养很深，简单的一扇门、一个古董灯，都可以讲出个门道来，要她们细细看门窗的雕花，感受它设计的用心，姊妹俩因而也跟着她的审美观，进入美的鉴赏世界。

把法文学好是邓丽君很重视的大事，刚开始学，有个很严格的老师，教到"皮"这个字，邓丽君一时无法意会，他就硬揪着她身上的皮裤，严厉地说："这就是皮！"后来铭芳、铭玉上法文课，也遇上灰心沮丧的瓶颈，邓丽君就拿这段亲身经历鼓励她们："今天是你不会，才遭受这样的待遇，越是这样，越要加倍努力。"后来，她的法文讲得很溜，还能用法文讨价还价，更兴致勃勃地计划下一步要学德文。

邓丽君和史蒂芬在一起，对话大多是英文夹法文，但只要双胞胎在场，她就一定全部说英文，主要是让两个侄女都能懂，也借此做机会教育："有外国人在，要

邓丽君很疼爱两位侄女。

尊重人家，大家在餐桌上得讲英文。"铭芳、铭玉到美国念书后，英文得心应手，还很感谢姑姑的用心良苦，以及在生活小事中与她们分享累积多年的人生经验。

小时候，姑姑曾带她们到圆山饭店，当时有个洋妞穿着比基尼走过去，姊妹俩好奇地交头接耳、指指点点，姑姑马上低头对她们说："你们讲什么，她听不懂，但不要指指点点，这样不礼貌。"

邓丽君很重视整体的仪容妆扮。有一回姑侄三人逛春天百货，邓丽君特别带她们到帽子部门，她陆陆续续试戴二十多顶，一边戴，一边说："女人的打扮是整体的，衣服穿得漂亮，再加上得体的帽子，整个人感觉就不一样，还有皮包、手套都要搭配好。"

邓丽君也很喜欢研究吃的东西，常说要下厨，做好吃的给她们吃。有一回起了个大早，泡黄豆、打浆、过滤，亲手端出热腾腾的豆浆来。在法国，中国菜的材料难买，她会费心寻找替代品；在台北的家人，常常接到她从巴黎的来电，问："葱油饼怎么做？""馅饼怎么做？"尤其特别爱研究水饺的馅，东试西试的结论是：青江菜做的馅口感脆、风味好。不过，铭芳她们却始终没吃过姑姑包的青江菜水饺！

邓丽君在巴黎的日子很随性，有时只擦个口红就出门，但遇到正式场合，赴会前就很慎重打扮。她应邀出席画家范曾儿子婚礼时，铭芳和铭玉穿了一身灰灰暗暗的，邓丽君认为不妥，拿出自己的衬衫、外套，替两个侄女重新打扮成一个粉红、一个粉橘，那时两人都颇不以为然，现在回头把照片拿出来看，却完全肯定姑姑的眼光和品位。

邓丽君很爱看书，读的书又多又广，床头、书桌摆满书，洗手间也总有些英文杂志，鼓励姊妹俩没事就看："看久了，你会觉得它很认识你，你

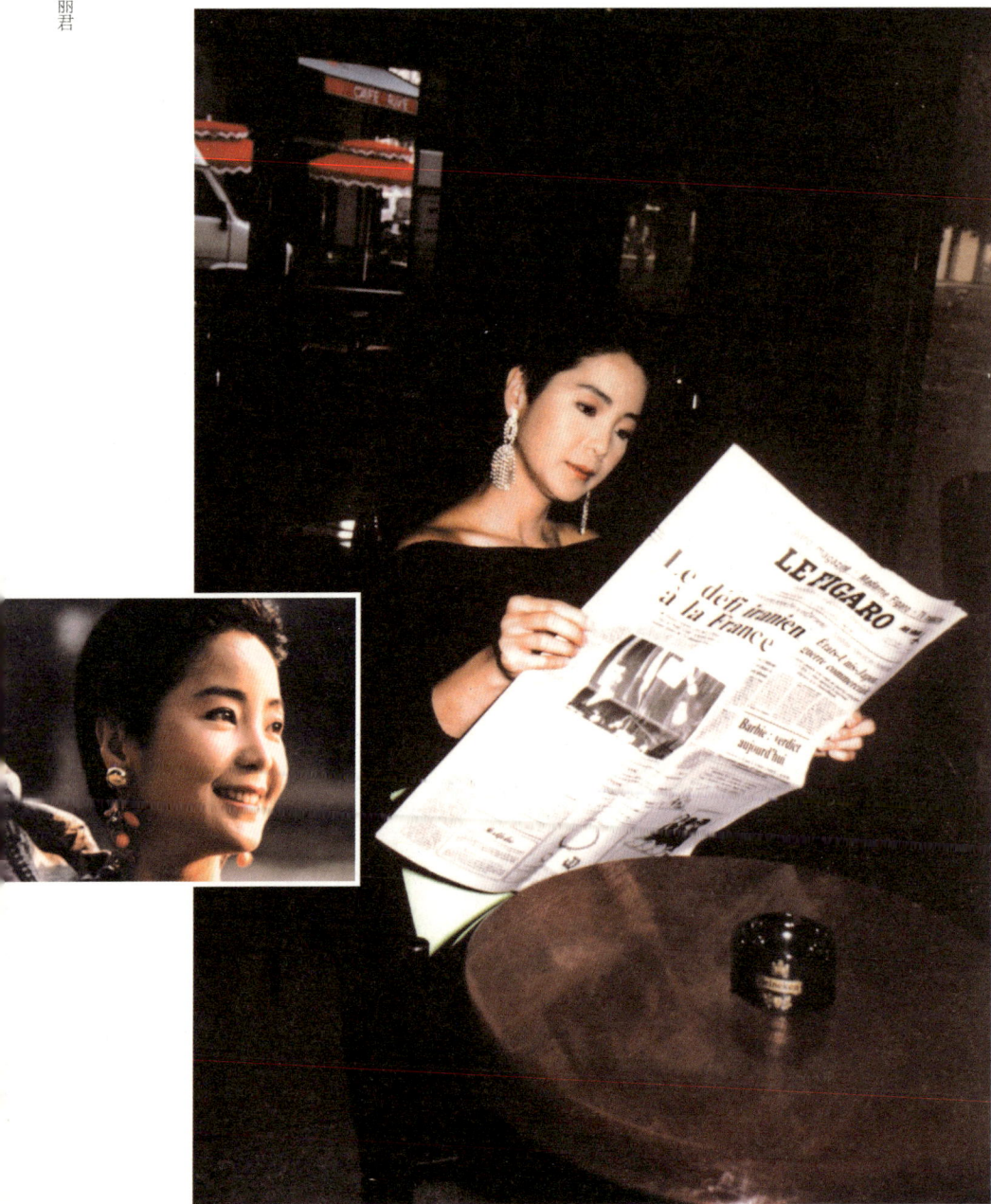

也认识它。"

　　姑姑也逼她们一起练游泳。当时双胞胎很不情愿早起练游，现在却很感激她的督促，才让她们早早学会游泳。每回过年回家，她也喜欢和家人打打卫生麻将，但她的牌技，大家都不敢领教，加上她也坐不住，家人通常是先应酬她几把，算是暖场，等她离席才正式开打。不过，邓丽君对这中国国粹，自有一番体认："中国的老祖先真是聪明，几个小小的图案，就让大家着迷坐在桌上，坐那么久。"她对双胞胎说："身为中国人，一定要会打麻将，但不可沉迷，不会打麻将？要学！"这是自己爸妈绝不会对她们说的话，但姑姑和她们就是没有任何代沟。

　　姑姑的童心，铭芳、铭玉也印象深刻，她们小时候在家里闷得无聊，她就牵着两人出去买水果，买了红西瓜、黄西瓜和香瓜回家，她可不是随随便便剖开就吃，而是细心地把水果挖成圆球，再依红的、黄的、绿的颜色，交叉摆放成图案，盛在漂亮盘子里，才开始品尝，有点像玩扮家家酒，让铭芳和铭玉了解，连吃水果这样的小事，都可以找到不同的生活乐趣。

密友忆君
潇湘水云无限追怀随水去

　　除了这几位陪她玩乐的朋友，她也有一位可以谈谈心的朋友，同样做餐饮业的潇湘水云老板娘苏珊娜，在她生活中扮演的角色就显得静态得多。她每次要来餐厅都会由明姊打电话来先订位，问明了没有什么侨界餐叙活动，才会安安静静地来享用一顿中国菜；在苏珊娜眼中，她是个很怕是非圈，也非常讨厌应酬的人，有时甚至一个礼拜来吃三次，边吃就边和她谈谈，

邓丽君待朋友真诚、乐意帮助他们，也让朋友们对她思念不已。

谈她的童年往事，谈她的家乡台湾。

潇湘水云的店面并不大，但是邓丽君喜欢店里那种属于中国情调的感觉，也喜欢那种安静的氛围。她点的菜也多半是清蒸鱼、素菜锅、豆芽等口味清淡又有营养的菜色，甚至于后来连点菜都不必，常常一坐下来就随老板娘配菜，完全信任大厨的手艺。店要卖掉的时候，她还做了一番建议，以顾客和设计师的眼光，要她把装潢改换一下，大门封掉、吧台移开，哪边哪边再装修一下。果然，在经过她的指点下修饰过之后，不到两个礼拜店就卖掉了。

她到潇湘水云的店里很少刻意打扮，而是简单的学生样貌穿着，完全轻松自在。她透露有一回在美国一家中国餐馆用餐，被人认了出来，暗地里跟踪她，打劫她的财物，还好是丢钱了事，没有伤害她。所以在异国，她出门特地平凡而简朴，很少化妆。从一九八五年苏珊娜认识她，十年来几乎都没有变过，可见得她是个懂过舒服日子的人，放下、轻松，就是她在巴黎的生活哲学。

苏珊娜偶尔也会到邓丽君的家去做客，两个人一起弄个简单的小火锅，边吃边聊。苏珊娜形容："她是个非常需要爱的女人，即使她在同性之间并不缺少友谊，但是那种爱和异性之间的幸福感、安定感是大不相同的。"和她谈心过无数次的苏珊娜认为，邓丽君用情很深，对自己期许也很高，她常提起在日本和台湾奋斗的情形，就是抱持一个念头——不要让外国人看不起，于是咬着牙拼出成绩来。

同时，在感情的寄托上她也不轻易动心，她喜欢有风度的男人。有一次，她在台湾登机，一群男人高谈阔论地就在她前面抢进机舱，一点女士优先的基本风度都不懂，令她非常反感，认为这是修养的问题；对日本男人她更不敢领教，下了班不回家，流连酒馆、夜总会，喝醉了就喊"脱！脱！脱！"完全不尊重女性，她绝不会找这样的男人来寄托终身。

苏珊娜也透露，邓丽君喜欢古典诗词是众所周知的，有一阵子她也勤练书法，在巴黎跟李祥霆老师学习静下心来写毛笔字。李老师是教古琴的，也是个音乐家，两人有共同话题，很谈得来。李老师亲自写了一幅文天祥的《正气歌》送给邓丽君，她非常喜欢，也表示过这样壮怀逸兴、情操清高的诗，比儿女情长的风花雪月还要打动她的心。李老师也很高兴自己选对了诗句，因为他知道她就是一个有情操的女子。

邓丽君后来请了苏珊娜的女儿阿铃娜当自己的私人秘书，处理一些日常生活的私事和翻译文件。据女儿的观察，邓丽君真是心肠好、本事大又处处为人着想，后来阿铃娜想要去学服装设计，她一点儿都不怪她要走，反而鼓励她朝自己喜欢的目标奋斗，去完成自己的梦想。苏珊娜说："这种出自内心的关怀和宽容的胸襟，是因为她自己小时候的梦想，都靠她的努力而一点一滴地圆满，所以她也希望年轻人多出去闯，不要守着发展不大

的死薪水，即使阿铃娜走了，她会有很多事情要自己来，她还是放她走，就像我弟弟在找工作时，她就要他来帮她开车一样，她对我们一家都是相当有恩情的。"

平常，邓丽君常纠正她的弯腰驼背，每次都劝她去贴墙壁，或者多做俯地挺身，她说女人就是要挺挺的才好看，她的开朗与幽默，伴随苏珊娜走过人生的低潮期。苏珊娜至今念念不忘的是，她与邓丽君在一九八九年十二月十日，共同度过的一个非常浪漫的烛光晚餐。

那天邓丽君突然邀请她共餐，地点是巴黎非常高级的一家银塔餐厅，她说是生日快到了，想庆祝一下，希望有知心朋友陪伴。偶尔浪漫一下又何妨？她们开了一瓶价格不菲的酒，是与邓丽君的一九五三生年同一年份的，为了这瓶酒，酒店老板特地出来和这位懂得佳酿的行家握手致意。侍者特别把酒瓶上的卷标卡片留给开酒的人，邓丽君签了自己的名字转送给苏珊娜，至今还被她珍藏在身边；那晚的烛光、音乐、美食、畅谈和微醺的气氛，都在她脑海清清楚楚地流转，一起举杯的祝福话语句句犹新，然而，对饮人却已天上人间之隔，苏珊娜想起她，真是悲不可抑。

邓丽君对她说自己最喜欢的歌是《我只在乎你》，因为那是慎芝老师为她写的，她在录音的时候就哭了好几遍，这首歌尚未发片，慎芝就去世了，所以她每次唱都会放最深刻的感情，一般人以为她能唱得那么好是因为有刻骨铭心的恋情，却不知其实她是用全心全意在唱给老师听。她曾感慨万千地说："有时候，真正的、深刻的感情，反而不是发生在情人之间，我这一生有太多值得珍惜的恩情、亲情、友情，我都会记得一辈子，男女间的恋情，反而不是我最在意的了。"

许多人认为邓丽君始终没有结婚生子，一定是一生遗憾，从她对情字的宏观和巴黎几位友人的描述来看，不吝惜于付出，也不求取回报，不囿于男欢女爱的真情围绕，她也许比任何人都还要富足呢！

甜蜜蜜

你笑得甜蜜蜜

好像花儿开在春风里

开在春风里

在哪里 在哪里见过你

你的笑容那样熟悉

我一时想不起

啊！在梦里

梦里 梦里见过你

甜蜜 笑得多甜蜜

是你 是你

梦见的就是你

第九章

甜蜜蜜

取材自印度尼西亚民谣的《甜蜜蜜》是邓丽君的招牌歌之一，录制这首歌时，正是她对爱情最憧憬、身边有众多人追求，还没有被爱情刺伤过的花样年华，诠释起这首歌曲分外甜蜜，也婉转动听。大陆君迷相当喜欢这首歌，大部分人都以这首歌做手机的来电答铃，甚至于香港还以这首歌为故事发展主轴，拍了一部同名电影《甜蜜蜜》，男女主角是黎明和张曼玉，更因而把张曼玉送上了亚洲影后的宝座，浪漫魅力功不可没。

《甜蜜蜜》是一首爱情气氛浓厚的歌，邓丽君唱来传神、动人，但在真实人生里，邓丽君的情路却走得非常辛苦。邓妈妈提起女儿的情事就不免心疼，其实，在做娘的心里，不管女儿的声名再响、财富再多，也不过希望看她早日找到好人家。但围绕在她身边的人虽多，可惜就没有一个可以走到她的心里、梦里去，唯一爱到论及婚嫁的却又伤她最深，她的恋情应该是她心灵角落最不愿被提起的一段。

暗恋帅哥
十八岁初恋梦碎伤心欲绝

邓丽君是个浪漫而早熟的女孩，邓妈妈观察，她平常和邻居玩扮家家酒，都要扮演妈妈或姐姐的角色，喜欢照顾别人。她的情愫也不同于一般只会傻傻补习、K书的女学生，早在小学五年级，她就喜欢上一位常在家附近出入的大学生。那时她们住在芦洲的家附近有个侨大先修班，那些大学生们经常来来往往，各个斯文有礼，脸上架着眼镜，胸前抱着书本，让小女生们好生羡慕。其中有一位特别帅，引起她的注意，每天她都盼望着

邓丽君唱情歌如此传神动人，情路却走得非常辛苦。

小小年纪的邓丽君，也曾偷偷仰慕隔壁补习班的大哥哥。

能看到这位大哥哥，还会故意跑到侨大先修班附近玩，或是唱唱歌，希望大哥哥有一天能注意到她，和她说话。

尽管她满脑子浪漫思想，人还是非常害羞，要她去向人家表明告白是绝对不可能的。这段"暗恋"一直维持了两年，直到帅哥毕业离开侨大，她自己也搬离芦洲，才结束了小女孩的"幻想"。自始至终，不要说交往，连人家的名字是什么都不知道！这个小小秘密连邓家人也不清楚，倒是后来她自己拿来当笑话说出来，才被人知悉。

十八岁那年，她已是四处演唱的红歌手了，那时在东南亚一带驻唱，歌迷送礼物来一堆就是一房间，她却很少和人家出去吃饭应酬，每次都找妈妈当挡箭牌，"去问我妈""我妈去，我就去"，用这样的理由不知推掉多少对她有意思的人。有一次去马来西亚登台演唱，经朋友的介绍认识了马来西亚的实业家林振发，邓妈妈回忆起他们交往的日子，不禁叹声连连。这位小林先生是个很守本分的孩子，从福建过来的华侨，因为开采锡矿而发迹，家世很不错；兄弟姊妹多，他排行老四，下头还有一个弟弟、一个妹妹。妹妹那时正在台大念书，所以，他一见到邓丽君的模样，心里就有了几分亲。

他和邓丽君最像的一点就是有语言天才，英文、中文、粤语、福建话、印度尼西亚话都会讲，马来西亚话更是不用说了，人非常老实，也很懂礼貌，不过人长得并不高，邓丽君和他交往时，一定都很贴心地穿平底鞋，免得他难堪。每次他要约邓丽君出去，就会连邓妈妈一起约，两人交往多年，感情稳定，因为邓丽君去马来西亚的时间不多，远距恋情维持在电话里，是名副其实的"谈"恋爱，但是她心里觉得很踏实，认为他是一个可以托付终身的理想伴侣。

　　不幸的是，这位小林有先天性心脏病，三十三岁那年，在带侄子到新加坡出差的旅途中，心口觉得不舒服，住的酒店虽离伊丽莎白医院很近，但送到医院急诊却没有救活。邓丽君在台湾听到消息哭得死去活来，难过了很久很久，让邓妈妈非常担心。这段刻骨铭心的恋情是她最纯真的初恋，虽然不是轰轰烈烈，却已让她变得更早熟。

　　追求她很猛烈的还有当红歌星、青蛙王子高凌风，二〇一二年年底因血癌在荣总化疗的他，回忆起这段青春纯情时光，依然记忆犹新。其实，当年决定要追求邓丽君时曾请教琼瑶，琼瑶对他直言："你追不到！"他虽知道追不上，但也明白自己"不追会后悔"！

　　一九八一年时，邓丽君已是国际巨星，高凌风每天用电话攻势嘘寒问暖，而且想尽办法出现在佳人面前。有一次，他得知邓丽君在马来西亚香格里拉饭店演唱，隔日一早，想办法搭七点多的班机飞到新加坡，在新加坡移民署办马来西亚签证，下午赶抵马来西亚，坐在台下听邓丽君演唱。正在台上唱《烧肉粽》的邓丽君分送粽子给现场观众时，特别将最后一个粽子给了他，"这表示她知道我到了。"他和当地朋友还送了上百个玫瑰花篮，排满从一楼到二楼表演场的走道、楼梯，并包满整个舞台。

　　排场和面子做足了，不远千里而来，高凌风当然希望能和邓丽君说上话，于是演唱结束后又到她下榻的希尔顿饭店大厅等候，但当电梯门打开，邓丽君被一群人簇拥着往大门走，高凌风走到她面前说："我来看你，演出成功！"邓丽君对他点头示意，即被拥着走向门口一辆高级轿车，他只能望着名车美人绝尘而去。

　　当时邓丽君已在岛外获得极高肯定，另有一次难得回台在高雄喜相逢歌厅演唱一星期，高凌风同样把握时机，专程从台北搭机到高雄听她下午

邓丽君难得回台湾在喜相逢歌厅开唱，高凌风就展开浪漫攻势。

的演唱，再赶回台北准备晚上自己的表演。为了创造惊喜，他将自己在台北迪斯角歌厅的压轴演唱提前改为唱开场，唱完大约晚上九点，立刻开着凯迪拉克，在三小时内从台北飙到高雄，在邓丽君入住的汉王饭店订下总统套房，请来乐队并布置满室的玫瑰花、酒和蜡烛。

经琼瑶指点，高凌风特别挑选花朵像一颗颗红心的"一串心"，准备献给邓丽君。他将一串心花朵放在葫芦形透明玻璃瓶里，瓶口系上红丝带，两条丝带上有琼瑶亲题的字句，一边是"问彩云何处飞，愿乘风永追随"，另一边是"有奇缘能相聚，死亦无悔"。

邓丽君在喜相逢歌厅唱完压轴已是十二点，高凌风央求当时担任节目主持人的凌峰，以大家要一起庆祝为由，请邓丽君先回房休息，等总统套房布置妥当，凌峰带着邓丽君来到现场。房门一打开，就看到张菲弹着吉他，高凌风则捧着"一串心"唱着："如果说，我爱你……"邓丽君当场脸红害差，掉头跑回自己房间。高凌风要张菲到邓丽君房间请她，她便很大方地回来和大家同乐。高凌风的浪漫追求最后并没有成功，邓丽君从来不是他的女朋友，但回想起那纯真年代，他微笑地直说："那时就是很好玩！"

绯闻多多
有缘没有分谣言不攻自破

邓丽君在圈内的人缘好是公认的，但可爱女孩身旁一出现男士，很快就会让人有"谈恋爱"的联想。十六岁她拍《谢谢总经理》时，有人传她和男主角杨洋拍拖，她一笑置之；拍《歌迷小姐》时，有人传她和张冲在一起，她不予回应，自然就没有下文了；钟镇涛倒是对她真有好感，可是她只把他当"弟弟"看待，没有任何关系。

一九七八年传出她和琼瑶时代当红的男影星秦祥林过从甚密，且言之凿凿。起因是她春天欧游时，两人在意大利巧遇，一票人同游，因为年龄相近谈得来，之后又约了赴美同游，绯闻自然传得满天飞，但邓丽君极力否认。

那年初秋，邓丽君在台视录《千言万语——邓丽君时间》节目时，秦祥林曾带着鲜花来探班，邓丽君一下子就脸红了，人也有些不自在，在场记者形容她有些慌

钟镇涛在邓丽君眼中，亲切如弟弟。

乱，高兴带着紧张，两人很有"问题"。当然发稿时就自由发挥想象力，"恋情"一下就被炒得沸沸扬扬了。

他们的这段"绯闻"一直到他订婚之后才平息，甚至于有许多杂志还同情邓丽君的失恋。邓丽君也一笑置之，她对妈妈说谣言会不攻自破的，不要理会它！

至于秦汉与她的名字连在一起就更可笑了，事情的来龙去脉是：有一次某杂志社访问邓丽君，一时福至心灵就访问了在一旁等候的邓妈妈，问她喜欢看什么电影、喜欢哪个明星。那时，二林、二秦的电影风靡全省，邓妈妈就随口说，秦汉很好啊，高高帅帅的，很喜欢看他演的电影。没想到，这样的闲聊立刻被写成"秦汉对邓丽君很有意思，常去探她的班，而邓妈妈也很中意秦汉"等等，绘声绘影的一大篇，连邓妈妈看了都啼笑皆非。从那次以后，邓妈妈完全不再接受媒体的访问，她直说："怕死了！怕死了！"

她的身边有男士相伴，名字就会连在一起上报，这让她的行为举止变得必须非常小心翼翼，甚至好几次她带着弟弟长禧出现在公共场合，都被人以怀疑的眼光打探，还好她立即反应过来，连忙介绍："这是我的弟弟邓长禧。"才逃过又一次的捕风捉影。另一次她抱着哥哥的小孩玩，被媒体拍到照片，指她秘密结婚生子，让她哭笑不得，她说："侄女像家姑，外甥像娘舅，在遗传学上是很正常的，我的侄女儿当然会跟我长得像啰！这不表示就是我生的孩子啊！何况，我如果结婚，一定会高高兴兴地昭告天下，为什么要秘密去结呢？我生子，什么时候看到我大着肚子呢？"那时候她曝光率还挺高的，十个月不上媒体当然绝无可能，这段传闻也只是在报纸上登了一天就自动瓦解。

与秦祥林年龄相近而成为好友，两人还与朋友一起同游罗马。

邓妈妈说起邓丽君的爱情观是："绝不做第三者，绝不破坏别人的家庭，有太太的绝不沾，没有题目给人家写，绝不自己去制造。而且，她也绝对不会图别人什么而上人家的当。"她的好友也证实邓妈妈的说法，邓丽君本身条件非常好，自尊心很强，好胜心也很强，犯不着去抢别人的老公，她的一举一动都备受瞩目，也就是这样，她的交友状况也特别谨慎到几乎归零。

成龙谈情
没有恋爱火花只是纯友谊

红遍好莱坞的香港武打明星成龙在他所著的自传中曾提起，自己太粗心大意，不会替别人着想，忽略了一段好感情，并没有谁辜负谁的问题，他与邓丽君的感情已经转化为非常诚挚的友谊。邓丽君过世时，他成为被追逐访问的对象，然而成龙只是感伤地说："她心地非常好，连蟑螂也不忍心踩死，她一定可以上天堂的。"把自己投入拍片的忙碌中，压抑住伤痛。

邓丽君与成龙在香港就有点头之交，那时邓丽君已是红透半边天的熠熠明星，两人并没有什么交集。过了一段时间，两人名气越来越大，相对事业也越来越忙，更没有时间碰头。

一九七九年，成龙到美国拍片，邓丽君正好在加州读书，过着平静的学生生活，两人异地相逢，又没有亦步亦趋的媒体窥伺，邓丽君比较放心地尽地主之谊带他四处走走。邓丽君是个心肠很好的女孩，他乡遇故知，她总是非常热情地接待他，两个年轻人也很聊得来，加上两人背景相似，

邓丽君与成龙同在美国时期，
成龙常和朋友去邓丽君家中做客。

邓丽君从小辍学唱歌，成龙自小练武，读书时间也少，两人都是穷苦人家的孩子，凭着努力想出人头地，邓丽君少不了体贴地多照顾他一些，邓妈妈也邀请他到家中做客，还请他喝了家乡才有的绿豆汤解馋。其实，那天到家中来喝绿豆汤的还有陈自强等一票电影工作人员，邓妈妈煮了一大锅，他们喝个精光。

那时他正在忙着拍《杀手壕》，工作之余把握仅有的休息时间出去走走，去看日落、拍照、溜冰、唱歌，或找特别一点的地方吃不一样的东西。有时邓丽君带他去，有时他带邓丽君去，玩得颇为开心；但是成龙心中一直有着莫名的自尊在作祟，觉得邓丽君高贵而浪漫，自己却显得不够认真，配不上她的纯真、热诚，拍完电影他返回香港，时空距离使本来若有似无的感情随之淡然；那时的他太热爱拍戏，没有人可以跟电影来"争夺"他的心。

邓丽君不会刻意追求"有缘没有分"的爱情，她非常清楚，没有爱情火花，一样可以做好朋友；邓丽君也忙于自己的学业以及海外的演唱事业，两人几乎没有任何联络。邓丽君回香港后，有一次两人在香格里拉酒店的电梯内不期而遇，她大方地微笑和他打招呼，友谊在一刹那间更为明确，两人仍旧成为可以聊聊的纯朋友。

这段时间还有一个小插曲。邓丽君在香港音乐节中获得"最佳女歌手"的奖项，在主办单位有心的隐瞒下，邓丽君并不知道颁奖人是成龙，应该领奖的她转身匆匆走开，他也愣了一下随即追了上去，颁奖仪式是电视现场转播，一个逃、一个追的画面，让所有的观众都看傻了。那时两人的绯闻还在流传着，人们自然而然地想到邓丽君是因为避着他，才不愿从他的手中领奖，转身就走。

但事实上，邓丽君对她的经纪人说："我并不是因为这样才不接受他的奖，那天颁的是音乐奖，在美国的格莱美奖或其他国家的音乐节任何奖项，颁奖人都是在音乐领域中的专业人士，音乐人颁奖我当然可以接受，我为什么要从电影界人士的手中领奖呢？"因为她看重这个音乐奖，觉得那是音乐界隆重的仪式，不应该由活跃在完全不同领域的人来授奖给她，这是她身为歌手的自尊。

这件事之后也不了了之，他们一直维系着良好的友谊。邓丽君也很为他高兴有个很好的妻子，甚至于在她去世前四天，她还打过电话找他，但是他当时在日本仙台拍戏，邓丽君并未留下联络电话给秘书，只说稍后再拨，却一直没有再打来。到底她那时找他是像平时一样的只是闲聊几句还是有事？完全不得而知，成龙再也问不到她本人了。

开心订婚
真爱喜讯成为伤心的剧痛

一九八一年，从美国回到台湾的邓丽君是意气风发的，在香港得到五张白金唱片的声势逼人，在台湾的演唱会也迭获好评，在大陆的声名更如日中天。更重要的是她有了爱情滋润，与大马糖王第二代郭孔丞热恋，仪表堂堂的他在外求学，颇有内涵，和邓丽君处处匹配。当时他负责管理香

提得起、放得下，是邓丽君谈感情的一向作风。

格里拉饭店，经营手法也很得体，是事业成功、人品良好的青年。邓妈妈中意的是，他并不是看上邓丽君的财富与名气才与她交往的人，他们的恋情进行得很顺利，邓妈妈也由衷赞成她和圈外人定下来，两人很快就订了婚，她手上戴着钻戒，脸上洋溢着幸福笑容，甚至于在香港新伊馆神采飞扬地举行"告别歌坛的最后演唱会"，准备嫁作人妇，婚期订在一九八二年的三月十七日。

热恋中的女人随时透露着幸福，她一边准备着婚嫁喜事的琐事，一边筹备在港台两地的告别演唱会，也开开心心把手上婚戒秀给好朋友看，眉宇之间透出掩饰不住的"喜气"，让朋友们为她又喜又羡。那一年是邓丽君一生最快乐的日子，但随之从高处跌下来的痛楚，也成为她一生最巨大的伤痛。

郭家是南洋富甲一方的名门望族，有严谨的家规要遵守，对"声誉"更为重视，邓丽君不愿他在婚事曝光后被媒体追踪而困扰，于是放低姿态、保持沉默。邓妈妈记得郭公子非常有诚意，那时邓爸中风行动不便，他特地来台湾看邓爸，当然是和邓丽君已经有深厚的感情；同时，他的父亲也请邓妈妈吃过两次饭，双方印象都很好，郭妈妈非常喜欢邓丽君，也颇为欣赏她的歌，还送她一条价值不菲的珠宝项链，让她戴着在告别演唱会上闪闪发光。

可惜，不久之后，罹患乳癌末期的郭妈妈不幸去世，郭家人提出希望在百日之内结婚，否则就要等三年以后再谈。然而，郭家权势颇大的高龄祖母此时却提出严苛条件要求邓丽君："提出身家报告，停止一切演唱活动，专心做个妻子，更要断绝和演艺界的所有关系，所有追求她的男朋友当然也不得再来往，必须划清界限。"邓丽君为了爱，答应做到所有要求，愿意放弃璀璨的舞台生涯，但只求郭家能允许她只做一个单纯的唱片歌手，因为如果连这最低的底线都弃守，她就再也不是她了。

邓丽君的委曲求全并没有得到同情，她在矛盾中想寻求奥援时，郭公子也没有出面支持她，三个月期限未到，郭家就传出解除婚约的消息，充满憧憬的婚姻成为泡影，邓丽君内心极度不平衡，却谨守分际，不争不闹，黯然离开，从此绝口不提这桩婚事。邓妈妈看了真是疼在心里，没办法劝也没办法分担，她感叹地说，如果郭妈妈还在世，这桩婚姻肯定是谈得成的，只怪她没有这个命。

邓丽君自此放下伤心，努力于事业上冲刺，她在日本连拿三连霸的高峰期，就是"婚变"之后的移情作用，如果她真的应允郭家而早早退出演艺圈，这一切的荣耀都不会发生，邓丽君的人生也就完全不是那么回事了。

"放下婚姻谈友谊"是邓丽君一向的作风，分手后，两人反而成为纯粹的朋友。多年之后，他还带着女儿造访邓丽君在赤柱的家。明姊说："那是在一九八九年，家里来了一位很体面的陌生客人，和一般访客没两样，带着一盒燕窝当伴手礼，小姐客客气气引他进客厅，两人礼貌地坐着谈了好一阵子，她一直微笑着，看不出小姐有什么特别的情绪，也看不出客人有什么不寻常，两人像很熟稔的老朋友，小姐还直夸他的女儿很可爱、很漂亮。送走他不久，小姐才淡淡地说，那位就是郭先生。"明姊形容，邓丽君的口气完全是事过境迁的云淡风轻，正常得不得了，明姊很替小姐高兴，认为她是完全从伤痛中走出来了。

惜才爱才
最后恋人却未能长相厮守

一九八九年之后，邓丽君已把歌唱事业的全部重心放在幕后，几乎没有公开的演唱活动，生活也算惬意：定居巴黎，在香榭丽舍附近买了古色古香的房子，一边学法文，一边持续飞去伦敦上声乐课和歌剧方面的课程；周末假日跑博物院、美术馆，充实自己的艺术涵养，日子丰富而充实；偶尔抽空来回于香港、日本之间，多半是为了录音，并且积极学习音乐监制、研究作曲、填词等幕后工作，心情渐渐稳定。

扎个马尾的史蒂芬，比邓丽君小十五岁，有一股属于法国人的浪漫特质，他们在法国的一间录音室认识。当时，他完全不知道她是一位享誉国际的巨星，只觉得这个中国女人的气质非常特别，随即从工作上发展友谊。由于他从事拍摄工作，邓丽君又特别重视摄影，两个人有了共同的话题，史蒂芬愿意帮邓丽君留下最有韵味的影像生活，两个人在摄影认知上有了交集，展开一段特别的情缘。

"那段时间，小姐变得特别年轻也特别快乐。"一直在香港照顾邓丽君饮食起居的明姊回忆她和史蒂芬初识的情景，那时她会开心地哼着歌，拿出一件件衣服来在镜子前比来比去，还问明姊要穿哪一件才会显得年轻一点。每当这个时候，明姊就知道她要和史蒂芬约会了，虽然她从来没有向她们描述约会的过程，但她每天出门前和回来后都心情愉快，不约会的时候也常带着微笑沉思，完全是沉浸在恋爱中女人的感觉。那时，她觉得好不容易小姐有了笑容，有了在意的对象，不禁为她高兴。

邓丽君是惜才、爱才的人，她有心栽培这位热爱中国文化的年轻人，交往不久之后，就为他买了全套专业摄影器材，据说是珍藏级的高档货。两人也常出游找寻拍摄景点，将照片冲洗出来，相互讨论效果。照片里的她总是笑得很开心，很灿烂。明姊形容，那段日子她像一下子年轻了十几岁，还相偕到法国南部靠海边的农场，去拜访过史蒂芬的父母亲，聊得非常愉快，她还向明姊透露过史蒂芬的父母亲很喜欢她，但是她并没有进一步的打算。

邓丽君几乎每年过农历新年都回台湾与家人欢聚。一九九二年她返台过春节假期时，史蒂芬也同行，她为了打破记者追问他是不是"男朋友"的揣测，曾向媒体介绍他是她的法籍专属摄影师，并说"终身大事"是她最不想提的问题，人过四十，早已不是适婚年龄，每个人的人生目标也不同，她一切随缘，不再想追求什么、强求什么，过得快乐就好。

邓丽君回台湾参加演出时，史蒂芬追随在侧，帮她提着随身小包包，还不时上台和邓丽君及乐手沟通，全程伴随并一直注意她演唱时的小细节。他的个性沉静，刻意躲避媒体拍照，极不愿曝光，邓丽君在台上对 key 和排唱，他就在一旁打拍子，盯着她看，每次都是彩排完才一起离去。

邓妈妈回忆她带史蒂芬回家和大伙儿吃年夜饭，他看起来蛮老实的，话很少，人有些腼腆，但动作优雅，有欧洲男士体贴、有礼貌的气质。邓

史蒂芬摄影镜头下的邓丽君，美丽而有韵味。

妈妈并不在意他是不是中国人、年龄是否匹配。她只说，邓丽君都过四十岁了，自己有分辨的能力，只要他能好好照顾邓丽君就够了，只是邓妈妈万万没想到，他连最基本的"照顾邓丽君"都没有做好。

《欧洲日报》的资深记者郭乃雄报道过他们的爱情故事，叙述两个人的确是真心相爱，却无意结婚。史蒂芬年纪还轻，有许多小事在友人看来还不够成熟。例如，邓丽君一向对人宽厚、慷慨。有一回在新敦煌酒店用完餐离去前，在桌上放了两百法郎的小费，没想到史蒂芬立刻在众目睽睽下把两百法郎取回，放进自己的口袋，掏出两个十法郎的硬币丢在桌上当小费。又一次，邓丽君请新敦煌酒店的老板娘沈云在小区附设的游泳池游泳，邓丽君是唯恐对人招呼不周的人，早就打点了丰厚的小费给管理员，这也惹得史蒂芬很不高兴，觉得她出手太浪费，太随意挥霍。

邓丽君的名气大，受欢迎的程度也让他招架不住，他们每到有华人的地方，她都是被包围、被捧着，无形中就冷落了他；沈云和林青霞找邓丽君玩，或者用餐时常用粤语交谈，他也插不上嘴，显得沉静、乏味。诸如此类的事都是小问题，两人世界依然非常甜蜜，一九九四年范曾娶儿媳，他们联袂参加婚礼派对，邓丽君当天唱了好几首拿手歌，那种快乐与幸福，让在场来宾都觉得她找到疼惜她的真命天子，哪晓得这样的快乐竟如云烟。

观念改变
寻得精神伴侣胜婚姻束缚

经过在法国长期的居住以及旅游世界各地的经验，邓丽君过去保守的观念已慢慢有些改变，她告诉闺中密友当时的想法，认为生活中有人关怀、有人相伴、有人谈谈心，甚至于可以从工作伙伴发展成精神伴侣，就够了，不需要一定用婚姻的枷锁把自己羁绊起来。至于生孩子更是一件必须审慎看待的事，因为孩子要养，也要教育，如果没有好好教，给予好的成长环境，对孩子是不公平的。

邓丽君非常爱孩子，对哥哥的儿女好得不得了，连婚礼上宾客带去的孩子她都逗玩不已，直嚷着好可爱、好漂亮。她曾不止一次向好友透露，自己最希望的就是养儿育女，好好打扮他们、教育他们。她也喜欢送玩具给朋友的小孩，还认朋友的孩子当干女儿；而且，从年轻时开始就没有间断地在孤儿院认养几位孤儿，按时付养育费，也颇关心他们的成长。

另一方面，她深知自己是一个公众人物，没有隐私，她不愿史蒂芬因为她而失去原有的自由。至于外界所传言的她不肯公开史蒂芬的原因如：他的年龄比她小，或是他受西方文化长大、言语不通、生活习惯不一样等，她说，这些都不是真正的问题，主要是她不想让婚姻生活成为她个人生活的重心，她还有很多事要忙，要学习。

邓丽君一直非常信任的二哥林云大师曾为了她，调整她的婚姻之"气"，改变她穿衣打扮的服饰颜色，他以五行金木水火土五种元素，算出她的色彩介于火红与白色之间，也就是属"坤"，搭配出适合她的色彩是粉红色，这是她的本命色，常穿会发，也容易遇到理想的对象。之后，邓丽君的服装一律都是清一色的粉红、紫红、桃红，并且不讳言地表明她在等待桃花运。林二哥无限感慨地说，桃红并没有为她带来桃花运，倒是她在给自己做桃红色衣裳时，顺便为二哥做了紫色丝棉的短袄，他也为她准备了用朱砂写的一幅字，好破解从赤柱阳宅看出来的劫数。没想到她去清迈度假，不在香港，他写好的字一直送不出去，劫难终究没有被解掉。她过世之后，好友拿出她生前已准备好要送给他的紫色短袄给他，睹物思人，更令他扼腕叹息。

邓妈妈一直盼着女儿有个好归宿，也一直觉得女儿会找到理想伴侣。有一年她回家过春节，还和儿女们开玩笑："将来丽君出嫁，就坐着你们四个兄弟抬的花轿，声势有多浩大啊！"兄弟们也附和着说："有什么事，咱们四个兄弟排成一排站出来，看谁有胆量欺侮她！"这样的笑语，还在邓妈妈的脑海里，她的丽君却再也没有喜滋滋坐上花轿的机会了。一九九五年五月十一日晚，她的灵柩运回台湾，从中正机场的停机坪，长安、长顺、长富、长禧四兄弟扶着灵柩缓缓地步出，一步一沉，一步一恸，抬花轿成了扶棺木，是人间至痛，情何以堪，情何以堪……

邓丽君向往爱情、也喜爱小孩，
更期待一个懂她的人出现。

Good bye my love

我的爱人　再见

Good bye my love

从此和你分离

我会永远永远

爱你在心里

希望你不要把我忘记

第十章
再见，我的爱人

道别，是很难的，要向所爱的人道别更难，也许因为怕难，邓丽君选择了一个猝不及防的方式向人间说再见，没有给人当面说再见的难！她自己承受了告别一切痛苦、遗憾、不舍和悲欢，独自在异乡。

"《再见，我的爱人》是邓丽君唱得非常好的一首歌，一九七六年在香港录音室试录时，一再感动了我。"她的唱片监制邓锡泉这样认定，录制过邓丽君上百条歌，为什么对这一首印象特别深？因为邓丽君放进了浓厚的感情去唱，唱得人柔肠百转，那种感情的共鸣是可以互通的，她在向你轻轻道别，你可以感受她的难舍，但还是要放下，这就是人生！

喜欢清迈
愿在此休养生息放松自己

中国人常说一个人的生地和死地都是非常重要的，出生地往往决定了籍贯或所在的国家，不论是哪国人，只要在当地出生，不必再看肤色、血统，就给予该国的国籍；而死亡地却是一生的休止符，中国人向来有"父母在，不远游，游必有方"的观念，客死异乡难免感伤、遗憾。

不少人问，邓丽君明知道自己患有气喘，为什么还巴巴地跑到异地去度假？泰国又热又湿，对气喘病人并不好。原因是，泰国真的是个很自在

邓丽君选择泰国清迈修身养息。

的地方。据她的好朋友说，邓丽君非常喜欢清迈的"纯朴"，因为信息不发达，所以没有人会注意她，让她不必乔装打扮，也能自在出门，完全不必担心媒体的追踪。而清迈的空气也特别好，她并不喜欢到一般游客爱去的庙宇或观光点，而是喜欢随意在林间走走，在市场逛逛，或是租了吉普车到更郊外的地方去，她相信这样的生活对她的健康有益。

邓丽君也认为清迈是适合老夫老妻退休后来长住的地方，虽然是泰国的第二大城市，却不见沉重的经济压力，也没有过多的奢侈豪华或人工开凿迹象，更不见因应观光设备所开发的娱乐场所，树木、繁花都保有原始的风情，高楼大厦不多，生活的消费指数很低，又有和台湾很相近的天候所盛产的水果、蔬菜，感觉离台湾相去不远，在舒适的小酒店住一阵子，即使是总统套房，打折下来，一天七千左右，游客多半是日本或欧美人士，大家各过各的，不相烦扰，十分自在。

邓丽君来清迈偶尔会找一位昆明翡翠玉器店的老板娘杨太太聊天，到清迈找她，主要是向她买玉。邓丽君听从命理大师的指示，应该多戴玉饰来保平安，不必戴那些并不适合她的珠宝、钻石。有时老板娘想送她很漂亮的蓝宝饰品，她说什么也不肯戴，说不适合她的命格，杨太太觉得邓丽君是一个厚道而正直的人，有时天真得像个孩子，是一点防人之心都没有的。有一两次，邓丽君曾打电话向她说心情不好，声音非常无助，杨太太提议要过去陪陪她，邓丽君却说不用了。

杨太太年轻时在师大念书，就曾经看过邓丽君的演出，对小小年纪的少女邓丽君印象很深，也可以说是她十几年的歌迷了，现在突然成为她的好朋友，当然是对她关怀备至。

邓丽君喜欢玉器，也异想天开地说要用玉碗来请客，问她会请谁呢？

在清迈，邓丽君不必乔装打扮，也能自在出门。

清迈的树木、繁花都保有原始风情，让邓丽君很喜欢。

到苏梅岛度假。

她毫不犹豫地回答："成龙夫妇啊！青霞夫妇啊！"她用毛笔亲笔写了自己的名字作版，嘱咐刻在玉碗的底部，碗面则是雕龙和寿字，这一套玉材是老坑玉，加上刻工要一百多万，邓丽君说没关系，还是要做。她订了一套六个，他们还没有全部赶完，她就去世了，玉碗再也无法请她的贵客。他们舍不得卖掉，把它收藏在保险柜中，日本人曾经要向他们购买，出了数倍的价钱，杨家都不肯卖，对他们而言，这是邓丽君留下来的唯一纪念品。

有人问她，邓丽君到清迈来，是不是为了吸毒方便？杨太太义正词严地说："绝不会的！她是那么自律严谨的人，如果知道你吸毒，她会骂死你咧！怎么会自己去吸？她非常自爱，最讨厌生活糜烂的人，她还常劝人要上进、要努力。"有一回，她们闲聊，她非常感慨地说，别以为她是一个人人称羡的名歌星，其实，她非常不喜欢这样的身份，不论再成功、再努力、再自爱，在别人的眼中也不过是个歌女。她一边说，一边哭得伤心，后来，杨太太才知道她是为了郭家的退婚而伤心，数年后那伤口的疼痛都无法治愈，伴随着她的自卑感深深埋藏在心底。

关怀泰北
帮助华文教育是最后心愿

邓丽君也喜欢吃云南菜，有一回，杨太太介绍她的超级歌迷洪老师给邓丽君时，就约在三十年云南老店——新友饭馆见面，这儿有地道的云南菜薤菜、奶酪、牛肉干巴等。洪老师是搞建筑的，见面不久就表示既然邓丽君喜欢住清迈，她愿意送一栋单层的别墅给她，可把邓丽君吓坏了，连连拒绝；杨太太说邓丽君是绝对不肯占别人便宜的，即使知道自己很受欢迎，仍然谨守分际，从来不接受非分的馈赠。

新友饭馆有全套的邓丽君专辑，从她生前直到现在十几年来，只要开店就日夜不停地播放着邓丽君的歌，老板段应龙得意地说："没办法啰！客人爱听嘛！不放，他们还要求要听，总也听不腻！"这种情形不只是云南馆子才有，在泰国的中国饭馆双龙餐厅、风雅轩、小面馆，在泰北的美斯乐、满星迭、老象塘等几个大村落，任何一家饭馆都是日夜播放邓丽君的歌；几天的采访行程下来，一共吃了十几家不同的店，都不约而同播放邓丽君的歌，在那个时空听起来，感情是很微妙的。问老板娘为什么只播邓丽君的歌，她也说不上来，反正客人就是爱听，连外国观光客也指名要听这一首、那一首，仿佛她的歌与整个泰北的生活情境都结了根、融在一块。

这样的感觉并非毫无关联，奇特的是，邓丽君对泰北的感情也十分特殊，从一九八〇年，她就非常热心地奔走于那里。一位歌迷为了要一张邓

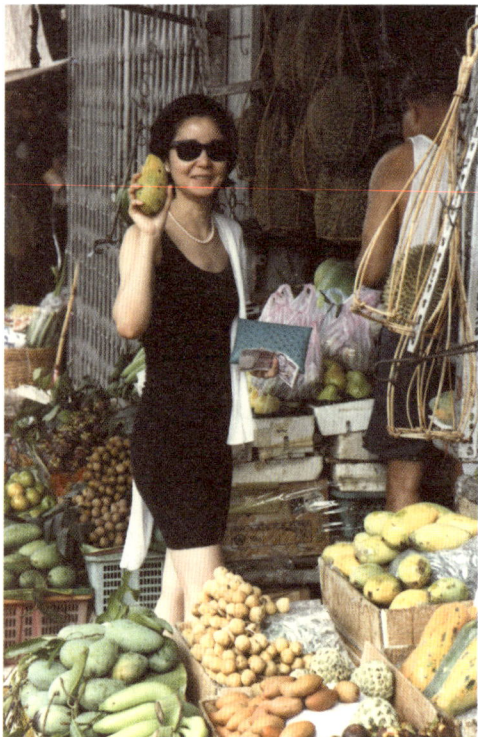

直到现在，泰国许多餐厅还是会播放邓丽君的歌。

丽君义卖的签名照片，喊价到十万元都没买到，最后财力不足，只好放弃，至今还引以为憾。

邓丽君曾经请梅坪酒店代租了一辆车，和史蒂芬两人开到泰北去，探望泰北的孩子们，了解他们在泰国不忘本、读中文、努力向学的情形，非常感动；回来后就打电话向她的弟弟长禧表示，她很想好好帮助泰北的小朋友，他们的物质条件不好，她想以什么名义给泰北难民村一些实质有益的捐赠，好让他们能过得更好。

这心愿是她去世前不久的最后心声，邓长禧一直把这件事记在心头，邓丽君逝世之后，文教基金会始终支持着泰北华文教育，默默捐钱、兴学、修路，默默实现邓丽君来不及做的。

据泰北的村民描述，的确有一对夫妻似的游客来关怀过他们，先生是高高瘦瘦的外国人，太太是美丽和善的中国人，他们还在泰北的村子里和村民一块儿吃了豆花，并一直询问小朋友读书的情形。村民并不知道这位太太就是邓丽君，他们在封闭的深山中，没有能力注意娱乐讯息，也没有任何视听设备，当然不知道有邓丽君这样的歌星，只是觉得这位太太好善良。

梅坪酒店对面的小面店老板夫妇也觉得邓丽君很亲切，好善良，她食欲好的时候，吃他们家的蒜油鸡肉面一次可以吃三碗，他们的店里常有观光客在一块一块的天花板上签名留言，邓丽君觉得好玩，在一九九五年元旦，也用中文签了"恭喜发财"，并用英文祝福他们。史蒂芬也顽皮地用英文写："你们的面是清迈第一的美食！"两人签了名之后，逛到夜市买了两卷她的专辑，在回酒店的时候送给面店老板，他们才恍然大悟：原来天天碰面的这位女士竟是鼎鼎大名的邓丽君！

邓丽君去世后，夫妇俩十分伤心，从天花板上把她的签名板取下来，和她的录音带封套一起裱成一幅画，挂在店面，不少观光客都想要收藏，一位日本人还出五万元的高价要买，老板说什么都不卖，他们还将邓丽君送的录音带翻拷了四五十卷分送亲朋好友呢！

清迈唱片行的老板娘非常开心能亲眼见到巨星。

送医车程
平静地在不知不觉中逝去

清迈的五月已经有些热了，邓丽君和史蒂芬是在四月中旬投宿梅坪酒店，空气中的干爽对气喘病人还不错，于是过了大半个月闲云野鹤的日子。五月八日，史蒂芬约在下午四时左右出门，手里提着装着录像带的袋子，好像是要去换其他的片子，并没有带着邓丽君同行。将近五点的时候，在总统套房外的两三个服务生，发现邓丽君挣扎着跑出来，大口地喘着气，脸色已然有些发青，口中呼唤妈妈，似乎在用中文呼救，才跑了几步就跌倒在房间到贵宾厅之间的长廊上。

服务生当时也吓坏了，但还是非常冷静，一位立即到房间找了一件睡袍，七手八脚地为她穿上，一位服务生拿了一只汤匙让她咬住，防止她咬到舌头，她们用酒店的大床单包覆她，抬到电梯坐下楼。当时，她手上还紧紧抓着气喘药的喷剂，人有些抽搐，眼泪、鼻涕似乎像不能控制似的流下来。经理一见事态严重，立刻拨紧急电话到医院请求派救护车来，一方面也做了一些简单的按摩动作，但是没有什么改善。

等了一会儿，他们焦急得等不住，怕救护车来得太晚会来不及，酒店老板决定立即用酒店的载客巴士快些送去医院，他们用床单做担架，四个人抬着四个角把她扶上巴士，由于邓丽君是女性，且身上仅着睡衣，他们考虑由女孩子抱着她比较妥当，四位年轻的女服务生一个坐在前座，三个并坐在后座，让邓丽君能横躺在她们的大腿上，比较舒服，Pichaisat 经理则和另一位酒店经理搭下一辆巴士尾随在后。

负责枕着她头部的那位服务生，就用双臂把她的头轻轻托抱在自己的怀中，等于是半抱着她，以免一路上的颠簸造成她更多的不适。邓丽君刚开始一两分钟，还在低声地唤"妈妈，妈妈！"，后来就渐渐睡着了，脸上很平静，没有什么痛苦的表情，也没有任何异样。服务生们都松了一口气，还说睡着了就好，可以减轻她的痛楚。由于堵车车程很慢，她平静地睡着后，大家也就不像刚才那么心焦，谁也不知道，她已在她们的怀抱中走完人生最后一段路程。车到医院，医师一检查瞳孔、心跳，就说她已经没有生命迹象，刚刚还抱着她的那位服务生不肯相信，吓得说不出任何话来，当场就痛哭起来。

梅坪酒店的经理 Pichaisat Pratya 解释为什么服务生会这样伤心，因为邓丽君住的豪华套房是梅坪酒店很自豪的总统套房，所用的服务生当然程度都很好，这几位服务生都是大学毕业生，英语能力强，各个年轻漂亮，邓丽君生前就是由她们几位轮流负责房间的服务，经常在会客厅见面、聊几句，她几乎不会麻烦她们，偶尔有事相托，也会给优厚的小费，几位服务生对她的印象都

V 字形手势是邓丽君最爱摆的动作之一。

很好。在一九九四年酒店欢度圣诞节的晚会上，她也一起和所有的住客狂欢，并和这些喜欢她的服务生们一起合照留念，并且比出 V 字形手势，告诉她们这个意义象征世界和平，她的亲切、宽容、客气和温柔，给她们留下很深刻的印象。

三位服务生在事发后不久都离开了梅坪酒店，没有一个敢再待在酒店，这些年来，尤其是日本的媒体和写她传记的作者，曾三番两次地前来清迈访问，每次都要找她们访问，让她们和家人饱受打扰，十分困扰。其中，两位去法国读研究所，一位去澳洲深造，另一个通过了航空人员考试，当空中小姐去了，她们把过程告诉 Pichaisat 经理时都流着眼泪，好希望能够让她起死回生，她们是这样喜欢她啊！经理转述她们几位的心声时，眼中也蓄着泪，忍住不让它掉下来。

▍陪她一段
梅坪酒店经理深情地守候 ▍

的确，不只是女服务生们喜欢她，就连这位男性经理 Pichaisat 也对她相当欣赏，他说，邓丽君是以护照上的英文名字"Teng Li Yun"登记住进酒店的总统套房，当时他们都不知道她是大名鼎鼎的邓丽君，直到认识一个礼拜之后，夜市唱片行的老板说一位亚洲著名的歌星住在你们酒店，看了唱片上的照片后才知道原来五楼的贵宾是位明星，平常她们出入时，她会亲切而和善地向每个服务人员点头打招呼，他觉得她很活泼、可爱，完全不像已经是四十二岁的人。

Pichaisat 经理回想邓丽君在酒店的生活很规律，平日深居简出，顶多

邓丽君过世前才刚回台北过春节，没想到不久就发生意外。

是出去租录像带回来在房间看，晚上偶尔出去逛逛，很少出来到酒店附近闲晃。她喜欢点番石榴、香蕉、果汁和简单的三明治当餐点，吃得非常少。并且特别声明不愿被打扰，所以每次餐点都只送到房间外的服务台，她自己会出来取，不麻烦服务人员送进房内，是个很好的客人。

一九九四年年底，她再度和史蒂芬到梅坪酒店度假，当时有一个跨年读秒的一九九五年新年晚会，在一楼大厅举办，他们敦请她为大家唱歌助兴，她欣然答应，但是要求在场的人不要出去宣传她住在这里的消息，以免生活被打扰。那个晚上她唱了包括《甜蜜蜜》等几首在东南亚都很风靡的歌，那些歌被翻译成泰语在泰国流行歌坛走红，唱的人虽然不是她，但大家都熟悉那个曲调，用中文唱起来即使听不懂，也格外有共鸣，全酒店的旅客都听得如痴如醉。他身为经理，忙进忙出的，偶尔得空驻足在大厅一隅静听，不禁赞叹她的歌声果然不愧为红遍亚洲的实力派大明星。

从此，他和邓丽君渐渐熟稔起来。有一次，邓丽君坦白向他说，她们曾经下榻在另一间酒店，但是地方太狭窄，出入分子很杂，整个旅店不够安静，所以又搬回梅坪来。她向他表示，她的身体有些不舒服，需要静养，她到泰国清迈是想清静悠闲度日，不愿被媒体追踪，她想静静地写些歌词，而清迈人很友善，风景又美，酒店环境也很清静，她才愿意长时间住下来。

另有一次，他们在贵宾厅内的长沙发闲话家常，她侃侃而谈自己这些年的歌唱历程，几岁开始唱，几岁到香港、新马发展，在日本走红的跌宕起伏过程，甚至聊到她的收入情形和听众们热爱她的种种趣事，谈得非常尽兴。她是一个幽默、优雅的人，不但没有心机，而且不会设防，也很愿意聆听对方的谈话。当 Pichaisat 经理说起自己想到香港去走走时，她掏心地把在香港的地址、电话写在纸片上亲手交给他，热诚地说，来香港玩可以住她那边，带他去赤柱观光市场逛逛。那一夜，成为他们最后的长谈。Pichaisat 经理拿出邓丽君亲笔写的地址、电话，这是他一直带在身边的小纸片，当初音容笑貌犹在他心中，只是，这个说要负责接待他的女主人，却再也不会出现了。

Pichaisat 经理也观察到邓丽君和史蒂芬这一对恋人，觉得他们是很登对的，平时出双入对的很是甜蜜，手牵着手，一起逛夜市，吃小吃，谈天说笑非常相爱的感觉；当然，他们偶尔也有吵架的时候，史蒂芬是个满会发脾气的人，一点点小事就和服务人员发生争执，有时也会莫名其妙把气出在服务人员的身上，邓丽君就会随后出来代替他向受委屈的服务人员道歉，大家是看在她的面子上才包容他的无理。

有一晚，史蒂芬出去很久都没有回来，邓丽君大概真的生气了，就把

房门反锁，不让他进门，他回来后在门外大吼大叫，拼命踢门。这样的事情在那一年不只发生一次，但是第二天又像没事儿一样，两人又手牵手出去逛，从他们的表现看来，就是一对彼此深爱着对方的情人，情人间闹闹小别扭，这种事在酒店司空见惯。

邓丽君死亡的时候，他本来正在忙碌别的事情，得知是邓丽君病发，立刻放下手边的事，和另外一位经理一起了解她在楼上发病的状况，并一路跟随着饭店的载客小巴士到医院。下了车，帮她处理送进医院的一切手续，医师检查一番就告诉他们已经没有生命迹象。他们不相信，请求医生再做急救试试看，兰姆医院的院长和医师们也很重视这件事，尽心尽力地救了将近一个钟头，他一直把整个急救的过程看在眼里，并且护送她直到送进太平间。

他一直很喜欢也很尊敬邓丽君，院方放弃急救后，邓丽君被安置在太平间外另一个等候病房内，没有直接送进冰柜。那段时间，他默默守在邓丽君的病床后方，她被白布从头上盖起来，但是双脚并没有被白布盖到，他一直盯着她的双脚，看着那略呈粉红色的肌肤颜色，在那两个钟头内渐渐变化成没有血色的发青转绿，心中凄恻而茫然，脑中完全是一片空白。

那年，他才二十五岁，没有经历过任何死亡的经验，邓丽君是他第一个守着这么久的遗体。奇怪的是，他始终没有害怕的感觉，就像和她在一起聊天一样，觉得很安详，很平静，很自在，伴随着许许多多的舍不得，他至今仍然不愿相信她已不在人间，事实上，他却又是亲眼看她褪尽生命颜色的人，陪她走完生命最后一段路，他一辈子忘不了她！

巨星殒落
引发众家媒体追思应变战

史蒂芬大约是在六点到六点半之间回酒店，被告知邓丽君已经送医院，他不肯相信，还发了一顿脾气，他们一再证实她已送到兰姆医院了，他才匆匆地赶回来，人到医院都已经七点多了。史蒂芬哭得很伤心，有些乱了方寸，还一直要医生再急救，后来把她安置到太平间，两位经理才离开了医院，这时候，全球的各新闻台已经传送邓丽君死亡的消息，消息是台湾在泰国的代表处发布的。

当时，邓丽君在梅坪酒店病危的消息传出来后，不少电话打到救总和驻泰代表处询问，那时天色尚未全黑，代表处的人马上打听事情的真实性，因为过去她的死亡传言已经不止三四次了，这次他们也格外慎重，并用 Teresa Teng 的名义打电话到每个医院去查。最后透过一位资深护理长的调查，才知道她是用本名送进兰姆医院。代表处的两位专员赶到医院求证，由于生前没有面对面地看过她，便找了一位邓丽君生前的朋友洪于青老师一起证实，但他们不是邓丽君的家属，加上史蒂芬交代不准任何人动她的遗体，史蒂芬本人却不在医院，所以医院不敢打开冰柜让他们证实，后来运用了一些关系，取得查看的权利，肯定是她之后才正式对外发布。

邓丽君逝世所带来的风暴，不只是全球各地的邓迷同声憾叹，同时也掀起了一场几乎达一个月的马拉松式新闻热战。当时的有线电视台只有台视、"中视""华视"三台，无线电视台则还在争取出头天，几乎是实时性的一致默契，三台都动用了所有可能的资源、人际关系、设备、人力投入，第一天傍晚播出邓丽君猝逝泰国清迈的新闻，到第三天中正机场迎灵的立即转播，铆足全力地发挥各家的转播功力及应变能力。

邓丽君早期与台视的渊源深厚，台视也收藏了不少她的专辑、录像、现场访问等数据，所以能在她去世的第二天就以新闻的角度切入晚间新闻，以长达十分钟的各角度配合话题作大篇幅的报道。此外，再推出全长一百三十分钟《十亿个掌声》演唱会实况转播，重现她在十一年前的十五周年纪念演唱会风采，在日本专人设计的舞台上以变换无数造型，连唱三十七首歌曲的盛况，让人怀念、难忘。

"中视"虽有邓丽君早期在"中视"主持的《每日一星》节目的优势，可惜当时并未将这些资料片保存起来，造成没有旧画面可运用的辛苦迎战，纪念专辑迟迟未出。"中视"的公关室主任张佑民和节目部经理连锦源一方面及时带着三十万慰问金致赠给邓家表示心意；一方面也和卫视连手制作纪念专辑。

"华视"的机动性效率非常高，立即推出以编年史方式所制作的一支长达三四小时的特别节目，跨越了邓丽君生前居住各地的未定名纪录传记影片；"华视"总经理张家骧请邓丽君的干哥哥赵宁担任顾问、编剧及主持工作，以及为邓丽君的平面纪念册执笔，他排除手边所有工作，全力为义妹保留最完整的珍贵回忆，细说她从小到大的奋斗故事，以及一生为流行音乐所作的贡献。特别节目在百日内播出时，的确引起广大的回响，连到台湾来取材的日本 NHK 电视台工作人员都赞佩不已。

驳斥谣传
兰姆医院主治大夫尊敬她

在这一波新闻专辑化、专辑新闻性的热战中，还引发了媒体对遗体画

在台视录像的画面。

一九七〇年，拍摄台视《每日一星》节目。

一九八二年，上台视节目《郁金香》。

面处理不当的新闻尺度问题。一般而言，为了尊重死者，是不宜将遗容以近距离画面拍摄呈现的，尤其是中国人一向是以"死者为大"，但电视台和平面媒体都以大幅照片刊出她的遗容，更有甚者，以遗容上所略为浮现的尸斑，指出邓丽君是死于艾滋病。

对这项无稽之谈，邓家人一直不予回应，我运用了驻泰好友的关系，前往兰姆医院向院方求取明确的证明，的确是因为流行性感冒所引发的气喘病，因为没有及时送医治疗，且治气喘的喷剂用量过多而导致不治，兰姆医院曾为她两度救治的主治大夫苏美医师，拿出一迭登记了邓丽筠本名，病历号码 HN 四五八八一的病历表为我们详细说明。

邓丽君曾在一九九四年十二月三十日住院治疗，她的确有气喘的老毛病，还因为感冒而伴随有支气管炎。住院一晚，退烧了就拿了药回去。当时，苏美医师指示她下次来度假时，住旅馆一定要找离医院比较近的地方投宿，因为气喘随时会发作，离医院近才好应变处理，她也听从医师指示住进梅坪酒店，一般在不塞车的情况之下，只要十分钟不到就可以从酒店开到医院了。

在过世之前，她最少来过两次，每次都为了呼吸不顺畅，当时有为她作一系列的血液和尿液检验，化验单上证明她体内没有艾滋病毒，也没有吸食毒品的反应。至于斑点的问题，苏美医师解释，放过冰库的遗体拿出来在常温之下一段时间，都一定会有不自然的脸色和斑痕出现，这是非常自然的事，可说是一般常识，他不懂为什么会有这样的传言。他为她两度就医，加上最后一次急救，从来不会想到这名有气质的女士会吸毒或得艾滋，因为吸毒或得艾滋的人是从外观就可以立即判别出来的，她完全没有这样的现象。

　　他面色凝重地说："一般而言，除了提供给警方之外，我们是不随便把任何病人数据拿出来给访问的人看的，但是你们台湾会有这样的传言出来，让我感到困惑，而且十分痛心，这位病人的礼貌、尊重人、悉心接受建议都让我印象深刻。她对人这么好，做这么多善事，她是你们的荣誉，我们外国人都这么尊敬她，我实在不懂，你们自己为什么要这样中伤她！"激动的苏美医师缓下一口气，拿出一张纸，慎重地交给我，哑着声音说："我可以破例一次，把她的血液报告影印本给你带回台湾去，这是千真万确的检验报告，可以解除你们所流传的疑虑，证明她的确不是死于艾滋病！"我看着他几乎是有些愤怒的脸色，再接过那张影印文件，一个醒目的"NEGATIVE"深深刺痛了我的心，不是我们的人民不爱她、不珍惜她，而是我们的媒体太习惯以臆测来抢作耸人听闻的"独家"，那一刻，我以自己身为媒体人而羞愧不已，泪水大颗地滴在验血报告单上。

　　苏美医师描述，当天如果早到二十分钟，邓丽君其实还是能急救回来的，只可惜那时已是下午五点半，送医的路途被下班尖峰时间的交通所堵塞，救护车来不及赶到饭店，而饭店临时应变而紧急出发的接送车上又没有给予纯氧的急救设备，服务人员又不会实施人工呼吸或心肺复苏术做第一时间的抢救，使她的脑部缺氧时间过长，即使挽救得了她的生命，她也会终生变成植物人。她到医院来时，已经瞳孔扩散、心脏停止，不过院方还是紧急做电击、按摩、注射等抢救治疗，一般只做半小时就宣布放弃的，他们为她做了将近一个小时才放弃，医院真的已经尽全力了！

　　在她发病到救治过程中，她手中始终紧捏着一罐气喘病人常用的"气管扩张喷剂"，关于这点，苏美医师分析也可能是邓丽君致死的主因之一。

由于她患有哮喘，日常生活中常会间歇性发作，医生多半会开扩张支气管的喷剂给病人，这个喷剂是不能喷太多的，顶多喷个两次，没有效果就不能再用，因为这种喷剂的原理是压缩心脏，使气管扩散让空气涌入，有可能会引起心脏停顿，这些常识他们在给药之前都会向病人详细说明，但是，病人如果一时吸不到空气，乱了方寸，把喷剂拿来当唯一的救命用品猛喷，就极可能会引发心脏上的不适，造成更不利的状况。

由于亲人不在场，饭店的经理不知该如何决定，警察到了医院勘察，判断不是犯罪案件，并没有他杀嫌疑，也没有解剖的必要；史蒂芬稍后赶到医院来大声要求任何人都不准碰她，同时也在诊断书上写着不要碰她，直

到家属赶来处置，同时院方也了解中国人的传统思想中有尊重亡者保存"全尸"的观念，所以医院并没有做解剖探查。果然，邓家人赶到医院时，也希望让她平静地走，不要再折磨她的身体，苏美医师便在死亡证明上签下了"哮喘"的死因。

邓丽君已经走了整整十八年，台湾的纪念活动和媒体瞩目似乎渐渐淡了，但是，在泰国，在泰北，对她的思念却与日俱增。从一九九六年至今，梅坪酒店每逢邓丽君的忌日都会举办盛大的纪念活动，有时在大厅，邓丽君为大家引吭高歌的老地方；有时在户外的空间，邓丽君曾悠闲小坐的啤酒屋；他们会请模仿邓丽君非常成功的歌星珍珍，以中文、英文、泰文、粤语等来唱她的成名曲，唱得当然绝对没有邓丽君好，却已经聊以宽慰清迈人和观光客思念邓丽君的心切。地方报会发布演唱会消息让大家聚集怀念，第四台也同步转播，成为清迈一年一度重要的、惯常的盛会，他们相信，用歌声来纪念邓丽君，是让她在天上最高兴的方法，他们献上祝福，献上祈祷。

《再见，我的爱人》是纪念音乐会上常作来压轴的歌曲，泰国的歌迷们早已不再问《何日君再来》，而是诚诚恳恳、心心念念地与她道再见，爱她的心一如往昔，从未稍减……

一代歌后远离尘世，令人不胜唏嘘！

好花不常开

好景不常在

愁堆解笑眉

泪洒相思带

今宵离别后

何日君再来

喝完了这杯

请进点儿小菜

人生难得几回醉

不欢更何待

今宵离别后

何日君再来

第十一章

何日
君再来

有人说《何日君再来》是中国流行歌坛上的长青树，的确，这首歌从周璇唱红之后，历经李香兰、静婷、紫薇等老牌歌星的传扬，直到四十年后，再由邓丽君细腻温柔地诠释，不论在东南亚、日本或海峡两岸，都是一支长红歌曲，流行半世纪而百听不厌，甚而在流行歌坛把它列为"东方的饮酒歌"。这首怀古名曲，没有西方饮酒歌的纵情狂欢，却有东方人内敛含蓄的隐藏辛酸，看似豁达于劝酒，实则借酒意瞒住了离愁。这样的情绪，最适合邓丽君这样既懂得隐藏感情，又能充分释放感情的歌声来表达。

现在这首歌有了另一层意义，《何日君再来》成为君迷们对"君"的呼唤，因为"君"已远离，"君"再不能来，唱这首歌时就倍增无限伤感和怀念。邓丽君的《何日君再来》取代了任何前辈歌星唱这首老歌的印象，成为她的谢幕曲或安可曲，特别是在她的告别式中，这首曲子的凄婉、转折，就像每个人怀念她的心绪一般，袅袅不绝，绵绵不断。

带君回家
最高规格入葬千万人追悼

一九九五年的春节，邓丽君回台湾过春节，当时就患了重感冒，几乎足不出户，凯悦饭店为她特别延请医师到房间里去诊治。邓妈妈还想：感冒一直没好，去清迈养养病也不错，那边毕竟气候比较好；却怎么也没想到台湾的家人都在为邓爸五月九日的忌日而忙碌，准备到父亲灵位所在的灵骨塔祭拜时，一时疏忽了再三叮嘱她，竟造成遗憾。

公祭灵堂上，美丽的鲜花簇拥着美丽的邓丽君倩影。

邓丽君在泰国清迈遽逝的消息传回台湾，邓妈妈完全不肯相信，她多么希望这又是媒体另一次的恶意传言。家人更是伤痛欲绝，五弟邓长禧紧急办妥了赴清迈的证件，和三嫂朱莲及邓丽君生前好友一起去接她回家。

短短三天办好所有手续，五月十一日邓丽君面容安详地穿着桃红衣裳完成入棺仪式，棺木上了灵车驶向机场。天，阴霾欲泪，上机后，老天也抑不住悲痛地开始落下倾盆大雨。飞机开始在清迈机场跑道滑行，时间很巧合地就落在 14：14，邓丽君飞离地面，伊逝伊逝，飞回归乡路吧……

泰航六三六班机在傍晚六点十五分的薄暮时分从曼谷起飞，早星已在天边亮起，飞行路途中晚霞染红了半天，瑰丽而灿烂地晕出漫天霞光，夕阳余晖在云边镶出金晃晃的夺目天光，也像邓丽君的绚丽人生，天幕由多彩归于全然墨黑，唯有星子布满夜空，一如她未了的"星愿"……

桃园中正机场航站主任周文军在航北端二号机坪等候，纤秀白棺缓缓落地……入境证明文件，只有薄薄的一纸死亡证明，和厚厚一本护照。机场拖车缓慢地牵引，一如在场人们沉重的心。货运栈场布置成偌大的临时灵堂，接机人群众多，此时却静阒无声，只有此起彼落的镁光灯闪闪灭灭，平添人世无常的喟叹。

天空饮泣，细雨如丝，邓丽君落地归根，侄女铭凤、铭玉、铭芳及家宁代表她的后人，伤心迎灵，邓家人分列在侧，他们迎她，也是送她。

在姑姑灵前三叩首，鲜花、素果与清香一一敬上。是的，何日君再来？邓丽君真的回来了，而且永远不走了。但，所有的人也都失去了她。

亲友和大批歌迷早在机场守候多时，邓丽君在日本唱片公司"金牛座"社长五十岚泰弘手执念珠，双掌合十，率领着副社长舟木稔向他们最爱的艺人深深地三鞠躬；当时的"新闻局"局长胡自强、联合文学发行人张宝琴、"华视"董事长周世斌、总经理张家骧等人都到场上香致祭，更有大票艺人来到机场哀恸致意。

当时因着大型晚会而与邓丽君接触频繁的张家骧将军，以他一贯明快的军人行事作风，倾全力筹备成立邓丽君治丧委员会。"华视"更提拨了新台币一百万元的治丧经费，以快速效率，短短几个小时内就在"华视"视听中心布置好典雅素净又庄严肃穆的灵堂，淡淡的粉紫台布铺设的两层灵桌，垂挂两旁的大幅粉红与纯白布幔，典雅有味，使熙来攘往、绵亘数日的告别式达到尽善尽美。许多前往祭悼的民众都说，从没有看过这么美的灵堂。

邓丽君的遽逝，震惊全球华人，她短短的四十二载生命焕发的光与热，被报章杂志以大篇幅报道出来，并被冠以"在演艺圈空前绝后而绝无仅有的艺人"。络绎不绝的上万歌迷前来追悼，通宵守候的行礼鞠躬人潮，从四面八方涌来的真挚忆念，也让人强烈感受到，过去她辐射出去的光热，而今全都返照回来。每日川流不息的歌迷涌到"华视"吊祭，不分男女老幼，不分职业、国籍，还有远从金门、马祖、澎湖等离岛，以及高屏花东等地搭机、渡船、包车赶来，悼念心意，溢于言表。

邓丽君的头七，正好是那一年的母亲节，慈济功德会在场不断念诵经文，并特别唱了《当一滴烛泪落下来》和《惜缘》两首歌，告慰祝祷。邓妈妈口述了一封信，由大哥长安笔录，慈母心无从托付青鸟，她只能说："适逢母亲节，以往你在身边，总会一大早拿一朵白色康乃馨为我佩上，纪念你外婆；自己佩上一朵红康乃馨，再神秘兮兮地拿出早已选好的礼物，祝我母亲节快乐；如果不在身边，哪怕再远、再忙，也都会打通电话来贺节，不论你在何处，我都感受到那份温馨。更或者你会突然飞回来，给我一个大惊喜……"而这原本充满期待的母亲节，邓妈妈唯一的期望就是女儿能入梦来，哪怕是片刻相依都好，都好，都好……

"华视"的邓丽君灵堂开放十六天来，每天都有数千人来悼念，送花、献诗、作画、雕刻、写挽幛，吊唁方式不同，流露哀恸却一致。一位从事服装设计的年轻女歌迷，彻夜未睡，亲手赶制了一件桃红色旗袍，精绣了

每天都有数千人来悼念。

前往祭悼的民众非常多，甚至还有人通宵守候。

十六只翩翩飞舞的蝴蝶，滚边、内里、绣工、造型，针针线线都是思念和苦心，只为了能在邓丽君出殡之日，烧给她带到另一个世界里穿，好依旧美美地四处去唱歌，四处去遨游。

是的，邓丽君在歌坛的地位是国宝级的，也是国际级的，无人可替，成为绝响！

这绝响，流传在世界各个角落不减不灭，绵绵无期。中国人常把有过人之招、不传之秘、厉害高明的技艺，称为"绝活儿"，这个"绝"字就暗藏了无可取代、无可比拟的赞许，依此而称邓丽君的歌为"绝响"毫不为过，她开启了许多演艺事业的新页，创下许多纪录，然而，她是那么谦虚、亲切而率真。我想起日本一位资深媒体人在受访时说，他喜欢的歌手有好几个，但是每当一想到仍能让他心痛的，只有邓丽君一人。

我至今仍然记得，他说着说着就以九十度深深一鞠躬的景象，忍不住的泪水和着骄傲无声滑下。是的，太多太多喜欢邓丽君的人，不只是喜欢她的嗓音、她的歌艺而已！中国艺术史有"人品如画品"的说法，人品不好，画得再好也不会被肯定、不会被赞扬，流传

得久远。同样地，人品也有如歌品，多少红极一时的明星都消失在时空泡沫中，过了就被遗忘，唯有真正在品格上让人尊敬，在作风上让人佩服，在言行上让人赞叹的，才会在时空的洪流中被记取，越久越让人怀念。邓丽君是这样的人，这样的绝响！

五月二十八日出殡当天，邓丽君死忠的歌迷们依然漏夜守候在第一殡仪馆景行厅外，坐轮椅、撑拐杖、扶老携幼，垂泪涟涟地送她一程。凌晨五时，在慈济功德会师姊和张玉玲、三嫂朱莲的协助下，完成净身换衣，诵经念佛声中，邓丽君的大体妆容自然而安详，梳着辫子，穿着凤仙装，安详、纯真有如百合。

正如邓妈妈所说，邓丽君是从小领洗，信仰天主教的，在天主教信仰中有一个非常特别的教理是"诸圣相通功"，生者可以借由弥撒祭献为亡者祈祷，让她的灵魂早日炼净，得奔天乡，永享荣福。清晨六时三十分，新店"中华圣母堂"的周神父和万大路玫瑰天主堂的圣咏团，为她主持家祭前的"小殓"仪式，悠扬清亮的圣歌声中，周神父在她的灵体移出时，边走边为她洒圣水，慈济人则一旁为她低声诵经，天主教与佛教两种信仰仪式共融了一堂，同心为她祈祷，气氛格外庄严。

十二位威武英挺的军人为她扶棺，邓妈妈在家人扶持下远远地、深深地看女儿最后一眼，白发人送黑发人的伤恸，何时能平复？家祭时慈济功德会何日生先生朗读由三哥长富亲自撰写的《祭妹文》，感念她对台湾的付出，感谢她让家

送君千里，终须一别。

人在物质上不虞匮乏，在精神上带来欢乐愉悦。她大半生的奔波忙碌却从不喊累、说愁；她孝顺父母、友爱兄弟、疼爱晚辈；她以歌声宣慰侨胞、穿透海峡，种种行谊说不尽、道不完。在场静静听闻的所有人早已唏嘘啜泣，那泪水难挽的爱，流淌奔窜在每人心中，也在往后绵亘无绝期的思念里。

最后的家
筠园成为金宝山拥爱宝地

长达两小时的公祭，在邓丽君生前仅有一首亲自作词的《星愿》歌声中结束，漏夜排队的上万名歌迷拥入，流着泪瞻仰遗容；满满的人潮也早在墓园等候相送。十二位军人扶棺，把灵柩一步一步移到墓地，四位侄女依照习俗"封穴土，一掷万金"，所有送"君"到山头的万千爱君人，深深鞠躬作最后致意，大家流连在她墓园前久久不散，直到晚星升起，夜幕笼罩，山间灯火盏盏亮起。邓丽君是真正地，安心地，安静地歇下了！

金宝山董事长曹日章非常敬重邓丽君生前行善的好心，助人的热心，觉得好福地非常适合长眠善心人，他以热爱邓丽君的心主动提出，愿意以象征性的新台币一元价格，将金宝山的爱区占

筠园是邓丽君的长眠之地，
背倚群山，宁静清幽。

地五十坪的墓地"卖"给邓家人。

金宝山墓园的整体景观是座石雕公园，大片竹林，十分清幽，远眺太平洋，背倚群山。邓妈妈选中较开阔清静的一块，平静而依恋地说："这里比较适合邓丽君的个性。"

邓家人欣然同意"一元"接受金宝山的美意，并决定由墓园设计顾问奚树祥教授和艺术顾问萧长正将五十坪占地建筑成小巧精致的"邓丽君纪念公园"，让邓丽君安眠于此，有鸟唱相伴，有乐音长响。"筠园"在众多专家的心力投注下，短短二十天内进行整地工程并完成墓穴周边的设计，处处显出音乐人的栖息氛围，白色音符装饰成的红外线感应矮栏杆在入口处，园区中央有放大的钢琴键盘，计算机会感应有人入园而播放邓丽君的歌曲，有中、英、日、粤、台语等歌。每天风雨无阻的参观热潮，邓丽君的歌声几乎是终日唱响在金宝山，令歌迷们流连忘返。

筠园矗立的邓丽君铜像，是留法艺术家萧长正的手笔，他挑选了许多她的照片，最后选定邓丽君在一九九三年在清泉岗演唱表情做雕塑，左侧则是三哥长富所撰写的简洁精要《墓志铭》，将邓丽君短暂而璀璨的荣耀一生浓缩在饱含深情的字句里。正前方则有一尊以黑色大理石雕刻的大地之母雕像，双手环抱着碑石，守护着邓丽君，平心长眠。

我在邓丽君逝世六周年那天来祭悼，在现场访问到艺人凌峰的妻子贺顺顺。这位生长在大陆的邓丽君迷,在读书时就和姊妹淘们天天偷听邓丽君的歌,聚在一起也爱谈邓丽君的事,邓丽君死后,她们都伤心得不得了,又不能到台湾来追悼她,就只好全权拜托贺顺顺,年年都到金宝山凭吊。大陆的亲友死党们不断打电话叮咛她,一定要到场将她们的心意说给邓丽君听,代替海峡彼岸的她们献花、献香、献心意。

这十几年内,我搭乘出租车时习惯向司机做小小的抽样调查,惊讶地发现笔记上的统计数据:台北、桃园、基隆附近的出租车司机,几乎有超过七成以上载过客人上金宝山,也有不少司机自己带着妻小专程去的,其中,载到日本客的比例最大,他们不会说中文,只要拿着邓丽君的照片或 CD 唱片比一比,司机就知道是要到筠园。

当代雕塑家朱铭创作"人生之路"系列作品,及宝相庄严的佛像群山系列,让金宝山的环境更美、更雅致,这里充满了文化气息。曹董事长很愿意让邓丽君这样有贡献的人,有个能到达国际水平

歌迷来探望邓丽君,会把周围布置得很美。

的长眠之处，提供各国人士来此纪念、凭吊。

对于报纸上所刊登的"谣传这块地风水不佳，才给没有子嗣的邓丽君用"，或是邓家人半夜把遗体挖起来另葬、埋下的只是空棺等，完全是媒体捕风捉影、不合逻辑的猜测，邓家人根本不予回应。

十八年来，事实证明筠园的确是一个理想的安栖之地。不久之后，邓家人也把邓丽君生前最爱、最牵挂的父亲移厝到金宝山，在靠着她不远的地方长相陪伴。家人的爱、歌迷的爱、四面八方的爱伴随着筠园永不歇的歌声，年年涌入，日日流转，邓丽君应已无憾。

澄清谣传
以宽容心笑看积极人生观

邓丽君从出道以来就一直有死亡传闻，见诸报章杂志传述得沸沸扬扬的就有四次之多，每一次邓丽君都能一笑置之，现身辟谣。

一九七二年，她从新加坡到香港与歌迷欢聚，新加坡八卦消息中传出她"暴毙"消息，香港媒体十分关注。抵港记者会时，当然记者就围绕着她的"死讯"来谈，一般人谈死很忌讳，但年轻的邓丽君幽默以对："一咒十年旺，我快要大发了！"

没多久，她和邓妈返台，在报上发表了一篇《我复活了》的文章，淡定道出对死亡谣言的感觉：

> 我根本不把这些谣言当作一回事，我想只要自己做得正，一定会
> 澄清这些传闻的，我绝不会去斤斤计较……谣言的攻击并没有使我受

到损害，反而使我因这个遭遇而思索到许多人生的问题，想开了，也就释然了。当我遇见久别的故友，他们常常这样吃惊地问我："听说你死了！"

"我'复活'了！"我会这样回答。

一场不算小的"诽谤"被她轻描淡写地化解，谣言果然是越咒越旺，她不但当选了香港十大最受欢迎歌星，还当选白花油义卖慈善皇后，慷慨捐款行善，不实传闻对她没有任何杀伤力，她依然以一贯的悲悯心肠做善事，对生命的态度反而更豁达、更淡泊。

一九九〇年，盛传邓丽君自杀，也有人说她死于肾脏病。谣言使她再度到香港露面，比过去略显福态的身材，说明她健康状况良好。一九九一年又传她死于艾滋病，直到有人目睹她在浅水湾酒店的名店购物才不攻自破；一九九二年，香港通讯社再度传出她遭暗杀，日本新闻界也附和报道，日本资深记者平野外美子追踪到巴黎访问她，告诉她港日盛传的死讯，她也只是淡然一笑说："嗯！已经死好几次了。"神情上毫不在意。

这些空穴来风的"死讯"，邓妈妈也听到过好几次，每次邓丽君都会用轻松、快乐的语气打电话向她报平安，让虚惊一场的妈妈能够放心。一九九五年五月八日那天，邓妈妈也怀着同样的心情等待她的一句"妈，别担心，我没事啊！"来打破无聊的谣传，但是，她报平安的电话却再也不会、再也没有响起了。

人们的关怀并没有随着她的离世而淡去，五月二十八日邓丽君丧礼结束当晚，台中天主教一所修女会的陆多默修女在寤寐睡梦中，仿佛见到邓丽君清清楚楚地求献十台弥撒，陆修女马上起身为她诵念玫瑰经。之后，天主教的教友们反应热烈地争着献弥撒，大哥长安也在高雄为妹妹献弥撒，往后更不时有本堂神父陆陆续续接到教友们为邓丽君献弥撒的请求，大家被她生前的善行懿德所感动，愿意帮她做任何事，为她祈祷、献弥撒，那种出于自然而然的行动响应，超越信仰，成为一种爱的凝聚。

同样地，基督教长老会也为她做追思礼拜，特别是泰北回莫村的礼拜堂，以整个周日假期集合了全村教友和非教友，一起为她祈祷。他们并非歌迷，也不一定全都认识邓丽君，但在听了邓丽君的故事后，都齐聚到礼拜堂同心祈祷，这样的向心力、凝聚力，如果不是因为爱，只靠个人魅力是不可能达成的。

遗音遗愿
星愿的不了情爱永留人间

往事不堪思　世事难预料

莫将烦恼著诗篇　梦长梦短同是梦

一切都是为了年少的野心　身世浮沉雨打萍

天涯何处有知己　只愁歌舞散化作彩云飞

一切都是为了如水的柔情　不妨常任月朦胧

为何看花花不语　是否多情换无情

烛火无语照独眠　爱情苦海任浮沉

无可奈何花落去　唯有长江水默默向东流

这是邓丽君最后的手稿。

邓丽君所写《星愿》手稿

姐姐过世后，五弟邓长禧到香港为她整理遗物，在邓丽君笔记本中，发现这份手稿，唱过一千多首由别人作词、作曲的歌的邓丽君，一直希望能唱自己的作品。四月底从清迈打了一个多小时的长途电话，她还兴致勃勃想进棚录自己写的歌，却不料再也不能亲自演唱这首呕心沥血的作品。能写词谱曲的全才艺人罗大佑也感慨着，邓丽君曾打电话给他，表示在巴黎期间写了些诗，想让他看看能否谱成歌，请大佑帮忙制作专辑，哪能料到，她的新企划还没说出来，人已溘然长逝。

她最后所写的诗是不是指这首诗？大家并不得而知，但为完成她想唱自己作词的歌这心愿，长禧把歌词带回台湾，由李寿全、童安格、李子恒等人共同整理并谱曲，在二十七日凌晨发表了《星愿》，出殡当天演奏，以她的歌，送她上路。

为了纪念邓丽君对流行歌乐的贡献，并鼓励这些一头栽进通俗音乐领域的执着人，邓丽君文教基金会筹备小组邀请邓丽君生前好友以连唱或合唱方式，共襄盛举完成邓丽君的遗作《星愿》，并开放给海内外所有想唱这首歌的人演唱，版税一律捐给公益活动运用，而第一个捐助的对象，就是在那年因车祸而去世的音乐专辑制作人杨明煌。

从第一届"星愿"创作歌谣歌唱比赛，反应热烈；五周年时，富士电视台主办纪念邓丽君演唱会，并寻找"邓丽君接班人"。更可贵的是，各地所成立的歌迷会，反而忙着为她"把爱传出去"，平时只是听歌和交换信息的会友，这时都走出原有的团聚目的，而开始以行善助人来表达他们对邓丽君的热爱和怀念。这股原来四散的力量，因她的离去而凝聚起来，"邓丽君国际歌迷台湾俱乐部"串连上香港、日本、新、马、欧洲和美洲等地的歌迷会，互通讯息，并矢志要让邓丽君在国际艺坛历久弥坚，并传扬她的真、她的善、她的美，源远流长在人们的心海里。

邓丽君过世的第六年，歌迷惊喜地发现又能买到新专辑了，原来是邓丽君文教基金会整理出她生前早已录好，但尚未发行的多首歌曲来，一批是早在一九八九年夏天，香港九龙尖沙咀汉口道上的新历声录音室所录的《不了情》等几首国语老歌，以及一首英文歌《Heaven Help My Heart》，在八月底与九月底分三次录音完成；另一批则是来年的五六月间在巴黎录音室录下的《Let It Be Me》等。那时候，邓丽君很喜欢"雷鬼"的唱法，还曾经从牙买加请来吉他手，从伦敦找来合作的键盘手 Gofrey Wang 进行录音，录的不算多，只留下这几首。

长禧从她在法国的遗

物中整理出这些录音母带，那时全家人都在伤心欲绝的当口，听了徒增感伤，根本没有发行的意愿。两年后，邓家从哀恸中走出，慢慢地调适与接受，整理香港故居就是一种心境的转变——他们从"保存"跨越成"整理、开放"，让更多人来追念、体会。有位失明歌迷远从日本来，用他的手一点一点地抚摸"观看"，面露喜悦；也有位癌症患者，坐着救护车来参观，了却生平最后一个心愿。这些感人的实例，让长禧再次把母带找出来重听，那贴近而遥远的感觉，一如他一直以来的思念心情。他找来音乐人李寿全，决心以专业的后制，让时空回归，让心情还原。

整个处理录音的后制过程李寿全很慎重，把"遗物"转变为"宝物"，无疑是一种高难度的挑战！国语老歌的部分请来北京的管弦乐团伴奏，聊慰邓丽君生前没有机会和大陆音乐家合作的遗憾；西洋歌曲则更用心地处理成国际巨星的现场演唱，找新加坡吉他手、马来西亚的贝斯手来演奏，再找到一个澳洲的和声团，让音乐像现场般呈现。最后的混音工程，找来在日本时期为邓丽君做混音的茂本正三来处理，为的是希望贴近邓丽君的想法。而最重要的，邓丽君的声音，不做任何的剪接与修补，保持原来的声音质地，甚至连耳机回传的声音都不去除掉，只拿掉原来录音时的简单midi伴奏。

李寿全花了许多时间思考如何做得尽善尽美，因为"技术不是问题，态度才是关键"，邓丽君是个对自我要求很高的人，他把一个不再能重来的"遗音"，变成live现场的原音，从中感受到她的音容笑貌，从时空交替、遥远的场景、贴近的心情，转换成忘不了、忘不了、忘不了的绕梁余音。

爱的扩张
在网络世界仍然备受瞩目

进入 e 时代,所有讯息传递都在网络上蓬勃开展,邓丽君逝世十八年却并未从网络这新兴玩意儿上缺席。君迷在无远弗届的网络上非常活跃,歌迷以邓丽君的名义所办的活动不少,更令人欣慰的是他们都在行善,因为他们觉得能以她的名行善,是最贴近她心灵、最让她高兴的事。

新加坡歌迷会成立于一九九五年九月三十日,会名是"永恒邓丽君——歌迷联络站",会员除了新加坡本地的歌迷,还有马来西亚、英国以及澳洲的成员。他们固定举办活动,包括:邓丽君生日纪念会、怀念之旅、探访及协助儿童院和安老院等公益活动。

马来西亚的歌迷会成立于一九七九年八月,会员们每逢邓丽君的周年纪念便与其他国家的歌迷一起来场"清迈之旅",参观梅坪酒店一五〇二房,也会到筠园参加追念会。有位侨生说:"我每天读书都要听她的歌,是她的忠实歌迷,我真的愿意为她做任何好事,希望她在天上会高兴。"

香港歌迷会历史最长,举办的活动不计其数,所有盈利也拿来做慈善用途。会长依旧是老资格的张艳玲,副会长是周凤秋,顾问群更是惊人,音乐老前辈陈蝶衣就是其中之一,爱护邓丽君为终身职志的宗惟赓宗伯伯,资深广播人车淑梅等都是香港歌迷会的资深顾问,东方魅力明星网更开设邓丽君专属网页。

一九九五年,邓丽君在香港赤柱的故居曾开放让数以万计的歌迷参观,因维持开放的财力所费不赀,邓家准备只开放一年就关闭,消息披露,香港的艺人如阿 B 钟镇涛、谭咏麟等更群起为故居的保留而请命。为了纪念

邓丽君，香港歌迷会精心筹划了《漫步人生路》音乐剧，诠释邓丽君的生平；"星愿萦我心音乐会"由香港 TVB 艺人演出，门票收入全数捐赠给香港保良局的孤儿。怀念邓丽君逝世音乐会几乎年年举办，借着各式各样的怀念活动，为慈善皇后永续爱愿。

在日本不但有歌迷会，也有不少网站，世界各地成立的邓丽君网站也十分惊人：丽君恋网与台湾蜜蜜相簿、日本 Lily 丽君追忆站及大陆所设的网站等，共同展出长达四年的全日本有线放送大赏特别节目。歌迷会以网站密密连起一个爱的大网在世界各地串连。一位资深网络专家说："个人有魅力让人四处为她成立网站的，邓丽君是唯一的一个，她的个人网站纪录分布幅员之广、数量之多，至今无人可匹敌。"另一位资深网族也惊讶地说："上网是年轻人的时髦玩意儿，是新兴的产物，而邓丽君的歌迷群众现在应该都是半百以上很少摸计算机的老翁老妪了，怎么会有这么多年轻人还知道她，流连在网站上谈论她？真是匪夷所思。"

最有规模、人数最庞大的应该是大陆的君迷，中国邓丽君歌友会的分会几乎"网"罗了大陆三十个省、市、自治区及港、澳、台和海外七个办事机构，君迷们运用网络做链接，用文字抒发自己对邓丽君的感情；中国网发起"新中国最有影响力文化人物"网络评选活动，网友热情支持邓丽君以逾八百五十万张选票获选"新中国最有影响力文化人物"的第一名；中国十大风尚影响力女性网络票选，邓丽君更获得"荣誉奖"，由她的侄女邓永佳代表领奖。

各地君迷经常举行不定期的聚会、K 歌、交流，光在网上发表、转帖的"爱君"文章就超过百万字，还发起"爱心延续"捐书助学活动给贫困地区的小学；更在汶川大地震时以君迷身份发起"守望相助，延续爱心"赈

君迷三十年来的收藏齐全而弥足珍贵。

君迷横跨老中青三代，
高龄八十的宋学导老先生是君迷，
海榕则是邓丽君网站年纪最轻的版主。

灾募款捐献给海红十字会和四川绵阳灾区；二〇一一年年底更举办了"邓丽君音乐文化现象论坛"作多层次的深入研讨；来年，湖北楚天音乐广播台也开播了《永远的邓丽君》节目，制作人林枫是湖北（武汉）分会会长，每天播出一小时长的节目谈邓丽君所谱写的乐坛传奇，这是中国广播史上的创举。

我在二〇一二年年初在北京颇负盛名的"邓丽君主题音乐餐厅"参加由歌友会主办、北京原乡人国际文化传播公司承办的"笑着举杯"音乐会，庆祝她五十九岁生日，惊讶于十来个来自各地的"小邓丽君"的模仿功力与认真。君迷之家创始人王素萍会长更是出钱出力，费心费神，那热忱与真诚简直是"爱"到义无反顾，让人感动得没话说。我真的觉得邓丽君一直没有离去，她是如此鲜明灿亮地活着！

爱的延续
基金会运作把爱广传出去

一九九五年，邓丽君文教基金会成立，展开爱的延续，追念她艰辛奋斗史和赤诚之心，纪念她在艺术歌唱事业的成就，一方面也希望能促进文化提升，从文化、教育、公益等多方的活动举办和奖助上，为她实现遗愿，尤其是为泰北儿童教育奉献一份心力，让中华文化能在异地延续。

泰北难民村四处以克难教室继续中文教育。天不亮的六点半，就抢时间先上一段中文课，然后赶在八点正规时间去上泰文课；当泰文学校下课后，天色已晚，再续接上一堂中文课，直到八九点才摸黑走山路回家。泰北村民管这样早出晚归的上学方式叫"两头黑"，虽然辛苦，学生们仍学习情绪高昂，家长也非常支持、鼓励孩子，因为，他们坚信唯有经过"两头黑"才有"出头天"。

我在天主教明爱会泰北办事处的罗仕兴协助下，访问到家徒四壁的退休老校长，他家里只有一把椅子。那天，我席地而坐，听他感谢邓丽君文教基金会多年来的捐助生活及教育补助金，逐年捐赠教室、课桌椅、图书馆、教学器材，透过认养学校，改善教室照明设备、学童用水之水源改善，更为小朋友上学方便，而捐钱架桥铺路……事隔十年，我忘了老校长的名字，但他在昏暗光线下沿着皱纹深沟默然而下的老泪纵横，是我心头难以磨灭的侧影。

许多地方都有基金会的捐助。满堂村的中华中学由学校师生合作了一面照壁，国文老师亲自写了一句诗"翠竹黄花曼妙影，白云流水慈悲心"来感念她的遗爱。一位老先生开心地说："多亏邓丽君文教基金会捐款铺路，我孙子上学不必再踩着一脚的黄泥巴来回了。"基金会更提供补助给泰北长大的孩子，从台湾学成后再回到村落服务，让他们得享较合理的待遇，继续为泰北孩童的中文教育奋斗。

不只是金钱和物质上的改善，邓丽君文教基金会也重视他们的精神生活，赠送球类器材和全套音响，伴随着让学童快速学会唐诗宋词的《淡淡幽情》，让美斯乐、边龙村、茶房村、老象塘等地有了歌声，有了寄情，丰富了他们的精神层次。

同样的爱，也散播在大陆的偏远山区。我们走访四川简阳市周家乡瓦窑沟村的希望小学，看到孩子们活泼的笑脸、朗朗的读书声，他们就算步行一个多小时，甚至要翻越一个山头，都愿意来上学。学校负责人十分感谢基金会的资助，邓丽君的名字对他们而言，不是艺人，而是恩人！

邓丽君文教基金会董事长邓长富关怀
四川偏远地区的孩子们，捐助兴建希望小学。

邓丽君文教基金会为泰北儿童上学便利而铺路。

邓丽君文教基金会捐给泰北的学生交通车。

开始写邓丽君传记后，我惊异地发现，十余年来基金会几乎没有"盈利"的观念，反而是专注于文化、教育、艺术及慈善公益活动，持续数年的"星愿台湾创作歌曲比赛"以及赞助政大金旋奖、台大民谣之夜等各大专院校的音乐创作比赛，奖励无数有音乐才华的青年。

更可贵的是为善不欲人知的默默行善，包括赞助阳明大学医疗服务队至偏远地区实施公卫及义诊，关怀被火文身、唇颚裂及身心障碍的儿童，以及荣民之家、老人赡养院、天主教失智老人基金会及收容重障多障儿的圣安娜之家等，爱心更达海峡彼岸的汶川大地震赈灾。日本"三一一"大地震时，也立刻捐助百万深致慰问之情。每一帧、每一幅照片、奖牌、纪念杯、感谢旗，都代表邓丽君遗愿完成的点点屡痕。

为了"气喘"这令邓家人心痛至极的疾病，基金会制作了儿童气喘倡导短片《三不五时防气喘》，在向气喘说"不"的健康博览会播放；邓丽君国际歌迷台湾俱乐部志工也编印《气喘防治手册》，免费发给民众，在各种场合宣传防治气喘和急救知识，希望让气喘病猝死的危机降到最低。"把爱传出去"，正是爱邓丽君的人共同的心愿。

是的！邓丽君的生前、身后都传播着爱的讯息，用歌声，用行动，用潜移默化，用默默引领。流行会过去，时代会转移，唯有爱，永远不会过去，这是邓丽君一生的精神缩影。把爱传出去！用心传出去！用歌声传出去！

何日"君"再来呢？也许，我们不必多问，因为，她从来没有远走，她一直都在，一直都在。

她的大爱精神，一直长存世间、长存每个爱她的人心中。

后记

有些爱
是不由
分说的

　　时光的迅捷无声，何其惊人，也何其无情。流年暗中偷换，一转眼，邓丽君逝世竟然已十八年，今年，她也迈入了六十岁的冥诞！八，是邓丽君偏爱的数字，六十，是中国人最重视的一甲子，选择在此时让大家怀念更深入的邓丽君，实在有其深意！

　　筠园，依然宁馨舒宽，净土里静静长眠的一缕芳魂，也依然让人爱戴、追念、敬重；没有人能问她、知她、解她，或代她回答此生是否不虚不枉，但，她短短的人世一遭，的确值得，也的确深具意义。

　　会答应执笔写这本邓丽君传记，其实，不为她幕前幕后的璀璨亮丽，不为她游走各国的充实丰盈，也不为她数不清的荣衔、后冠、名利、声望和掌声；而是为了在她身后，仍有许多团体、许多人以她的名义行善、助人、抚幼、慰安；他们超越宗教、超越国籍地以做种种善事来纪念她，来慰她的亡灵，相信这是她的遗愿、遗爱，相信这样的深重美意，能续存她在人间的未竟志业；身为艺人，这已超越演艺成就而达精神感召，唯有以与邓丽君Teresa Teng同名的诺贝尔和平奖得主特蕾莎姆姆（Mother Teresa）的襟抱自期、自许、自勉，同样地心怀大爱做小事，见到她的种种行谊在生前以真爱至情感人，这样可珍可贵的爱的续航力，才可能持久下去，也才可能在她身后十八年之久，还越做越蓬勃，越爱越美丽。

　　为什么邓丽君具有这样的影响力，在她生前、身后依然播爱流芳？

为什么邓丽君歌迷会能在各地动员，分享她的爱，给人们带来欢笑？

为什么有生命、有病苦、有灾难、需要爱的地方，都有邓丽君同在？

为什么翻唱她的歌、模仿她的人，在大陆、东南亚都走红得特别快？

为什么在新新人类主宰消费的时代，她的唱片还依然热卖历久不衰？

为什么四海之内有华人的地方就有她的歌声，永远听不腻也忘不了？

为什么善行义风需要共襄盛举之际，她的名字仍然跑在里面？

为什么？为什么？许多的为什么是没有答案，也不需要答案的。我们只知道，她从来都没有离开，她一直在我们左右，她的歌，她的好，她的温暖和贴心，从来不曾高高在上，也从来不会因回归天乡而被遗忘！

家，一直是她的依靠与信托，累的时候，倦的时候，她总是回家来靠一靠。而此刻，她静静地躺在最爱的土地上，这片她生前最不舍、最钟爱、最捍卫、最依赖、最感恩的土地。生时，她为争取隐私权而流浪异国；现在，她可以安安稳稳长眠于此，放眼青翠的山岗，耳畔是轻柔的微风，身边是四季不断的玫瑰，周遭是自己唱了一辈子的成名曲，何止是靠一靠呢？

但是，选择这样的方式回家，无疑是让人心恸的，到筠园来致意的人，莫不垂泪、叹息，听她柔柔的歌声，看她甜甜的笑靥，心中的疼就忍不住一圈圈泛开，惋惜叹息声此起彼落，轻轻唱和着她的歌，她的音容笑貌就清晰涌现，遥远的祝福来自遥远的爱，而爱，从来是不由分说的。

是的，爱是不由分说的，就像歌迷爱邓丽君，不用什么理由，从中国大陆、香港、日本、泰国、新加坡、马来西亚、欧洲、美国等国家和地区搭飞机远道而来，旅途劳累，不倦不悔，只为在她坟前上一炷香，鞠一个躬，这样的挚情已然超越"追星族"的热情盲目，而是一种冷静以对的珍爱敬重；

粉红色的玫瑰被歌迷一枝枝地剪下来，编排成她的名字，装点成她的烛台，被花刺到手指猛一缩，吸吮一口，随之淡然一笑，她抬头说："这点痛，不算什么，我的痛，在这里！"细细流着鲜血的手，指着自己的心口，让人鼻酸。谁不是呢？

对中华民族的大爱，她从不挂在口头说，她只是用歌声表达，在华侨地唱《阿里山之歌》、唱《四海都是中国人》，唱得热泪滚滚，泣不成声，台上、台下一片婆娑，却又掌声如雷；她在日本穿着中国旗袍，压轴一定唱中国歌曲，不管日本人听得懂听不懂，要大家知道她是中国人，她毫不掩饰自己对家国民族的深情，从来不需掩饰。

在邓妈妈的回忆中，她看到老幼妇孺会立即让座，看到贫病伤员容易落泪，看到贫童会立刻捐钱助学；看到电视新闻里播报的无依老人，她会跑去送金慰问；看到泰北难民村苦况，她会给予实质帮助；河南商丘有人家贫，父死无法殡葬，她就立即汇款给完全不认识的彼岸同胞；甚至于看到流浪被弃的动物都起恻隐之心，得了奖金也转赠出去，诸如此类的小例子不胜枚举，这些都是陌生人，可她一样疼爱，且为善不欲人知，唯有亲如家人才会知道这些小琐事，一一细数，却又数不清。

写这本书时，一直本着绝对不要将邓丽君"神格化"，不要渲染她有多特别，所描述的只是她一生之中扮演好自己的角色罢了——身为子女，做到孝顺信悌；身为学生，勤学力争上游；身为艺人，四处义演；身为公民，提升公众形象。一个人一生能扮演多少角色，又能顾全多少角色呢？她只是把自身角色做好而已，说来简单，其实多么不易！

她的努力，不只在实质上能鼓舞年轻人，在精神上也影响着有心人；二〇〇一年，在我长达两年又五个月的采访中，越访问越心折，竟然没有一句负面讯息。二〇一一年数次走访大陆，更发现她无远弗届的影响力。有人因欣赏她而改变一生；有人因她的榜样而奋发向上；有人因听她的歌而转化心绪；更有一位少女在轻生之际因着听她的歌重燃生命希望，在绝望边缘活了下来！她的歌，她的人，引人向上向善，引人自珍自重，是这些原因让我想深入探索邓丽君的精神面，而非把她塑造成才学歌艺、外貌出色出众的偶像崇拜。读她的一生有所感，有所得，有所启发，这才是纪念邓丽君真正的意义！

邓丽君渴望过平凡日子，渴望享平凡人才有的隐私，盛名所累，捕风捉影，从泪洒记者会到心头长茧，对谣传漠然到再也无所谓。这一路走来，起伏高低，笑泪悲欢，从繁华到极简，到只求一份不受打扰的清静，也许，我们都该庆幸自己的平凡。

不管她此生有多少蜚短流长，多少谣言中伤，丝毫不影响她在十几亿中国人心中的美好形象，也丝毫不会动摇她的巨星评价。正如日本人所言，邓丽君是值得敬重的，不止国人如此认为，连国际也一致肯定，著名的中美洲邮票国格瑞纳达发行了一式十六张的邓丽君邮票套票，表达对她的敬意；她让我想起作家白先勇在名作《谪仙记》的开卷篇所录苏曼殊名句："人间花草太匆匆，春未残时花已空；自是神仙沦小谪，不必惆怅忆芳容。"

也许，邓丽君真是一个天上谪贬下来的小小仙，来人间玩一回，爱一回，邓妈妈就认为她是只衔环报恩的灵鸟。不管她是不是偶尔谪贬人间的小仙，她的人生都已过去，不逝的，却是她的精神，她的遗爱。她想到大陆演唱的心愿虽然没能实现，她的歌却响遍了神州，此生已成绝唱，此爱却不会绝响。

　　《绝响——永远的邓丽君》不是叙述一位艺人的起伏转折，而是一个爱者的精神情操，我们有幸在她的歌声中爱过，痛过，生活过，悲喜过。有些爱，不由分说，只是浸润，只是感受，只是在心头慢慢滋长着，那就是一种幸福。

　　　　　　　　姜捷初稿于二〇〇一年清明·完稿于二〇一二年十一月

附录

邓丽君
身影集

一九六三～一九七七年，台湾、香港发迹时期

一九六七年，加入宇宙唱片时拍摄的沙龙照。

一九七〇年
参加电影《谢谢总经理》的高雄首映。

一九六九年于新加坡表演后台，和父母合照。

一九七〇年，于香港登台表演。

一九七〇年，于香港表演，姚莉前来探班，左为吴静娴。

一九七一年去越南作秀，顺道游览时与母亲合照。

辛苦多年，终于在北投买了新家，全家人可以快乐地住在一起。

一九七二年
在香港参加白花油皇后加冕典礼。

一九七三年开始，前往日本发展

一九七三年，为了让母女俩安心与日本"宝丽多"签约，
舟木稔亲自请邓丽君和妈妈到日本去视察环境。摄于大阪、京都。

以单曲《空港》，获一九七四年"第十六回唱片大赏新人赏"。

一九七七年，在日本新年时，于东京新桥市民会馆举办演唱会。

在日本节目录影时，扮成艺伎表演。

355

在日本发展期间邓丽君仍继续在香港出唱片，
并于一九七八年，在"利舞台"举办演唱会。

在冲绳旅游。

一九七八年，于川琦产业文化会馆献唱，盛况空前。

一九八五年，于东京 NHK 大会堂举办首次个人演唱会，门票在三天内销售一空，入场券一张要五千日元，黄牛票更喊到每张三万日元的高价！也让邓丽君的声势如日中天！

一九七八年，已经大红大紫的邓丽君，
还是把握难得机会，与家人一同过春节。

一九七八年于罗马旅游。

一九七九年，"护照风波"后，邓丽君去美国表演，顺道散心。

除了拉斯维加斯、洛杉矶，
邓丽君也应邀前往温哥华开演唱会。

摄于尼加拉瓜瀑布。

演唱会由方芳芳、胡瓜主持，妙语如珠。

众星云集，在擎天厅演唱。

邓丽君在演出中。

舟木稔社长对邓丽君一路走来的心路历程，非常心疼。

与母亲、三嫂于香港合影。

身穿蛙人装。

一九八七年，法国惬意生活

一九九〇年后，邓丽君逐渐淡出演艺圈。

在法国生活简单、放松，远离纷扰。

悠游于巴黎塞纳河畔。

邓丽君遇见了法国摄影师史蒂芬，两人都对摄影很有兴趣。

一九五三～一九九五，倩影、歌声长留你我心中

版权登记号：01-2013-1627

图书在版编目（CIP）数据

绝响：永远的邓丽君 / 姜捷著；邓丽君文教基金会策划. —北京：现代出版社，2013.4

ISBN 978-7-5143-1558-5

Ⅰ. ①绝…　Ⅱ. ①姜…②邓…　Ⅲ. ①邓丽君（1953～1995）－传记

Ⅳ. ①K825.76

中国版本图书馆CIP数据核字（2013）第074005号

本书经由时报文化出版公司独家授权，限在中国大陆地区发行。
非经书面同意，不得以任何形式任意复制、转载。

作　　者	姜　捷
策　　划	邓丽君文教基金会
责任编辑	张　晶　赵海燕
出版发行	现代出版社
通讯地址	北京市安定门外安华里504号
邮政编码	100011
电　　话	010-64267325　64245264（传真）
网　　址	www.1980xd.com
电子邮箱	xiandai@cnpitc.com.cn
印　　刷	北京宝隆世纪印刷有限公司
开　　本	720mm×920mm　1/16
印　　张	24
版　　次	2013年5月第1版　2013年5月第1次印刷
书　　号	ISBN 978-7-5143-1558-5
定　　价	68.00元